ランディ・バンクロフト
ジェイ・G・シルバーマン
幾島幸子：訳

Lundy Bancroft
Jay G. Silverman

DVにさらされる子どもたち 新訳版

親としての加害者が家族機能に及ぼす影響

The Batterer as Parent
Addressing the Impact of
Domestic Violence on Family Dynamics

Ψ
金剛出版

The Batterer as Parent

Addressing the Impact of Domestic Violence on Family Dynamics

by

Lundy Bancroft & Jay G. Silverman

Printed in Japan

序

過去二〇年間、デービッド・ウォルフと私は暴力がある家庭で育つ子どもをよりよく理解し、カウンセリングを行うために、広範囲にわたる臨床活動と研究を行ってきた。そのなかで、私たちはさまざまな支援機関や法律の専門家が、母親が暴力を受ける場面を目のあたりにする子どもの苦しみを見過ごしがちであることに気づいた。身体的虐待や性的虐待が子どものトラウマになる恐れがあることは当時から広く知られていたが、ドメスティック・バイオレンス（DV）を目のあたりにする子どもが同様の心理的影響を受けることは、ほとんど理解されていなかった。目に見える傷のない子どもは、それほど大きなダメージを受けているはずがないという誤った認識がほとんどだったのである。

専門家の理解が進まなかったもう一つの原因に、DVの加害者が調査研究の対象になりたがらないことがあげられる。そのため加害者の実態はみえにくい状態が続いた。私たちの初期の研究も、協力を得やすいことからシェルターの被害女性を対象にすることが多かった。ところが被害者に焦点をあ

［訳注］本書では原則として、batteringは「暴力」、abuseは「虐待」と訳しています。一部、DVとした方がわかりやすい箇所については、「DV」としています。

てために、子どもの情緒面・行動面での問題が、主として母親の心身の健康との関連で考えられ、加害者の行動が家族関係の力学にどんな影響を及ぼすかについては十分に考察されなかった。母親の回復が順調であるほど子どもの回復も早いという観察結果は正しかったものの、加害者が引き起こす子どもの心の傷や家族関係の力学の混乱の複雑さについては、必ずしも十分に認識されてこなかったのである。

さいわい近年、この分野の研究はかなり進んできた。私たちが一九九〇年に『暴力被害女性の子どもたち（Children of Battered Woman）』を著して以来、暴力がある家庭の子ども特有のニーズに関する重要な学術文献が数多く出版され、政策立案、研究、介入、予防の進展に貢献している。今日、合衆国やカナダの多くの地域社会では、このような子どもたちを対象にした特別なプログラムが設けられ、福祉サービス機関のなかには地域のさまざまな委員会や協議会を通して、DV関係の広いネットワークとつながりをもつところもある。

ランディ・バンクロフトとジェイ・シルバーマンの共著による本書は、暴力被害女性の子どもたちが被るトラウマについての理解をさらに深めてくれる、実践的かつ配慮の行き届いた本である。本書は、親としての加害者の態度や行動に注目し、DVによって生じる家庭の状況を具体的かつくわしく検証するとともに、加害者が子どもに及ぼす短期的・長期的影響をめぐって今なお存在する多くの誤解を解いてくれる。

著者たちは、このような子どもの情緒面・発達面でのリスクを考察する際にありがちな狭い臨床的観点にとどまることなく、加害者の虐待的・支配的な行動がいかに日常生活に深く浸透しているかにまで視点を広げている。この視点の転換は、「DVにさらされた子ども」という現在よく使われる言い方を、「加害者にさらされた子ども」に言いかえるべきだという提言に端的に表れている。それによって「暴力家庭」や「夫婦間虐待」という非人格的な用語では表現できない、DVの影響に対する加害者の説明責任やその他の責任を強調することができるのである。さらに重要なのは、この言いかえによって、親としての加害者のあり方が子どもにさまざまなトラウマを引き起こしかねないことが浮き彫りになることだ。母親が暴力をふるわれるという恐怖は、その一つにすぎない。著者らは、加害者が子どもに身体的または性的な虐待を加えたり、子どもを母親を攻撃するための武器にしたり、母親やきょうだいとの間に重大な亀裂を生じさせる原因をつくったり、心理的に虐待したりする危険性がきわめて高いことを証拠をあげて示している。また、加害者が子どもの社会的・情緒的発達を複雑で陰湿なやり方で妨げようとすることについても論じている。

さらに本書は、子どものトラウマは両親が別居すれば解消するという一般的な誤解を解くために、力と支配による虐待が、親権、面接交渉権、養育費をめぐる訴訟のなかにももち込まれるという事実に光をあてている。また「対立の激しい離婚」や「片方の親への嫌悪感情の植えつけ（parental alienation）」をめぐる既存の理論が、加害者の操作的で強制的な行動を正しく解釈せず軽視することで、結果として父親への恐怖心を含む子どもの情緒的問題の責任を、被害者である母親に負わせてしまいがちであることにも批判を加えている。

私はこれまで、家事事件専門の弁護士や裁判官が、裁判手続や別居後の養育をめぐる対立を長引かせることによって、はからずも加害者側によるパートナーへの攻撃を続けさせてしまうことをしばしば見てきた。また加害者は往々にして親権を強く主張し、暴力をふるわない男性と同様に親権獲得に成功することも事実であり、司法関係者はこの領域についてもっと研鑽を深める必要がある。たまたま本書を読んでいるときに、ある虐待されている母親の弁護士から電話がかかってきた。裁判所の判決が下り、加害者が虐待したのは母親だけで直接子どもを虐待したことはないという理由から、加害者にも共同親権を与えよとの判断が下されたという。その裁判官は二〇年以上も親権訴訟に携わってきたベテランであることを考えると、愕然とせざるをえない。

こうした問題に取り組むための一助として、著者たちは、加害者が子どもに与えるリスクを評価する体系的で実用的な指針を提示している。これは、子どもの心身の安全を守ることを目的として親権の評定や決定が行われる際のよりどころとなるべきものである。本書はさらに、加害者が親として心底から変化したかどうかを評価するための指針も提示している。親権や面接交渉権の訴訟が何年にもわたることを考えると、その重要性はきわめて大きい。この期間には、監督つき面会など加害者への建設的な介入が行われることもあるものの、裁判所は加害者が本当に更生したかどうかではなく、加害者との約束だけを根拠にそうした予防措置やカウンセリングの義務を減らそうとする圧力をかけられることも多いのである。

本書は地域の諸機関に対して、加害者にさらされる子どものためのサービスや研修の拡充を強く呼びかけている。加害者が親として子どもに与える影響が明らかになれば、介入や予防にかかわるサービスの質は向上し、より包括的なものになるはずである。また加害者が子どもに与える影響や、加害者に変化が起きる前兆に関するさまざまな仮説が本書で示唆されていることは、研究者に検証を促す大きな刺激となるにちがいない。

三〇年にわたり警察や裁判所と連携しながらＤＶに対処してきた経験をもつ者として、私は本書から、この分野の臨床と研究の両面にわたる新たな視点や考え方を学ぶことができた。他の読者も同様であることを私は確信している。本書がＤＶにかかわるすべての裁判官、弁護士、親権評定の担当者、児童保護機関の関係者、セラピスト、そしてＤＶ被害者の権利擁護のために活動する人々にとって必読の書となることを願ってやまない。

「司法制度における子どもと家族のためのセンター」所長
ピーター・ジャフィー（Ph.D）

はじめに

DVにさらされる子どもの受ける影響についての研究が盛んになるなか、私たちはDVの影響を受ける家庭において、子どもたちがどのように心に傷を受け、やがてそこから回復していくのかという**メカニズム**を徹底的に解明する必要を感じるようになった。暴力被害女性の子どもが味わう苦しみとは、具体的にどんなものであり、その原因はどこにあるのか。その苦痛の大部分は、母親が暴力をふるわれる場面を目撃したトラウマと重なるのだろうか。それともそれは、子どもが体験する苦しみのほんの序の口にすぎないのだろうか。答えを探すうちに、私たちは暴力をふるう男性の行動が家庭生活に幾重にも有害な波紋を広げ、それは一般に認識されているよりもはるかに複雑なものであるという結論に達した。まず第一は、加害者のパートナーに対する日常的行動から生じるもので、その一つひとつが子どもに影響を及ぼす。第二は、加害者の子どもへのかかわり方から生じるもので、これはケースによって大きな差がある。そして第三は、加害者が家族の相互作用に引き起こす影響で、これは家庭内のあらゆる人間関係に及ぶ。こうした人間関係の力学を理解することは、加害者の行動によって傷ついた家族の回復と癒しを促そうとするすべての関係者ばかりでなく、暴力をふるわれた母親自身にとっても重要なことである。

本書の目的は、加害者の行動が家族の一員および家族の人間関係の力学に及ぼす影響を見きわめ、適切に対処するための指針を提示することにある。加害男性の特徴は、相手に植えつける恐怖と、その虐待的な心理プロセスにあると私たちは考える。本書でくわしくみていくように、この二つは加害者と一緒に生活する子どもの日常経験に多大な影響を与える。さらに、一度できあがった力学は、暴力をふるわれた母親が加害者と別居しても消えることはなく、人間関係のパターンや、より直接的には親権や面接交渉権をめぐる加害者の訴訟行為において存続する場合が多い。したがって暴力をふるわれた母親本人、専門家そして子どもの支援にかかわる人々は、別居の前後に母子が被るさまざまな心の傷の原因と、すみやかに回復を図るための適切な方法を理解することが必要である。本書では、DVにさらされた子どもたちが引き起こすトラウマやその他の問題の原因と解決法について、これまでの通念を大きく覆す提言を行っている。

本書は、DVの専門家、セラピスト、児童保護機関や裁判所の担当者、暴力の被害者である母親、さらには被害者の子どもの生活に、個人的あるいは専門的な立場からかかわるすべての人に向けて書かれたものである。学校関係者、加害男性を対象にした親教育にかかわる人、親権評定や監督つき面会の担当者などにも、参考になることと思う。ここに示した考察や実践的提言が、被害女性の子どもへのより効果的な介入の実現に役立つことが私たちの願いである。

本書は広範囲にわたる研究文献を参考にしているものの、その大部分は加害男性とその家族に直接かかわった経験にもとづいている。私たちは加害男性を対象とするプログラムのグループリーダーとして一〇〇〇人を超える加害者にカウンセリングを行い、それ以外にもカウンセラーのスーパーバイザーとして、さらに約一〇〇〇件のケースにかかわってきた。クライアントの社会経済的背景や人種はさまざまで、出身国は二〇カ国あまりに及ぶ。自発的に参加した者が数百人、残りは裁判所の命令によって参加した者である。自発的な参加者の階層は中流から中流の上が多く、裁判所の命令による参加者の階層は、裁判所の所在する地域によってまちまちである。私たちはまた、児童保護機関の担当者や弁護士を対象に、多くのケースについてコンサルティングを行ってきた。なおランディ・バンクロフトは、マサチューセッツ州の裁判所で約五〇件の親権評定を担当してきたが、その大部分はDVが関係していた。私たちはそのほか、他州の裁判にもいくつかかかわった経験をもつ。さらに現在は、暴力被害を受けた母親を対象に、DV体験、子どもへの影響、加害者が親権や面接交渉権の訴訟を起こした際の裁判所や親権評定の担当者の対応などについて四、五時間にわたる詳細な面接調査を実施するプロジェクトに参加している。

本書の論述の根拠となった臨床経験は、幅広いものではあるが、地域的には二、三の場所に限られていることをお断りしておく。また私たちがかかわってきた加害者プログラムは、裁判所の命令を受けたクライアントを対象にしたものがほとんどだが、親権評定や面接調査には、刑事訴訟を伴わないケースも多く含まれている。私たちが本書で行った分析や提言は、さらなる研究によって検証し深められ、さまざまな人種、文化、社会経済的階層に適用してみる必要があることを強調したい。また本書で提示した、加害者が子どもの心身の健康に与えるリスクの度合いを判定する指標が、他の専門家諸氏によってさらに改善されることも期待したい。最後に、加害者が親として示す行動は千差万別であり、本書で述べるような問題点が必ずしもすべての加害者にみてとれるわけではないことを強調しておきたい。

用語については、二つのことに言及したい。まず本書では一貫して、「暴力をふるう男性（men who batter）」ではなく「**加害者**（batterer）」という言葉を使っている。後者は、暴力的な行動は変えられないもの、あるいは生来のものという印象（もちろん私たちの認識はそうではない）を与える恐れがあることは承知しているが、性別を固定したくないという理由からこの語を選んだ。現時点で入手可能な女性同性愛者に関する研究や臨床経験をみるかぎり、女性パートナーに暴力をふるう女性にも、加害男性について言えることが十分にあてはまるのである。

法律用語についてはは可能なかぎり、もっとも一般的な用語を使うように努めたが、州によって用語や裁判所の制度が異なるので、ここでいくつか定義しておく必要があろう。本書では親権、面接交渉権、養育費について扱うすべての裁判所を**「家庭裁判所**（family court)」と呼んでいる。そうした裁判所を、「少年（juvenileまたはdependency）裁判所」などと呼ばれる、児童保護を管轄する裁判所と区別する州も少なくない。**「親権評定の担当者**（custody evaluator)」と**「訴訟後見人**（Guardian ad Litem)」は、裁判所の任命によって親権や面接交渉権に関する勧告を行うすべての人を指しており、多くの州では弁護士や精神保健の専門家がこの役割を担っている。

最後に、本書に貢献してくださった多くの方々に感謝を表したい。セージ出版の編集者、ジェフ・エデルソンとクレア・レンゼッティ。暴力をふるう男性と子どもとのかかわりというテーマで本を書くことを最初に提案してくれたジリアン・アンドリュース。デービッド・アダムズ、スーザン・カユエット、チャック・ターナー、テッド・ジャーマン、そして合衆国のＤＶ加害者プログラムの先駆けである「エマージ」にこれまでかかわってきた人たちすべて。ロンナ・デービスとパム・ホイットニー。キム・スロートとキャリー・クスバート。ミシェル・ランバートとダグ・ゴーデット。ジョーン・ゾーザ。アニータ・ラージ。ゲイル・ダインズ。カーリン・パブロス。そして労を惜しまず丁寧に原稿を整理してくれたスティーブ・ホームズにもお礼を言いたい。ＤＶにおける親権および面接交渉権の訴訟に関する研究を支援してくれたフォード財団にも感謝したい。ＤＶが子どもに与える影響について、誰よりも早くランディ・バンクロフトに教示してくれたキャロル・スーザにも感謝したい。またバンクロフトが本書の第４章から第７章の土台となる四つの論文を執筆することができたのは、アーリン・ロットマン判事が親権評定の会議に招いてくれたおかげである。最後に、これらの論文を出版するよう著者たちを励まし、本書に序を寄稿してくれたピーター・ジャフィーに心からお礼申し上げる。

DVにさらされる子どもたち 新訳版　目次

ＤＶにさらされる子どもたち 新訳版

第1章　ドメスティック・バイオレンスの加害者とは？

この一〇年間、ドメスティック・バイオレンス（DV）の加害者にさらされている子どもが心に受けるトラウマティックな影響が取り上げられる機会が、一般社会でも専門家の間でも増えている。合衆国では毎年、パートナーのいる女性の一〇％以上が暴力の被害を受けているが、[269] その大部分が一人以上の子どもによって目撃されている。言いかえれば、毎年約三〇〇万人以上の子どもがDVを目のあたりにしていることになる。[37・80] DV被害女性の子どもは、自殺傾向、アルコール・薬物乱用、抑うつ、発達遅滞、学習困難、集中力欠如、暴力への関与など、さまざまな情緒面・行動面での問題を抱えるリスクが増大することが知られている。[100・142・166] また加害者にさらされている子ども自身が、身体的[27・268・273]虐待や性的[199・219・258]虐待の直接的対象になるリスクも高い。この危険は生命にまで及び、複数年にわたるある研究によると、DVによる殺人および殺人未遂の約五件に一件の割合で、被害女性の子どもの命が奪われているという。[169・295] DVにさらされている子どもは他の原因で死亡するリスクも高いが、[68・125] この事実は軽視されてきたきらいがある。[297] またDVは世代間で連鎖することが知られており、DVにさらされて育った少年は、大人になってから自分のパートナーを虐待する可能性が高いことが、多くの研究の一致した見

解である。[135,256]

被害女性の子どもの情緒面・行動面での問題の原因は数多くあり、実際に暴力行為を目のあたりにすることはその一端にすぎない。家庭における加害者の（たいていは父親または義父としての）存在は、家族機能にさまざまな形で影響を及ぼす。加害者は、子どもに身体的・性的虐待をしない親と比べて、横暴で育児に怠慢という傾向が明らかにみられる（第2章参照）。加害者は母親の権威を失墜させたり、養育能力に支障をきたさせたりして、大事な母子関係を変質させてしまう。また、家族の間に溝をつくろうとしたり、巧妙な心理操作をしたりもする。[1,139] 離婚や別居の際には、暴力をふるわない男性に比べて親権を要求する傾向が強く、[7,180,203] 親権訴訟では被害女性よりも有利な立場になることがある（第5章参照）。したがって、ＤＶにさらされる子どもの心理的苦痛の原因は、断続的に目撃する暴力行為だけではなく、日常的に加害者と接し、その親としての態度にさらされることにもあると考えられる。一般的に「ＤＶにさらされる子ども」という表現が使われるが、私たちは「加害者にさらされる子ども」というほうがより適切だと考える。その理由は本書をお読みになれば明らかになるはずだ。またこれに関連して、親としての加害者の態度と虐待行動のパターンとは切り離して考えることはできないと、私たちは考える。親の行動パターンのすべてが、子どもに影響を及ぼすからである。

ＤＶによって母親だけでなく子どもも傷つくリスクが高いことが知られるようになるにつれ、家族への介入や子どもを対象にしたサービスの充実の必要性に対する認識も高まっている。児童保護サービス、被害女性対象プログラム、家庭裁判所、セラピストをはじめ、ＤＶに苦しむ家庭を支援する関係者には、熟練した思慮深い対応が求められている。本書では、家庭における加害者という存在を十分に分析することによって、こうした介入支援のさらなる向上に貢献したい。過去二〇年にわたるＤ

Vの臨床経験と研究の成果を土台にすれば、家族の体験や機能に大きな影響を与える加害者の態度や行動を、首尾一貫した形で明らかにすることができる。ＤＶの専門家がこうした加害者の心理や手口に関する知見を深めれば、加害者が引き起こすトラウマや問題の複雑さと大きさに十分配慮した、体系的な対応が可能になるはずだ。

加害者の定義

加害者（batterer）という言葉にはさまざまな解釈がある。ここでまず、私たちがこの言葉を用いる際の定義を示しておこう。

ＤＶ加害者とは、パートナーとの間に威圧的な支配のパターンを形づくり、時おり身体的暴力による威嚇、性的暴行、あるいは身体的暴力につながる確実性が高い脅迫のうちの一つ以上を行う者のことである。この支配と威圧のパターンは、主として心理的、経済的、性的なものである場合も、身体的暴力が中心となる場合もある。

この定義について、二点指摘しておこう。第一に、暴力のスタイルは加害者によってかなり違うことを考慮しているという点である。本書で述べるように、加害者と暮らす子どもが受ける影響は、暴力のレベル、残酷さや心理操作の程度、性的境界をどこまで守るか、子どもの母親に対する接し方など、加害者の行動のさまざまな側面によって大きく異なる。

第二は、身体的暴力の存在が必要条件ではないという点である。ただし少なくとも、こぶしを振り上げる、電話線を切る、意図的に危険な運転をするなど、明らかに脅迫を意図する行動が存在することが条件となる。子どもは心理的虐待だけでも情緒的ダメージを受けるが[23・161]、恐怖が介在するとその程度は著しく増大する。たとえば相手を中傷するという心理的虐待のパターンは、時おり身体的暴力がふるわれた場合、いっそう大きな情緒的後遺症を残す[3]。これに対して、威嚇的ではない、威圧のパターンを伴わない暴力(自己防衛のための暴力など)は、ここでは考慮しない。もちろん、いかなる暴力も容認されてはならないが、DVの子育てへの影響について意味のある検証をするためには、たとえば同じ暴力でも、加害者の攻撃的な暴力と被害者の自己防衛行為は区別しなければならない。なお、現在多くの専門機関でこれと同様の定義が使用されているため、本書を現場に適用する際にも好都合である。

先の定義には含まれていないが、すでにお気づきのように、本書では加害者には「彼」、被害者には「彼女」という代名詞をあてている〔これは英文のみあてはまる記述ですが、そのまま訳出しました＝訳者〕。この性別の想定は、専門家が親としての加害者のあり方の評価を求められるケースのほとんどにあてはまるし、私たちの臨床経験や既存の研究においても同様である。親しいパートナーによる性的暴行では、女性が被害者になるケースが男性の二五倍、親しいパートナーによるストーカー行為では八倍、親しいパートナーによる、治療が必要な身体的暴力または性的暴行では七倍である[279]。女性がパートナーの男性を殺害する例は、逆の例よりもはるかに少なく[31]、しかもその場合、女性がDVの被害者であるケースが多い[169・295]。親しいパートナーを殺害するケースにおける男女差は、別居後にはさらに広がる[53・168]。DVの加害者が暴行の際に、子どもなどパートナー以外の人間を殺害する例も、女性が加害者の場合にはごくまれにしかない[53・169・295]。最後に、パートナー同士の相互虐待が存在するかという点について、私たちは十分な証拠のあるケースに遭遇したことはないし、研究者も相互虐待はめったに存在しないと結論づけている。[22]

もちろん同性愛関係の場合には、こうした性別による比較はできないが、同性間のＤＶの発生頻度、原因、相互関係の力学を扱った最近の文献には、異性間の暴力とのかなりの類似性が指摘されている。[178・237・282・288] 一般通念とは異なり、同性間の暴力も子どもに多大な影響を及ぼすとみられる。近年、子どもをもち一緒に育てる選択をする女性カップルが増えている。また私たちの臨床経験では、男性カップルによる子育てのケースも少数ながら存在するし、以前の異性関係で誕生した子どもを育てたり、週末に預かったりする場合もある。同性愛者の加害者の行動的特徴は、異性間ＤＶの場合と一致する部分が多い。[178・237] 具体的には、子どもやペットへの虐待の頻発や、相互虐待がめったにないことなどであり、[237] 臨床経験でも同様の結論が得られている。[42] したがって、本書は同性愛者間ＤＶのケースにも有用ではあるが、同性愛者特有の問題、[178] たとえば加害者が用いる独特の手口や、被害者が同性愛者であるがゆえに直面する困難があるかなどについて、さらなる研究が必要であることを指摘しておきたい。

加害者の特徴

加害者の子どもへのかかわり方は、その態度や認知体系とその行動パターンの両方にもとづくものと考えられる。ここでは、支配と特権意識という鍵となる概念を説明してから、加害者に典型的にみられる他の態度や行動の特徴、行動パターンについて述べたい（態度と行動の特徴は、後述するように完全に切り離すことはできない）。ここで加害者の特徴について述べるのはアセスメントの一助とするためだが、注意してほしいのは、加害者は専門家の前ではそうした特徴を表に出さないようにしがちだという点である。したがってアセスメントには、加害者とされる者の心理テストや面接調査だけでなく、周辺からの情報も取り入れなければならない。

支配

DV加害者の**行動面での**最大の特徴は、パートナーに対する支配の強制である。[1・181・224] 支配は、批判、言葉による虐待、経済的支配、孤立化、残虐行為、その他さまざまな手口の組み合わせで行われる。[129] 実際、ほとんどの被害女性は、身体的虐待よりも心理的虐待による影響のほうが**より**深刻だと訴えており、[85] 海外の研究でも同様のことが指摘されている。[125] たとえ暴力が一時中断しても、心理的虐待があれば、被害女性にとって困難な状況が続く場合がきわめて多い。[70]

一般に、支配の強制は二人の関係の初期に表面化し、徐々に激化する。何カ月というある明白な期間（数日の場合もある）に威圧のパターンが出現することもある。きっかけとなりやすいのは、同棲の開始、結婚、最初の妊娠、最初の子どもの誕生などである。その後、女性が支配のパターンに抵抗しようとすると、通常、威圧は激しさを増し、時間とともにますます激化する。加害者は通常、自分の支配を正当な行為とみなし、[224] パートナーが嫌がるのは情緒不安定や気まぐれのせい、あるいは**自分を**支配しようとしているからだと解釈する。加害者はしばしば、パートナーの自立の努力を妨げようとするので、[1] 加害者の権力と支配はますます強化されていく。[63]

加害者はパートナーをほぼあらゆる領域で支配しようとするが、おもなものをあげれば言い争い、意思決定、家事、感情面でのケア、セックス、家計、子育て、人づきあいなどがある。[181] 重視する領域は人によって異なるが、どの領域をもっとも支配しようとするかは、本人の受けた教育や育った文化によって大きく左右される。

加害者の支配的な性格は、育児全般にも重大な影響を及ぼす。まず子どもをもつかどうか、産むならいつにするかについて自分の考えを押しつけることから始まる。子どもの誕生後は、育児をほとんど担おうとしないにもかかわらず、世話、食事、しつけ、教育などについての決定権を握ろうとする。子どもにも聞こえるようにパートナーの子育てについて頻繁に厳しく非難して、母親の権威を傷つけたり、子どもが母親を軽蔑するようにしむけたりする。児童保護機関は、子育ての責任は主として母親が担うという考えから、母親がコントロールできない部分がどの程度あるかがわかっていない場合が多い(68・185・301)。保護命令に関する研究によると、被害者は保護命令を求める際、「子どもにかかわる自分の行動に対する加害者の懲罰や強制、報復」(一一二頁)(233)を理由にあげることがもっとも多い。とくに、子どもに対する加害者の横暴に異議を唱えたときの怒りは顕著だという。

最後に、加害者は子どもとの直接的な関係においても支配的・威圧的になり、被害女性との人間関係のパターンが親子間にもそのままもち込まれることが多い(10)。そのような子どもへのかかわり方が家庭にもたらすさまざまな影響については、これからくわしくみていく。ここでとくに注意したいのは、加害者の報復的な傾向が、子どもが外部の人に虐待について話したり、警察の助けを呼んだりした際に強く表れるという点である。DVの影響を受けた家庭に介入する専門家は、子どもが家庭内の出来事を話したことによって加害者から罰を受けたり脅迫されたりする可能性が高いということを、常に念頭におく必要がある。

特権意識

加害者の態度面の最大の特徴は、特権意識である。これは加害者の精神構造を理解するうえで不可欠な概念なので、少しくわしくみていこう。(2・70・256) 特権意識とは、ある特別な権利や特典を、それに対する責任をはたさなくても享受できると思い込んでいることを指す。この傾向はパートナーや子どもなど特別な関係においてみられ、他の人間関係にまでもち込まれるとはかぎらない。特権意識をもつ加害者は、自分の特権的立場を守るために手段を講じることは正当だと考え、必要と思えば身体的威嚇も辞さなくなる。(10) パートナーへの暴力は正当化できるという考えの有無は、暴力をふるう男性を予測する有力な判断材料となり、(190・256) DVにさらされた少年が、成人後にパートナーを虐待するかどうかを判断する一助ともなる。(214)

特権意識はまず第一に、自分自身の要求を満足させることが家庭生活の中心であるべきだという考えとなって表れる。家族を使用人扱いすることも少なくなく、(224) パートナーが自分の都合を主張しようとすると、自己中心的だとか愛情が薄いとみなしたりもする。自分の要求がただちに満たされることを強く求めるなど、理不尽かつ過大な期待を抱くのが加害者の特徴である。(59) 自分自身が相手のためにどれだけのことをしているかは省みず、相手からサービスを受け、大事に扱われるのが当然と思い込んでいるのである。

加害者は、物質的・感情的・性的な面において奉仕されるのを当然のこととして期待する。まず物質面では、食事が自分の好みどおりに用意され、掃除、買物、子どもの世話、子どもを静かにさせること、学校行事への出席、人づきあい、その他家庭生活や家事にかかわるあらゆることがきちんと行われることを要求する。自分の思いどおりにならない場合には、報復することもある。

第二に、加害者は通常、感情面のケアも要求する。私たちが介入プログラムで接してきた加害者の多くは、自分がパートナーの最大の関心の対象であることを期待している。自分が腹を立てれば、なだめたり、ほめたり、おだてたりし、対立したときには従うのがパートナーの義務だと考える一方、パートナーに対しては、たとえ家族が危機的状況にあっても、そのために必要なことを後回しにして自分の要求に応えることを期待する。一例をあげると、ある加害者は、一〇代の息子が行方不明になったとき、丸二日間もパートナーが自分を相手にしてくれなかったと不満をもらした。私たちの経験によれば、感情面での要求が満たされないときに言葉による虐待や身体的暴力が行われる割合は、物質的な要求が満たされない場合と変わらない。

第三に、パートナーが性的要求に十分に応えないことも、加害者にとっては自分が不当に扱われたと考える要因になる。たとえセックスに応じてもパートナーが満足した様子をみせなかったり、反対に自分が望んでいないときにパートナーがセックスを求めてきたときにも、同様の不満を抱く。また、加害者には言葉による虐待や身体的虐待の後でセックスを強要する傾向が特徴的にみられるが、身体的暴行の直後に行われる性行為はレイプと定義すべきだろう(21)。

特権意識が強くなるほど、加害者には虐待と自己防衛を逆転してとらえる傾向がみられる。加害者は一般に、自分の虐待的な行為を権利を守るために当然の行為とみなす一方、パートナーの自己防衛的な行為を自分に対する虐待としてとらえる(139)。パートナーがセックスを拒めば、自分を支配し、操作しようとしていると解釈し(186)、自分こそが虐待や暴力の被害者であると訴えることも少なくない(2・224)。特権意識が二重基準を生み出すこともある。たとえば、自分はパートナー以外と性的な交渉をもってもよいが、パートナーには認めないといった考え方である(59・233)。

加害者の支配的行動とサービスの要求のレベルは、必ずしも比例するわけではない。加害者のなかには、パートナーの行動や人づきあいについては非常に厳しい反面、家庭内の責任は積極的にはたす者もいるし、パートナーにかなりの自由を認める反面、サービスの要求はきわめて高い者もいる。[139] また、非常に支配的で、サービスの要求も高いという者もいる。

加害者の特権意識は、親としてのあり方にも影響を及ぼす。第一に、おむつの交換、夜中に起きる、子どものけんかを仲裁するなど、子育てのもっとも不快で大変な部分はパートナーの仕事だと思っていることが多い。反面、育児については何でもわかっているつもりで、別居後、自分が親権者になるのは当然だと考える者も多い。なかには子育てのおもしろそうな部分、あるいは友人や学校関係者、地域社会から注目されるような部分だけにかかわり、模範的な父親という評判を得ている加害者もいる。

加害者は強い特権意識をもつあまり、子どもに自分の要求を満たしてもらうことを期待するという役割の逆転が生じることもある。加害者の多くは、親としての情緒的な境界が曖昧で、自分の悩みや心配ごとを子どもに明かすこともある（母親から傷つけられていると言うことすらある）。また加害者はそうでない男性に比べ、スキンシップや性的接触の欲求を満たすために子どもを利用する傾向が強く、その結果、近親姦の発生率も高くなる（第4章参照）。

自分勝手と自己中心

特権意識をもつ加害者は、その結果として自分の要求が家庭で最優先されるべき事柄だと考えている。加害者は暴力をふるわない男性と比べて、パートナーに精神的な支えを提供したり、相手の話を聞いたりすることが少ない。[2] 一方、自分の要求はたとえ口に出さなくても察してもらえるものと考え、他の家族が必要とすることは後回しになってもよいと思っている。[10] その反面、自分は寛大でやさしく、責任感のある人間であると思い込んでおり、家族からもそのように扱われることを期待し、自分勝手とみなされたと思えば傷つき、不当に感じる。たとえば、自分が急に体を動かしたときにパートナーが後ずさりすれば、憤慨して「何を怖がっているんだ。俺が乱暴なんかするはずないだろう」などと言う。

加害者は多くの場合、自分のことで頭がいっぱいで子どもの相手をしようとしない[150]反面、たとえ子どもの自由や発達の妨げになる可能性があっても、子どもがいつでも自分の意のままになることを期待する。[244] 加害者のなかには、他人には愛情たっぷりに子どもの話をする一方、いったん子どもや独立した人格が自分にとって不都合になったり、自分本位の欲求を満足させなくなると、たちまち子どもに興味を失ったり腹を立てたりする者もいる。子どもはこうした、自分が寛大で重要であるという加害者の絶大な自信に惑わされ、加害者が暴力をふるうのは自分や母親のせいだと思ってしまう場合もある。

自分が偉大であると思い込む加害者の非現実的な自己認識のために、加害者は自己愛性パーソナリティ障害と誤解されることがままある。しかし自己愛性パーソナリティ障害の原因が、主として幼少期の激しい自己への攻撃にあるのに対し、加害者の自己中心性はおもに特権意識の産物である。[182] 両者の明確な違いは、次の二点にある。（a）加害者の自己中心性は、パートナーや子どもなど特別な人間関係のなかで表れる。他の状況では誇大な自己表現は減り、恐れられたり服従されることを求めることもなく、他人の立場に立ってものを考える普通の能力をもつ。（b）加害者は暴力の事実を否定することを除けば、ほぼ現実的な自己像を抱いている。さらにいえば、自己愛性パーソナリティ障害自体にはとくに暴力的傾向はみられない。だが一方、ＤＶと自己愛性パーソナリティ障害は混合する場合もある。私たちの経験では、加害者のおよそ八人に一人は病的レベルの自己中心性を顕著に示し、その場合は更生はきわめてむずかしい。

優越感

加害者は、自分が被害者よりも優れた人間だと思っている。[2・246] パートナーの知性や能力、論理的思考はもちろん、感受性も自分より劣っているとみなし、パートナーの意見を軽視したりさっさと退けたりする。対立しているときなど、相手をまるで自分が教え諭さなければならない、わがままで無知な子どもであるかのように扱うこともある。相手と話すときは、嫌悪感たっぷりに、恩着せがましい、相手を子ども扱いするような口調で話すと同時に、容赦ない非難や侮辱を浴びせ、親が子にするような罰を与えることもある。

加害者がパートナーについて語る際にきわだっているのは、相手への軽蔑である。パートナーとの衝突について話す際には、口真似をしたり、相手の主張を誇張して皮肉ったりして女性の意見や行動に対するあざけりをあらわにする。専門家に注意を促したいのは、**軽蔑**のレベルと**怒り**のレベルは別個の問題であることだ。これまでの二人の関係について話すとき、加害者と被害女性はともに強い怒りを表すが、たとえ苛酷な虐待を受けていたとしても、被害女性は通常、加害者のような軽蔑とあざけりをみせることはない。

優越感には、相手を人間としてみない、物として扱う、という要素が含まれることがある。[224] バンドゥラ[13]は、「人間以下の劣った存在とみなしている相手を虐待するほうが、尊厳ある人間とみなしている場合よりも罪の意識が生じにくい」（二一五頁）と指摘している。加害者のなかにはパートナーを名前で呼ぶより、「あいつ」とか「女房」などと呼ぶことを好み、人間としてのパートナーについてはごく限られた知識しかなく、パートナーの関心事、人格的な長所、家族関係などについて尋ねても満足に答えられない者もいる。このタイプの加害者は、相手を性的満足のための非人格的な道具と考えており、したがって性暴力に走りやすい。(33) 相手に対する優越感が女性全般に対する敵意として一般化されているケースも少なくないが、(224) それを見抜くには時間がかかることもある。(70)

加害者が日常的に被害女性への優越感や軽蔑を表し、相手を人間として扱わないという態度を示せば、それによって子どもの父親と母親に対する見方が形づくられることもある。長い間に、母親に対する加害者の見方に同一化してしまう子どもも少なくない。親権評定の際に、母親のことを「口やかましい」とか「わかっちゃない」とか「一発ビンタを食らわしたほうがいい」などと、加害者が使いそうな言葉で表現する子どもは時おり見受けられるし、同じ理由から、加害者である親を有能で何でも知っている、頼れる存在だと考えている子どももいる。

独占欲

一言でいうと、加害者とはパートナーを自分の所有物だとみなしている人物である。(2・181) パートナーに暴力をふるう男性は、女は男からの性的な誘いを拒むべきでないと考える傾向が強いことが多くの研究で示されており、(256) 女性に拒否されると怒りを示す。(2) DVで逮捕されたことについて、「相手は女房だと警察に言ったのに、逮捕された」とけげんそうに言ったり、パートナーがセックスを拒むことについて、結婚証明書にサインしたのだからセックスに応じる義務があると言う加害者も少なくない。またパートナーが浮気をすると、「自分の女に手を出した」と言って相手の男性を攻撃の対象にすることもある。性的な嫉妬は独占欲の強さを図る重要な目安である[1・59]（DV加害者には高い比率でそれがみられる）[234]。だが独占欲は別の形態をとることもあり、性的な嫉妬だけを基準にして判断すべきではない。

加害者の独占欲は時に、関係が終わりを迎えた時点で激化し、多くの場合、別れようとする女性に暴力をふるうという形で表れる[59]。親しいパートナーを殺害する男性の九〇％にはDVの前歴があり、そのほとんどは別居の前後に起きている[295]。加害者はさまざまな理由（結婚の誓約、子どもの幸せ、加害者自身が変わろうと努力していることなど）をあげ、パートナーにはもう一度自分とやり直す「義務がある」と主張する。一例をあげると、私たちが受けもったある加害者クライアントは、パートナーを命にかかわるほど殴って入院までさせておきながら、自分は酒をやめたし、「あいつを立ち直らせる」ことができると言って相手は自分とやり直す義務があると主張し、彼女とつきあいのある人々が「悪い影響」を与えているのだと言い張った。

自分から離れようとするパートナーに激しい暴力をふるったり、死に至らしめたりする傾向について、ある研究者は、加害者は異常なまでに「見捨てられることを恐れ」、別居後は極端に「意気消沈する」と指摘している。女性が男性よりも、見捨てられる恐怖や別居後の抑うつが少ないという証拠はないが、女性が別居後に殺人を犯す比率は男性よりはるかに低い[295]。暴力をふるわない男性の場合、パートナーとの別居によって深刻な精神的危機に陥ることはあるものの、殺人を犯すことはまれである[295]。臨床経験からいうと、加害者の依存のレベルと暴力のレベルに相関関係はなく、別居後にパートナーを脅す傾向は、独占欲の強さと**密接に結びついている**。脅しを通り越して殺人を犯す加害者には、強い独占欲と精神疾患の両方がみられる割合が高くなるが、それでも精神疾患より独占欲がみられるケースのほうがはるかに多い[295]。

子どもに対しても独占欲を強くもつかどうかによって、加害者の子どもへの接し方は大きく左右される。子どもへの身体的虐待について、「自分の子どもをどうしつけようが、私の勝手だ」とか「子どもを殴るかどうか、他人にとやかく言われる筋合いはない」などと発言する加害者は多い。その反面、彼らは継子や孫など、実子でない子どもを殴る大人に対しては、非難や怒りを示す。このタイプの加害者には、独占欲と、自分の子どもは虐待してかまわないという考えとの相関関係がはっきりみてとれる。加害者は、子どもを所有物のようにみなす現在の社会風潮にきわめて染まりやすく[180]、その結果、児童虐待が起きやすい環境がつくられているのである[10]。

独占欲が子どもに対する性的虐待や性的境界の侵犯を助長することは、まだ十分に認識されていないが、重要な点である。性的虐待をする者が子どもを自分の所有物とみなすことはよく知られているし[249]、近親姦の加害者のなかには、子どもを性的に利用することは親の特権だと考えている者もいる[111・172]。近親姦加害者が、一〇代の娘に性的な独占欲を抱くこともある。こうした加害者は、娘が男友達とセックスしたことを非難したり、娘をデートに誘った少年に暴力をふるったりする。娘に対して子どもというよりパートナーのように接し、娘がはじめて異性と真剣に交際すると、まるで恋人に捨てられたかのようにふるまうこともある。

加害者の独占欲は、別居後の子どもへのかかわり方にも影響を及ぼす。別れた後しばらくはおとなしくしていたのに、元のパートナーが新しい相手とつきあい始めたとたんに脅しを始める者もいる。こうした加害者はカウンセリングの場で「俺の子どものまわりに他の男をうろつかせたりしない」とか「もし他の男をパパと呼ばせたりしたら、あいつを後悔させてやる」などと発言し、それをきっかけに、母親への脅しや子どもへの心理的プレッシャーをかけたり、親権訴訟を起こすこともある。

愛情と虐待の混同

加害者はしばしば、パートナーへの暴力を愛情が強いからだと説明する。なかには虐待を愛情の証ととらえ、「愛してなかったら、あんなことはしない」などと言う者も少なくない。こうした見方は、加害者の友人や身内のみならず、カウンセラーや裁判官、親権評定の担当者をはじめとする専門家のなかにも少なからずみられ、加害者はそれによって自分の言い分を正当化してしまうことにもなる。

愛と**怒り**が結びつくことはたしかにある。親密であるからこそ感情を傷つけやすく、それが怒りという反応を引き起こす。だが怒りと暴力を結びつけるのは誤りである。怒りの感情は、暴力をふるう人にもふるわない人にも生じるものであり、それ自体が虐待や攻撃の原因とはいえない。それどころか、虐待に必ずしも怒りの感情が伴うとはかぎらないし[13]、脅しても望みどおりの**結果**が得られないときにはじめて怒りの感情が現れることもある[119]。いずれにせよ、怒りは暴力行為の原因として必要以上に強調されているといえよう[123]。

愛と虐待の混同は、被害女性の子どもにも混乱を引き起こす。たとえば、加害者は怒りに震える声で、パートナーへの愛情からあれもしてやった、これもしてやったと言ったあげくに暴力をふるう。ところが一時間もすると、今度は泣きながらパートナーに愛していると言い、時には子どもに向かってどれだけ自分が子どもの母親を愛しているかを語る。しかもその同じ会話のなかで、母親を無能な親だとか飲んだくれだとかさげすみもする。このような矛盾したメッセージを受け取る子どもは、やさしさと残酷さがどう結びつくのか理解に苦しみ、それが子ども自身の現在または未来の人間関係に影を落とすのである。DVがある家庭の子どもを専門に扱うセラピストの指摘によると、幼い子どものなかには、自分を虐待しない人は本当は自分のことを愛していないと思って苦しむ者がいるという。

情緒的影響から身体的影響に目を移すと、虐待は愛の証だと考えている大人は子どもを虐待する傾向が強い、というのが私たちの経験である。とくに彼らは伝統的な価値観をもち出して虐待的な子育てを正当化することが多く、「むちを惜しめば、子どもはだめになる」ということわざを口にしたり、「子どもを放任している親みたいになれと言うのか」などと言ったりする。さらにこうした価値観は、子どもに対する性的虐待の正当化にも使われる場合がある。近親姦加害者は行為が明るみに出ると、「安全にセックスの手ほどきをしてやりたかった」とか、「母親がちっともかまってやらないので、あの子はすごく愛情に飢えている。それでちょっとやりすぎてしまった」などと言って、その行為がやさしさや愛情の表現であるかのように弁解することが多い(128・249)。

心理操作

私たちの経験では、言葉による暴力または身体的暴力だけに頼って相手を支配しようとする加害者はほとんどいない。加害者は多様な策略を用いるが、なかでももっとも多いのは心理操作である。加害者は虐待のすぐ後に、その行為をパートナーがどうとらえるかを操作しようとしたり、原因や意味を混乱させようとすることがあるが、これはマインド・コントロールの一形態だといわれている(139)。もう少し長いスパンでみると、心理操作はさまざまな形をとる。虐待と虐待の合間には、通常、比較的穏やかな期間があり、加害者は愛情を示したり寛大で柔軟な態度をとってパートナーの信頼を回復しようとしたり、自分が変わったと思わせようとしたりする。これは、度重なる虐待がトラウマになっているパートナーに大きな混乱を引き起こす。こうして加害者は被害女性をがんじがらめにし、周囲の人間には理解しがたいトラウマと脅しと心理操作の複合的効果を相手に及ぼす。これが時として加害者と被害女性との間に「外傷性の絆（trauma bond）」と呼ばれる強い結びつきを形成する。[63・65・129]

加害者の心理操作は、家庭外にまで及ぶ場合も多い。[1・10・139] 加害者の大部分は、人前では私生活での行動とはかけ離れたイメージをつくり上げている。他人に対しては親しみやすく穏やかで、思慮分別のある人間という印象を与え、ユーモアのある愉快な人間であることも多い。そのため周囲が暴力の申し立てを信じようとせず、パートナーや子どもが支援を受けにくくなることもある。また加害者はパートナーについても偽りのイメージをつくり上げる。パートナーがあたかも支配的で要求が高く、言葉で人を傷つける人間であるかのように言い、一方、自分自身のことは家庭生活がうまくいくように心を砕く、思いやり深い協力的な夫であるかのように演出する。こうした積み重ねの結果、加害者は周囲から同情と支援を受け、一方の被害女性は信用を傷つけられ、孤立することになるのである。

一般に、加害者の家族や周囲の人々にとって、心理操作はもっとあからさまな虐待の手口に比べて気づきにくい。加害者のなかには口論の際、大声で叫んだりののしったりするよりも、パートナーの言葉をねじまげたり、過去の事実を歪曲したりして相手を混乱させようとする者も少なくない。するとパートナーは、ますます混乱して自己嫌悪に陥り、情緒不安定になる。加害者はこれを利用して、仮にパートナーが虐待の事実を明かしても、情緒不安定だから信用できないと主張するのである。

加害者の心理操作は、子どもにもアンビバレンス（相矛盾する感情）を抱かせ、事実の正しい認識を阻害する場合がある。子どもは両親の言い争いについて、父親は冷静なのに、なぜ母親があんなに怒るのかわからないと訴えることがあるが、それは父親の言葉の含みや隠れたメッセージを理解できないことによる。また加害者は、あからさまな虐待や暴力の後で、子どもの気を引いたり思いやりを示したりするが、被害女性のほうは暴力被害のトラウマのせいで短気になったり無口になったり、精神的に脆くなることが多い。こうして子どもに、攻撃的なのは母親のほうで加害者は「いい親」という印象を与え、子どもの事実認識を操作するのである。また加害者の社会的な評価が高ければ、子どもはそれによっても混乱し、影響を受ける。

さらに心理操作はそれ自体、子どもの心理面に悪影響を及ぼす。統合失調症の専門家によると、親が発する著しく矛盾したメッセージは、あからさまな虐待よりも子どもの精神疾患の原因になりやすい[160]。ＤＶが家族関係の力学に及ぼす影響と心理操作が組み合わさると、子どもの精神の健全さはさらに脅かされる。

加害者は、介入を試みる人にも巧妙な心理操作を行う。多くの加害者は、説得力のある嘘をついたり、誠実そうに話したり、いくつもの虚構を巧みに織り交ぜてさも真実のように話したりする。したがって正確な情報を得るためには、警察の報告書や児童保護機関の記録を見直す、保護監察官やセラピストと話す、被害者であるパートナーその他の証人と面接するなどが不可欠である。加害者の話を鵜呑みにしたために、裁判所や児童保護機関の評定担当者が誤った判断を下したケースは数多い。

発言と行動の矛盾

加害者の考えと発言の間には矛盾があり、これが加害者本人の評価や家族への影響の評価をさらにむずかしくしている。たとえば加害者の多くは、口では女性に対する一切の暴力に反対だとか、男性はパートナーを尊重すべきだとか、意思決定はフィフティ・フィフティで行うべきだとか、子どもにとって必要なことを最優先すべきだなどと言う。また、加害者プログラムの他の参加者には適切な意見が言えるのに、自分は相変わらず虐待や暴力を続けている者もいる。加害者は一般に、望ましい回答を口にする能力をもっており、専門家は虐待を申し立てられた者の考え方を尋ねただけで評価を下すことのないよう、注意しなければならない。教育程度の高い加害者は、とくに自分の考え方を巧みに隠す場合がある。

責任転嫁

加害者は誰しも虐待の責任は自分にないと思い込み、さまざまな形で自分の行為を正当化しようとする。[63,70] 虐待をパートナーのせいにしたり（「あいつはホントに、俺のカンにさわることを言う」）、ストレスやアルコール・薬物乱用、幼い頃の問題、耐えがたい感情などのせいにしようとする。さらに、「女を殴っちゃいけないことはわかっているが、男にも我慢の限界がある」とか「殴ったのが自分の責任なのはわかっているが、あいつが怒らせるのが悪い」といった矛盾した発言をすることもある。

また加害者は、自分の行動の結果についても責任を転嫁する傾向がある。たとえば口論の際、殴られそうだと思ったパートナーが身をすくめると、過敏症だとかわざとらしいと言ってバカにする。またパートナーが虐待の被害女性に多くみられる抑うつ状態に陥ると、怠け者呼ばわりして「おまえはごくつぶしだ」などと言い、それを理由にさらに虐待を加える。子どもにDVの影響が出た場合も同様で、母親の育て方が悪いからとか、もともと子どもに性格的欠陥があるからだと責任転嫁する。多くの場合、子どもの情緒面・行動面での問題は時間とともに悪化するので、加害者はますます子どもやその母親であるパートナーを容赦なく非難するようになる。

こうした家族関係の力学で注目すべきなのは、加害者による責任転嫁が成功しがちだという点である。子どもが虐待を母親のせいにしたり、母親が子どものせいにしたり、きょうだいが互いのせいにしたり、場合によっては家族全員が自分のせいにすることもある。また加害者に盾突いたとか、加害者の要求にちゃんと応えないとか、騒がしくするなど加害者の機嫌を損ねるようなことをしたと言って、家族が互いを責め合うこともある。さらに被害女性が虐待を逃れるために離婚をもち出すと、加害者は彼女こそが家庭を壊して子どもを不幸にしていると非難する。[224] また父親の虐待的な行動を見た子どもが自分から距離をおくようになると、母親が意図的に子どもに自分への「嫌悪感情を植えつけ」ていると責めることもよくある（第5章および第6章参照）。

加害者は、子どもに対する暴力行為についても責任転嫁をする傾向が強い。「子どもを虐待する親は、虐待行動の責任をしばしば子どもを含めて外的要因のせいにする」（三五二頁）[206] ため、このことは子どもに悪影響を及ぼす恐れがある。加害者は子どもを虐待した言い訳として、母親への虐待を正当化するときと同じような口実を使うことが多い。

否認、事実を軽くみせる、被害女性のせいにする

加害者は、相当な証拠を突きつけられても、自分の暴力を全面的に告白することはまずない。[123・124] また、暴力がパートナーに与えた影響も認めようとしない。数カ月にわたる加害者プログラムの間も頑固に否認しつづける加害者がいる一方、警察の報告書などの客観的な証拠を突きつけられて否定しきれなくなる者もいる。

たとえ一部の暴力を認めた加害者でも、その多くは虐待の前歴を軽くみせようとする。[63・123・181] パートナー

の訴えよりもかなり割り引いた報告をし、とくに威嚇的な行動についてはその傾向が顕著である。(69) また暴力をふるったことを自己防衛だと説明したり、嘘を言うこともある。(1)

虐待を申し立てられた者や虐待の事実が確定した者を評価する際、判断を誤りやすいのは否認よりも、事実を軽くみせるこうした傾向である。加害者は被害女性のことを挑発的で不誠実な人間であるかのように言う一方、深く反省している様子もみせるため、専門家でさえ加害者が不当に非難されていると思ったり、更生の努力をしているのに認めてもらえないと判断してしまう。こうした加害者は、浮気が発覚したとか自分が和解を断ったことを理由にしたり、相手が誰かに入れ知恵されている、親権訴訟の武器にしようとしているなどと申し立てて、パートナーが虚偽の告発をしていると主張する。たとえば、私たちが受けもったある加害者クライアントは次のように訴えた。「何回か強く押したことはあるし、あいつが俺の母親を売女呼ばわりしたときに一度だけ平手打ちしたこともあるが、そのことは本当に反省している。でも俺があいつの襟首をつかんで殺してやると脅したことは一度だってない。あいつだってよく知ってるはずだ」

加害者はしばしば、暴力を身を守るためと位置づけたり、さらに重大な危害を防ぐために必要だったと言う。(123・181・224) よく聞かれるのは、攻撃してきたのはパートナーのほうで、それをかわそうとしたときにけがをさせてしまった、パートナーがしょっちゅう暴力をふるうので我慢できなくなり、「相手にわからせてやろうと思った」、パートナーが子どもに暴力をふるおうとしたので子どもを守るために介入した、パートナーが飲酒運転あるいはその他自己破壊的な行動をしようとしていたので止めようとした、などの説明である。こうした説明を細かく追及すると、多くの場合こじつけが露呈する。

児童虐待の加害者にも同様の傾向がみられる。その結果、児童保護機関から得た情報と、加害者自身の言い分との間に大きな隔たりがあることも多い。子どもの行動を歪曲あるいは誇張して、あたかもその子が問題が多く破壊的な行動をとるかのように言い立てる加害者は少なくない。だがパートナーからの情報を加味すると、たとえ子どもに情緒的または行動上の問題があったとしても、それはおもに虐待を受けた結果である場合がほとんどである。

くり返される暴力

加害者は大人同士の異性関係において、複数の女性を虐待することが多い(63・158・306)。児童保護機関や家庭裁判所、少年裁判所の担当者は、現在の関係が終われば、加害者がパートナーを攻撃する可能性は小さくなるという誤った認識をもってはならない。現在の関係で激しい対立が起きているのは暴力性の結果であって、関係が原因で暴力的になっているのではなく、もし将来の人間関係においても同様の力関係がくり返されれば、子どもに危険が及びかねないからである。

誤った加害者像

DVの加害者がどんな人間かをめぐっては、根づよい俗説がかなり流布している。専門家も例外ではなく、アセスメントや介入の際に誤った判断を下すことがある。以下に、代表的な誤解をあげて検証していこう。

アルコール・薬物乱用

参照できる研究結果をみるかぎり、DVとアルコールや薬物の乱用が重なる割合は、一般に考えられているほど高くない。DV事件のほとんどは加害者が飲酒していないときに起きており、アルコール依存症の男性の約八〇％はパートナーに暴力をふるっていない。[162] アルコールおよび大部分の薬物には、暴力を引き起こす生理的作用はなく、アルコールがもっとも暴力につながりやすいのは、本人がそう思い込んでいる場合である。[95] 激しい身体的暴力をふるう者を含め、大部分の加害者にはアルコール・薬物乱用の徴候はまったくみられない。[315] 一方、嗜癖問題を抱えている加害者の場合は、しらふでも重大な暴力行為を犯す。飲酒時にだけ暴力をふるうとパートナーが報告する例でも、もう少しくわしく話を聞くと、飲酒していなくても押す、脅すなど軽度の暴力をふるうことが多い。また薬物使用時に暴力行為が増えることも、暴力を選択しているのだと理解しておくべきだと思われる。加害者は、酒に酔うと自制がきかなくなると訴えるが、[70] 実際には酔っていてもいなくても、暴力に関する態度や意思決定プロセスはほとんど変わらない。女性同性愛者の加害者にも同様の傾向がみられる。[237] したがって、虐待者に特徴的な態度や行動をアルコール依存の問題に帰することには無理がある。[315]

嗜癖からの回復が暴力行動に与える影響には、プラスとマイナスの両面がある。アルコールや薬物の乱用から回復した後のほうがより危険性と横暴さを増したケースも、ごく少数だが存在する。その原因は、パートナーの行動をより細かく監視できるようになることと、より短気になることにあるようだ。また、ある加害者のグループでは、禁酒後四カ月〜一年間は暴力がかなり減少するが、回復に自信がつき、そのためのエネルギーを消耗しなくなると、暴力行動が再燃するという現象もみられた。それどころか、後述する12ステップ・プログラム（第8章 加害者の変化のステップ）で学んだ概念を言葉による虐待の新たな武器にし、パートナーに向かって自分の問題を「否認している」と責めたり、「共依存」のレッテルを貼ったりする者もいる。一方、アルコールや薬物の乱用から回復した後、ずっと暴力をふるわなくなる者も少数ながらいる。もっとも彼らは、最低一一カ月間の専門的な加害者プログラムにも同時に参加していたことは注目に値する。アルコール・薬物乱用からの回復だけで、虐待行為全般が長期的に改善されたという報告はほとんどない[19]。したがって、専門家は加害者の家族や加害者自身に対し、アルコール・薬物乱用から回復すれば家庭内に心身の安全が取り戻せるなどと言うことは控えるべきである。

アルコール・薬物依存はDVの原因とはいえないが、暴力の頻度や激しさに影響を及ぼすことはある[19]。またもっとも危険度の高い加害者には、重度のアルコールまたは薬物乱用がみられるケースが多い[32,295]。したがって、リスク・アセスメントにおいてアルコール・薬物乱用の前歴を考慮することは重要な要素となる。

精神疾患・精神的問題

加害者のなかには、精神疾患が見受けられる者はほとんどいない。参照できる研究結果によれば、きわめて攻撃性の高い者を除き、加害者が精神病理学的な問題をもっている割合は、暴力をふるわない男性と比べて著しく高いとはいえない[104,215,280]。加害者を精神病理学的な類型にあてはめることは困難であり[170]、加害者に共通してみられる特定のパーソナリティ障害や精神疾患も存在しない[170,259]。ゲルズとストラウス[96]は、「（虐待事件の）九〇％は、心理学的に説明することはできない」（四三頁）と述べている。とくに家庭以外では暴力をふるわない加害者については、精神病理学的兆候がみられないことを示す強力な証拠がある。[133]

おもに精神疾患が原因で暴力をふるうと考えられるケースも、まれではあるが存在する。その場合は次のような特徴がみられる。(a) 支配的行動や特権的態度が恒常的にみられることはないとパートナーが報告している。(b) 暴力を非難されても、正当化や合理化することがほとんどない。(c) 他の加害者と比べて被害女性に対する共感性が高く、批判の度合いは小さい。(d) パートナー以外の人にも激しい感情に突き動かされた行動を取ったことが何度もあり、そのことを後悔し恥じている。このタイプの男性は、私たちがクライアントとして受けもったDV加害男性全体の一％足らずにすぎない。

次に、精神病理の重大な徴候がみられたり、すでに診断がついていて、しかも加害者のおもな性格的特徴がみられる人々がおり、こちらのタイプのほうがはるかに多い。この場合、精神疾患はアルコール・薬物乱用の場合と同様、暴力の原因ではなく主要な促進要因、あるいはリハビリテーションの障害となる要因とみなすべきである。[70]

さらに、自尊感情の低さ、不安感、幼児期の被害経験、衝動抑制力の欠如、無能感など、病理とはいえない情緒面での問題も広く暴力の原因とみなされている。しかし臨床経験からいうと、加害者が常にこうした問題をもっているとは考えられない。同じように、生活上のストレスが暴力の発生に及ぼす影響に関する複数の研究をみても、関連性を示す証拠はほとんどない。[280]

暴力行動が家庭外にまで及ぶことがまれであるという事実から、加害者は親密性にかかわる重大な情緒的問題をもつとする説もある。[63] だがこの理論では、親密性に重大な問題をもつ男女の多くは暴力をふるわないという事実を説明できない。また自分の権威を傷つけられると威嚇的になるなど、親密性とほとんどかかわりのない加害者の行動面での特徴も説明できないし、女性を虐待する者同士が親しくなる傾向があるという事実も説明できない。[256] DVの比較文化的研究によれば、虐待はパートナー間の親密性のあり方にかかわらず幅広くみられることが示されている。[179・207]

加害者に対する心理療法の効果は、あまり大きくない。[139] 強い特権意識と治療プロセスを操作しようとする傾向が、治療効果が上がらない原因とみられる。心理療法への参加や向精神薬の投薬によって、加害者の行動が改善したとパートナーが報告する例はまれであり、長期にわたる効果がみられた例はない。また加害者は、向精神薬を規則正しく確実に服用することに抵抗を示すことが多い。

加害者には、問題解決やコミュニケーション、自己表現、怒りのコントロールのスキルや能力に欠陥があるというのも、同類の誤解である。ダットン[63]によると、加害者の自己表現能力の問題点はパートナーとの関係においてのみ表れ、他の状況ではみられない。また別の研究によると、暴力をふるう人とそうでない人の間に、これらのスキルの差はあまりみられないという。[209] こうした研究結果は私たちの臨床経験とも合致する。一般に、加害者は虐待的でないスキルを使うことができないのではなく、使おうとしないのである。加害者の根本的な考え方や態度をそのままにして、問題解決法や怒りのコントロールを教えても効果がないことは、専門家の間で広く認識されている。

加害者は衝動抑制がうまくできないという説も広く普及しているが、これも誤解である。衝動的な行動のせいで何度も職を失うなど、衝動抑制の低さを示す加害者はきわめて少ない。しかも、パートナーに対する虐待的・支配的行動のなかには、あらかじめ考えたり、計画する必要のある行動が含まれていることが多い。パートナー以外との人間関係や財産の運用、その他の生活の側面をよく調べてみても、一般に激しい衝動性を物語る形跡は見あたらない。

特殊な例として扱わなければならないのは、反社会性パーソナリティ障害（精神病質パーソナリティまたは社会病質パーソナリティともいう）のケースである。この障害は、社会的良心が欠如しているために操作的で搾取的な行動をとり、暴力や脅し、違法行為を常習的に犯す傾向を示す。反社会性パーソナリティ障害の男性は、一般に女性との関係が表面的で不誠実、虐待的で、浮気の常習犯である。[5] 反社会性パーソナリティ障害とDVの加害者は、相手を不当に扱う点では似ているが、[139] 大きな相違点が二つある。（a）反社会性パーソナリティ障害の場合は、親密なパートナーだけではなく、周囲のさまざまな人（多くは雇用主も含む）に対して反社会的態度をとる。（b）反社会性パーソナリティ障害の行動パターンは、思春期中期以前に始まるが、DVの加害者の場合、問題が表面化するのは一般に一〇代後半か二〇代になってからである。反社会性パーソナリティ障害は危険性が高く非常に治療がむずかしいため、この障害と虐待の前歴を両方もつ者は、パートナーや元のパートナー、子どもにとって重大な危険となる恐れがある。

一般的な暴力や犯罪

加害者の大多数は、もっとも重大で危険な暴力をふるう者も含め、パートナー以外の人間に対して常習的な暴力をふるうことはない。研究によれば、加害者は暴力をふるわない人と比べると、一般的な暴力をふるう割合は高いものの、対象は親密な関係にある人に限られる。[134,139] したがって家庭以外の場所で加害者と接触する人たちは、通常その暴力性を認識していない。ただし暴力行動について追及されたり、パートナーや子どもに対する支配を妨害されたと思ったときは例外である。だがそれ以外の状況では自制をきかせることができ、たとえば通報を受けた警察がやってくると急に落ち着いた態度をとり、警官の前では理性的で友好的にふるまう。このため警察官を対象にしたDV研修では、この点について必ず指導が行われる。

また、加害者は貧困層あるいはブルーカラーの暴力的な男性であるという社会的イメージが形成されているため、学歴や社会的地位が高く、自信にあふれた者が加害者であることが見逃されることも少なくない。暴力をふるうのは屈強な「マッチョ」タイプの男性という一般通念も根づよく、これに付随して加害者の階層や人種のステレオタイプ的なイメージができあがっている。

加害者が一般的な暴力もふるう場合、パートナーや子どもにとってのリスクが高いことが研究によって示されている。[35] このタイプの男性は、自分の行動が自分にどんな結果をもたらすかに無頓着で罪悪感が薄く、破壊的な暴力手段（武器の使用を含む）になじみやすい。したがって一般的な暴力をふるうかどうかは、加害者の危険性を評価する際に考慮すべき一つの要因である。

人種・文化・階層のステレオタイプ

DVは、現代の学問研究の対象とされているほとんどの人種的・文化的グループで深刻な問題になっている。[125・179] 合衆国内では、いずれの人種グループにおいてもDVの発生率が高く、[279] 階層についての変数を一定にした比較では、人種間、文化間で著しい違いはみられない。[116・167・257] たとえばラテン系のカップルとアングロサクソン系のカップルを比較すると、男性の支配や暴力の容認のレベルはほぼ同じである。[300] ただし有色人種の加害者についての研究は不足しており、[159] 人種と文化の関連性を考察する際には、おもに臨床経験に頼らざるをえない。

経験からいうと、DVを扱う専門家（とくに児童保護機関の担当者を指すが、裁判官やセラピスト、親権評定の担当者なども含む）は、文化や階層による先入観から誤りを犯しがちである。たとえばある家族が

「DVが容認されている文化の出身である」などといった発言に、こうした先入観がみてとれる。こうした偏見は、多種多様な考え方が混在し、常に価値観が問い直され、変化している現代社会の実態を覆い隠すものである。ある文化のDV観を一言でいえると思うこと自体、文化に対する鈍感さを露呈するものだし、どんな文化においても、男女の価値観の間には大きな対立が存在する可能性がある。さらに、男性が女性を支配することが男女双方に広く受け入れられている文化においても、虐待をする者には、社会の平均レベルと比べて力を行使することを当然の権利とみなす傾向が強い。[125] DVに反対する個人やグループは世界各地に存在し、現在少なくとも五三カ国でDVを規制する法律が制定され、四一カ国で夫婦間レイプが犯罪とされている。[125] 一言でいえば、あからさまにDVを容認するようなコンセンサスのある文化が存在する証拠など、どこにも見あたらない。

人種・文化・階層などの要因が暴力行動に及ぼす影響について、もう少し細かくみていこう。まず強調したいのは、合衆国の主流の文化に、DVに対する暗黙の支持が存在することであり、ここには高学歴で経済的に恵まれた白人層も含まれる。たとえばある研究では、大学生にDVのシナリオを読ませたところ、女性を非難して男性の責任を問わない傾向がみられた。シナリオに出てくる男女の親密度が高いほどこの傾向は強くなり、男性に責任があると答えた被験者はごく少数だった。[274] また、心理学専攻の男子学生を対象にしたある調査によると、女性が浮気をしたと確信したら殴ってもかまわないと考える者が二五%以上、セックスを何度も拒否する女性パートナーを殴るのはかまわないと考える者が一〇%以上いた。[256] さらに、警察や裁判所がDV犯罪を真剣に扱おうとせず、加害者の責任を追及しないことがあるという事実も、DVを黙認する文化の表れだといえる。たとえばDV関連の犯罪と、他人同士の同程度の暴力犯罪とを比べた場合、前者の判決のほうが一般的に寛大である。[97] また、警察が夫婦間レイプに介入したがらないという事実にも、同様のことがいえる。[21]

国際的な比較研究も、暴力パターンと人種・民族とのかかわりを検証するうえで有益である。合衆国におけるDV発生率は他の社会とほぼ同じ程度であり、[269]とびぬけて高くもなければ低くもない。たとえばプエルトリコのDV発生率は合衆国よりも高いが、キューバは合衆国よりずっと低い。[179・300]研究によれば、ある社会のDVの発生率は、経済的・社会的要因ともっとも密接に関係している。具体的には、男女の経済的格差、女性の経済的権利（土地や財産の相続権など）に対する制限の有無、家庭内の意思決定における夫の優越性、女性の側から申し出る離婚のしやすさ、その社会の一般的な暴力の発生率などである。[125・179・207]パートナーに対する虐待の発生率は、女性が家庭の内外でもつ力や権限が大きいほど低くなる。[125]このように、DVは人種的または民族的要因だけでは説明できないという私たちの見解は、国際比較によっても支持されるものである。

DVはまた、ある特定の社会経済的階層だけの問題ではない。貧困家庭のほうがDVの発生率が高いことは多くの研究によって示唆されているが、[11・270]同時に、最富裕層で発生率が高いことや、[264]社会的地位の高い男性は常習的な暴力をふるう比率が高いこと、[306]暴力をふるうパートナーと別れることをもっとも困難に感じているのは最富裕層と最貧困層の女性であることも明らかになっている。[306]また、学歴の高さとDVの発生率との間に関連はみられず、[135]加害者の学歴と子どもへの身体的虐待の発生率との間にも有意な関連はみられない。[273]

しかし、だからといってDVを扱う専門家には、文化への理解や階層に対する感受性が必要ないということではない。加害者のスタイルが文化によって異なるのは事実であり、支配がもっとも強く表れるのはどの領域か、何がもっとも虐待の口実になりやすいか、どんな形態の暴力がふるわれるかなどには、文化によって一定の傾向がみられる。[179] 加害者がどのように自己正当化するかや、どんな状況がパートナーと子どもにとってもっとも危険かを理解するため、[112] さらには加害者を対象にした効果的なプログラムを策定するためにも、[41] 文化への理解は大切である。同様に、被害女性が直面する困難も文化によって異なる。具体的には、親戚、警察、聖職者、その他の機関から支援を期待できるか、期待できるとすればどんな支援か、本人の選択肢に文化的・宗教的信念がどう影響するかなど、さまざまな要素が働いている。[25・112] たとえばある研究によると、アフリカ系アメリカ人女性は宗教への関与度が高いほど、虐待的関係を回避する能力が高まるという。[234] また移民の女性の場合、支援を求めたくても言葉の壁に阻まれがちであるし、法的地位の特殊性から、加害者によって国外退去に追い込まれる不安もある。階層の問題でいえば、低所得層のDV発生率の高さは、この層の男性の暴力的傾向が高いことではなく、貧しい女性がパートナーと別れようとした際の障害が大きいことに起因しているのかもしれない。

私たちの経験からいうと、加害者の手口や正当化の方法には人種・民族・階層による違いがみられるものの、共通点のほうが差異よりも大きい。私たちが接してきた加害者は主として白人、アフリカ系アメリカ人、カリブ海諸島や中米出身者、さらに少数のポルトガル系や西アフリカのカーポベルデ出身者などである。階層の構成は、ほぼ合衆国の社会の縮図となっており、自主的参加者や裕福な地域の裁判所の命令によって参加してきた者のなかには、かなりの高所得者が含まれている。

専門家の文化的理解の欠如が、対応の甘さや行き過ぎた対応につながることがある。ある文化ではDVは日常茶飯事だという思い込みから、児童保護機関の担当者が潜在的危険のある状況を見過ごしてしまったり、ある人種グループの男性は加害者になる可能性が高いという思い込みのせいで、裁判所が偏見にもとづく対応をしたり、児童保護機関が早計に子どもを家庭から引き離すこともある。階層に対する先入観も同様であり、高学歴・高所得の加害者に対しては、裁判所や児童保護機関の対応が甘くなりがちである。(1)

高学歴の加害者には、身体的暴力に頼るよりも、自分の意のままになる心理的虐待の手口を駆使する傾向がみられる。これは、軽度の暴力をふるう男性の割合は社会的地位に関係なく一定しているという研究結果とも一致する。(208) だがこのタイプの加害者は、身体的暴力を行う回数も少なく、程度も軽いため、逮捕される可能性は低い。とはいえ、中・上流の階層の加害者で激烈な暴力をふるう者も、労働者階層の加害者で暴力の程度は軽いが、激しい心理的虐待を行う者もおり、行き過ぎた一般化は避けなければならない。

被害女性の直面する障害は、文化だけでなく階層によっても異なる。貧困層の女性には、仕事の選択肢がほとんどない、たとえ支援してくれる友人がいても家が狭くて被害女性とその子どもを受け入れてもらえない、親戚がいても金銭的余裕がなくお金を貸してもらえない、などの問題がある。一方、裕福な女性の場合には、シェルターに逃れてもそれまでのライフスタイルとの違いになじめなかったり、何ひとつ不自由ない環境から連れ出された子どもの反発を買うこともある。

最後に、人種・文化・階層の問題にかかわる二つの点を指摘しておきたい。第一に、文化的規範は加害者の子どもへのかかわり方――長所も短所も含めて――に大きな影響を与え、暴力の問題とも複雑に作用しあうこと（加害者の文化的背景と子どもへのかかわり方についての研究は、本書執筆時点ではほとんど見あたらない）。第二に、文化的背景や階層は、子どもがＤＶについて外部の人に話そうとするかどうかや、自分の感情的反応にどう対処するかに影響を及ぼすこと。たとえば、富裕層の子どもは家名を傷つけないように厳しくしつけられていたり、虐待について話しても信じてもらえないと思い込んでいることがある。また移民の子どもは相手が政府の役人だと思うと警戒し、個人的なことは一切話そうとしないこともある。

要　約

DVという犯罪行為には、定義し特定することが可能な行動と態度のパターンが伴う。加害者には共通した顕著な特徴があり、そのすべてが子どもの家庭生活に重大な影響を与える。暴力には独自の原因と力学があり、アルコール・薬物乱用、精神疾患、暴力的人格など他の原因に還元することはできない。DVがある家庭に対して効果的なアセスメントや介入を行うためには、暴力パターンを構成する主要な要素と、暴力がその家庭に生じさせた力学を理解することが必要である。また文化や階層に対する認識も不可欠である。親が生活する社会的環境が親の行動や選択肢を形づくり、その結果、子どもの生活体験を形づくるからである。

第2章 「力」を行使する親
——加害者の子どもへのかかわり方

これまでDV加害者に特徴的な行動と態度について概観してきたが、次に加害者に典型的にみられる子どもへのかかわり方についてみていきたい。前半では加害者と子どもとの関係の全般的な傾向について、後半では児童虐待のリスクについて論じる。本章で述べるように、親としての加害者の態度にみられるおもな欠点のほとんどは、第1章で明らかにした加害者の特徴から当然予想されるものである。

暴力をふるう親の典型的な特徴

親としての加害者のあり方には、暴力をふるわない男性と比べ、ある一連の特徴が著しく高い確率で存在する。これは、私たちの経験からも既存の研究からも明らかである。とはいえ、**親としての**加害者の態度や行動にみられる特徴には、**パートナーに対する**ものほど共通性はない。たとえば、パートナーにやさしく接する加害者はまずいないが、子どもに対してほぼいつもやさしく接する加害者というのは、ある一定の割合で存在する。

親としての加害者の行動には個人差があるとはいえ、十分に責任感のある親だといえる者はいない。加害者本人にそのつもりがなくても、子どもはＤＶにさらされることによって母親との関係を本質的に傷つけられるなど[140]、いくつもの悪影響を被る。したがって母親に対する暴力は、加害者の養育態度に影響するだけでなく、子どもへのかかわり方に関して、その他にも問題があることを物語っているとみなすべきである。加害者の養育態度に対する評価や介入を行う専門家は、加害者の大多数に次にあげる問題が一つかそれ以上みられると考えておく必要がある。

権威主義

子どものしつけへの加害者のかかわり方は千差万別だが、そこには柔軟性に乏しく権威主義的な傾向がみられる[191・291]。自分の意思に子どもが無条件で従うことを期待し、子どもが抵抗したり反論したりするのが許せない。家族からの意見や批判をほとんど受け入れようとせず、いったんこうと決めたら子どもの実際の必要に合わせて調整することができない。こうした柔軟性の乏しさは、子どもに発達上の問題を引き起こしかねない。子どもがアイデンティティを形成するうえで、親とぶつかりあうことは不可欠だからである[30]。

ホールデンとリッチ[131]も同様の考察をしている。加害者は、暴力をふるわない人に比べて子どもに怒りやすく、子どもをたたく頻度が二倍以上、しかも「強く」たたく傾向が強いという。また暴力をふるわない人と比べて、子どもがかかわるもめごとを力で押さえつける傾向がある。他の研究によると、加害者は親として権威主義と放任主義の間を揺れ動いたり[244]、権威主義とまったくの無関心の間を行ったり来たりすることも多い[2]。

DVにさらされる子どもは、暴力そのもののトラウマティックな影響によって情緒的問題を抱えていることが多く、したがってそうでない子どもに比べて、加害者の不適切な養育態度に深く傷つきやすい。たとえばホールデンとリッチ[131]によると、DVにさらされる子どもは、父親がよくかんしゃくを起こす場合、とくに問題行動が多くなるという。マーゴリンら[191]によると、父親が母親を虐待している場合、父親の子どもに対する権威主義的な態度の悪影響はいっそう顕著になるという。したがって、親権評定などで、加害者の養育態度が子どもに及ぼす影響を評価するときには、DVの前歴を考慮すべきである。

この権威主義的傾向は、加害者の特徴のさまざまな側面に起因している。加害者は支配的な傾向があり、子どもが無批判に父親の権威に従うことを期待する。とくに息子は厳格な支配を受けやすい[191]が、シェルターに避難している被害女性の子どもを対象にした最近の調査によると、息子よりも娘のほうが、父親から苛酷な言葉による虐待を受けていたという[49]。また加害者は特権意識や自己中心性が強く、父親としての報いや周囲の評価を、それに伴う苦労や犠牲を払うことなしに得られると思っている。権威主義的なしつけは、子どもの思考や感情、葛藤と真剣に向き合う忍耐を必要とするプロセスなしに、加害者が手っとり早く問題を解決できるという利点がある。さらに子どもに一方的に命令する態度は、子どもを自分の意のままになる所有物とみなす加害者の心理的側面にも合致している。

権威主義的な態度は、加害者の育児能力の向上を妨げるものでもある。男性が「子育てのやり方についでは妻の教えを乞う」姿勢をもつことは、育児能力を向上させる一つの要因となる（一二三頁）[228]が、加害者は、暴力をふるわない男性と比べて、パートナーから子育てについて影響を受けたり教えてもらおうとする姿勢に大きく欠ける。(2) 加害者は、とくに息子の育て方について、パートナーよりも優れていると主張することが多い。だが柔軟性に乏しく思いやりのない養育態度は、性別を問わず子どもにとって好ましくないことが明らかになっている。(228)

柔軟性を欠いた養育態度と子どもへの共感の欠落は、それ自体が悪影響を及ぼすだけでなく、児童虐待につながる恐れもある。(206) 虐待的な育児の一因は、親の思考体系にあるという指摘もある。

虐待的あるいは虐待のリスクのある親が、力による支配（言葉の暴力と身体的暴力）に頼りがちなのは、育児技術の未熟さだけによるものではない。……対照群の親と同様、さまざまなしつけの方法があることは知っている。身体的な懲罰手段を頻繁に使用するのは……子どもの過ちは許せない悪であるとか、子どもの行動を統制するには力で押さえつけるのが効果的だという考え方を反映していると思われる。（三五九頁）(206)

加害者に児童虐待をする者が多いのは、以上のような要因によるとみられるが、これについては後述する。

無関心、ネグレクト（養育放棄）、無責任

加害者は子どもに無関心で、世話もしない傾向が強く（通常、権威主義的な関与が時おり行われる）、暴力をふるわない人と比べて、子どもに身体的な愛情表現をすることが少ない。(47・131) 子どもは自分の権威が及ぶ領域の一部であるが、実際的な子どもの世話は母親の責任であるというのが、加害者に共通する考え方である。彼らにとって子どもは邪魔物であり、親としての務めを逃れるために、口実を設けて外出しては家を空けることが多い。実際、家を出る口実をつくるためにわざとパートナーとけんかをしたことがあると話す加害者はかなりの数に上る。また加害者は、家庭での義務をはたすために妥協したり、自分のやりたいことを我慢するのを嫌う。(2) ただし経済的な貢献は、さほど消極的ではない場合もある。

加害者は、子どもの学校や保育園の先生の名前、子どもの健康状態やかかりつけの医者の名前を正確に知らず、子どもの興味や長所、将来の夢などについても答えられないことが多い。子どもについての知識の不足は、子どもの年齢にふさわしくない行動を期待するという形で表れ、大人のような行動を子どもに要求することもある。(139) さらに、子どもに表れたＤＶの影響について、母親や教師が認識しているのに父親はまったく気づいていないケースも多い。(267)

加害者は、自分に都合のいいとき、あるいは父親として周囲に評価されるチャンスだとみたときには、子どもに関心を示すことが多い。ふだん宿題をほとんど手伝ってやらないのに、息子が良い成績をとるとたんに自慢する加害者もいた。またある加害者は、日ごろから娘を「不器用」だとけなし、娘の夢を「現実離れしている」とバカにしていたが、妻の報告によると、娘がサッカーの試合で活躍するとコートの脇で小躍りし、「がんばればできると、いつも言ってやっていたんですよ」と自慢げにまわりの親に話していたという。

いったん子どもに関心を注ごうと決めると、加害者はエネルギーとユーモアを駆使し、惜しみなく金を使って、自己の存在感を誇示しようとする。加害者はそうした場面をもち出しては、自分がいかに良い父親であるかを示そうとする。母親がＤＶのトラウマを抱え、子どものために使うお金も加害者からもらえず、子どもの世話で精一杯で子どもと楽しく過ごす余裕がない状況では、こうした父親の態度が子どもの感情に大きな影響を与えることがある。ふだん子どもの相手をすることが少ない分、子どもの目に加害者は貴重な存在に映る。子どもは父親と過ごすことに大喜びしたり、父親の機嫌の良いときをうまく利用すべきだと思ったりする。その結果、加害者は皮肉にも養育を放棄する傾向ゆえに、親として優位な立場になることがある。児童保護機関の担当者がしばしば指摘するように、子どもは過去の失望や怒りをしばし忘れて、自分の世話をしない（あるいは虐待する）親からの関心を大喜びで受け入れる傾向がある。一方で、加害者のパートナーは、子どもが何度も加害者に失望させられるのを見て心が痛むという訴えをよく口にする。「一緒にこれをしよう、あれを買ってあげようと、しょっちゅう約束するくせに、約束を守ったためしがない」とある女性は話した。

　加害者の子どもに対する関与の度合いは、子どもの話をするとき涙をこぼすとか、誇らしげに写真を見せるといった感情の表現や発言の内容からは判断できない。それは必ずしも子どもとの純粋な結びつきを示すものではなく、心理操作や自己中心性に起因するものかもしれない。多くの加害者は、これからは子どもとのかかわりを増やすとくり返し約束するが、守るのはせいぜい訴訟期間だけで、その後はほとんどの場合、実行できない。したがって親としての資質の評価は、おもに過去の実績にもとづいて行うべきであり、これにはかなりの個人差がある。また子どもに対する関心の欠如は、児童虐待のリスク要因の一つであることも銘記すべきである。[206]

母親の権威をおとしめる

暴力はそれ自体、母親の権威を傷つけるものだが、同時に子どもの養育にも重大な影響を及ぼしかねない[136]。たとえ加害者があからさまに母親の権威を傷つけなくても、子どもは加害者の行動に込められたメッセージを吸収し、それが子どもの母親に対する態度を形づくるのである。たとえば加害者が母親と言い争うときの軽蔑を含んだ口調から、母親は侮辱されてしかるべき人間で、敬意をもって話す必要はないというメッセージを受け取ったり、加害者の暴言を聞くなかで母親に向かってどなったりののしったりしてもかまわないと理解し、具体的な愚弄や侮辱の方法を覚えてしまうこともある。実際、DVが家族に与える影響について、加害者のパートナーがもっとも多く訴えるのは、加害者の彼女へのふるまいを子どもがそっくりまねするということである。

また子どもは、相手が相当程度の挑発をしてくれれば身体的暴力は許されるというメッセージを受け取ることもある。DVがある家庭の一〇代あるいは一〇代前の子どもに、母親に暴力をふるう者が少なくなく[66・131]、とくに男の子の場合には顕著であることは[38・150]、父親の行動がもつ影響の大きさを物語っている。また子どもは、母親が虐待されるのは母親自身に非があるという父親の見方に同化し、自分が暴力をふるった責任を母親に押しつけるようになる。

暴力それ自体が母親の権威を傷つけ、家族機能にさまざまな問題を引き起こすことは言うまでもないが、加害者の多くはことさら意識的に母親の権威を傷つけることによって、さらに事態を悪化させる。たとえば、母親が子どもについて下した決定を覆す、子どもの前で母親をバカにする、母親が無能または危険な親であると子どもに言うなどである。これによって、自分を家庭の唯一絶対の権威とし、家族を自分の支配下におこうとする加害者のもくろみはいっそう推進される。その反面、加害者は子どもが母親を尊敬しないことに不満を訴え、「子どもが母親の言うことを聞こうとしないので、しかたなく私がしつけをしている」などと言ったりすることも多い。こうした家族関係の力学については、第3章でくわしく取り上げたい。

自己中心性

加害者は、パートナーに対してそうであるように、子どもとの関係においても自己中心的で独善的な傾向がある。はじめて子どもが生まれると、子どものために自分のライフスタイルを変えるのを嫌がり[2]、子どもの感情や体験に鈍感な傾向がある[139]。また、加害者は子どもの泣き声を我慢できないとパートナーはしばしば訴えるが、ジェイコブソンとゴットマンも同じ指摘をしている。だが子育てを通じて最大の問題となるのは、加害者の自己中心性が引き起こす子どもとの役割逆転である。加害者は、自分が子どものニーズを満たすのではなく、子どもに自分の要求を満たしてもらうことを期待する。加害者の多くは親としての情緒的境界をきちんと保つことができず、お金や健康の心配、職場でのストレスなど、大人の問題を子どもに話して精神的負担をかける。パートナーによって感情的に傷つくと、子ども（とくに娘）から精神的なサポートを得ようとすることもある。こうした状況は、家族関係の力学に大きな影響を与えかねない。

子どもは親である自分の要求を満たすのが当然という加害者の考えは、さまざまな形をとって表れる。たとえば、自分が子どもと時間を過ごそうと決めたら、子どもがすぐさま都合をつけるのがあたりまえだと考え、自分の必要を満たすためであれば、子どもが独立を諦めたり[291]、いつでも自分の相手になるのが当然だと考える。別居後は、訴訟を利用して面会を増やすよう圧力をかけたり、親権まで求めるにもかかわらず、結局は子どもをほとんど放ったらかしてテレビを見せておくか、親戚に預けてしまったりする。また、自分が疲れているときや機嫌が悪いときに、家族が家のなかで音を立てないようにしたり遊びをやめたりするのは当然と考え、自分のささいな成功や不満が重視され、本人の意思とは関係なく子どもが自分に身体的な愛情表現をすることを期待する。加害者は、そのいずれかに満足がいかないと不機嫌になり、報復も辞さない。私たちは多くの家庭で、母親や子どもが長年のうちに、加害者から非難や脅しを受けないよう、常にその要求に応える態勢になっているのを目にしてきた。

加害者の自己中心性はまた、自分をよく見せるための付属物として子どもを利用しようとする一部の加害者の傾向にも表れている。加害者は一般に自分の子どもの写真を見せるのが好きで、「うちのかわいい娘」「うちのかわいい息子」などと言うが、それ以外のやりとりからは、子どもへの日常的な関心が低いことが明らかである。加害者は「子どもを独立した人格としてとらえることができず」「子どもを内面性や情緒的要求をもつ人間としてではなく、他者によって支配されるモノのようにみなしているようにみえる」ことが多い。さらに「父親が現実を正しく把握できず、子どもの発達上の必要を理解できないため、父子関係はいっそう歪んだものになる」(一九九、二〇五頁)[10]。そのうえ、加害者は子どもの成功は自分の功績とみなし、失敗は常にパートナーのせいにする傾向がある[10]。

加害者のなかには、わざと哀れを誘ったり、自己破壊的な演技をする者もいる。その場合、子どもは父親が自殺するのではないか、自動車事故で死ぬのではないか、薬物やアルコールが過ぎて体を壊すのではないか、などという心配にとりつかれてしまう。実際に加害者が抑うつやアルコールまたは薬物の問題を抱えていることもあるが、多くの場合、家族の注目を集め、虐待から目をそらさせるために苦しみを演じているにすぎない。

母親が働きに出ている間は子どもの世話をするなど、一般の親よりも育児に多くかかわっている加害者もなかにはいる。だがその場合も、子どもの養育への関与がどの程度、自分ではなく子どものニーズを満たすためであるかを評価することが重要である。また母親が、自分の意思に反して外で働くことを強いられていないかも確かめる必要がある。そうしたケースはDVの事例ではめずらしくない。

第1章で述べたように、パートナーや子どもに対する加害者の自己中心的な傾向は、必ずしも自己愛性パーソナリティ障害が原因ではない。したがって心理学的評価だけでは、加害者が子どものニーズに安定して応える能力をどの程度もっているかを適切に判断することはできない。

心理操作

パートナーとの関係と同様、加害者は子どもに対しても心理操作を行うことがある。多くの加害者は、DVがどんなものであり、誰に責任があるのか（自分ではなく、母親や子どものせいであるかのように思わせる）、どちらがやさしくて思いやりのある親なのか、などについて子どもの判断を混乱させる。別居後、被害女性が加害者の子どもへのかかわりで一番大きな不安を訴えるのは、子どもへの心理操作である。心理操作の力学が家族機能に及ぼす影響については、第3章でくわしく論じる。

他人に見られているときの演技力

一般に、加害者は他人に見られているときには適切に行動できるという特徴をもっており、専門家が親としての加害者のあり方を正しく評価するのは容易ではない。ほとんどの加害者は家庭の内と外では対照的な行動をとるが、それは子どもへのかかわり方にもあてはまることが多い。友人や親戚の前や、専門家が観察しているときには、多くの加害者は子どもに対して穏やかで面倒見がよく、思いやりのある態度をとる。一般的な人づきあいの場や一〜二時間の監督つき面会では、毎日の子育てに必要な技術や子どもが必要としていることを思いやる力はさほど必要とされないため、友人や観察にあたる専門家には親としての加害者の欠点は見えにくいことがある。

評価を行う際には、専門家の前で子どもが加害者と交流するときに見せる典型的な反応を知っておくことが役に立つ。虐待を受けたり、DVにさらされている子どもは、危険な状況を敏感に察知したり、加害者の気分や態度の変化を直感的に読み取る能力を身につけている。第三者の前では、子どもは暴力をふるう親と一緒にいても、かなりリラックスして見えることがあることは、臨床の専門家や児童保護機関の担当者の間で広く知られている。それどころか、子どもにとって暴力をふるう親との一番いい思い出が、人前に出たときや人づきあいの場でのものであることも多い。他者に見られているときに、加害者が非常に魅力的でユーモアのある態度をとるため、父親とのそうした交流に飢えていた子どもが大喜びすることもある。したがって評価の担当者は、子どもが加害者に対して肯定的な反応を示しても、過大評価しないよう注意することが必要である。

DVにさらされる子どもへの影響

加害者と一緒に暮らす子どもが暴力現場を目撃する可能性はきわめて高く、[166] 子どもは親が思っているよりも暴力の存在に気づいている。[74] 加害者が母親に性的な暴力をふるうのを目撃する子どもも、かなりの数に上る。[307] 母親が殺害されるのを子どもが目撃したり、殺人直後の現場に居合わせたりすることも少なくない。[169] 加害者がペットを残酷に扱ったり殺したりすることは広く報告されているが、[175] 子どもがペットに強い愛着を抱くことを考えると、これも重大な意味をもつ。

ところが加害者の養育態度を専門家が評価する際、もっとも明白な問題――加害者が子どもをDVにさらしているという問題――が見落とされることがある。一方、アルコールや薬物乱用など、子どもを不安で危険な状況にさらすそれ以外の行為は、一般に重視される。このようにDVが例外として扱われがちなのは、一つには加害者に自分の行動の責任を全面的に負わせないことに原因がある。その結果、子どもが暴力にさらされる責任の半分を暗に（時にはあからさまに）母親になすりつけてしまうのである（第6章参照）。

情緒面・行動面・発達面の影響

複数の研究によると、子どもにとって両親の関係にまつわるもっとも気がかりな出来事は、父親の母親に対する暴力だという。[48] DVにさらされる子どもは他の子どもに比べて、仲間に対していじめや悪口など攻撃的な態度をとりやすく、一般に問題行動が多い。[108] とくに男の子の場合、家族以外の人に対する攻撃が顕著にみられる。[134] DVにさらされる子どもは他の子どもに比べて、友だちと過ごす時間が短い、友達の身の安全をよく心配する、親友がいないことが多い、友人関係に問題があるなどの特徴がある。[108] また精神健康面でさまざまな悪影響がみられ、[199] 問題行動、多動、不安、自分の殻に閉じこもる、学習困難などの比率が著しく高い。[100] 家にいるのを嫌がる反面、[244] 母親を守ろうとし、[244・290] 暴力をふるわれている親を守るために、争いに割って入ることもある。[220]

こうした影響は内面化され、長期的な結果をもたらす場合もある。たとえば自分のせいで父親が母親に暴力をふるったと思い込んで罪悪感を覚えたり、[141] 母親が殴られる原因を再びつくってしまうのではないかと不安になる子どももいる。[244] 子どもをめぐる対立が暴力に発展する場合もあるが、[136] 子どもはそれに気づくと強い罪悪感を覚える。また、子どもの食事や睡眠などの日課が、暴力のせいで乱されることもある。[142]

母親に対する**心理的虐待**の程度や性質は、子どもの苦痛の度合いを大きく左右する要因であり、[48] 子どもの社会的行動や適応面の問題を予想する有力な判断材料となる。[108] 被害者の子どもは他の子どもに比べて、二倍の頻度で親の言い争いにさらされる。[132] また母親に対する言葉による虐待がひどければひどいほど、その男の子が成長したときに暴力をふるう比率は高くなる。[20・279] このように、暴力にさらされる子どもは、暴力のない家庭の子どもとは著しく異なる情緒的環境で成長する。

一部の研究では、DVが子どもに悪影響を及ぼすのは、主として両親の激しい対立の結果だとされる。[148] だが、暴力を伴う対立のほうが暴力を伴わない激しい対立よりも、子どもに多岐にわたる長期的問題や直接的な否定的反応を引き起こすこと、[189] またDVにさらされる子どもは他の子どもに比べて、両親の言葉による対立の影響を受けやすいことが、[3] 複数の研究によって明らかにされている。

DVにさらされる子どもに関する外国の研究でも、情緒面・行動面・学習面での問題、他の形態の虐待を受ける可能性、暴力を目撃する可能性などの点で、同じような結果が出ている。被害女性の子どもが栄養不良などの健康上の問題を起こしやすく、予防接種の接種率が低いのも、世界共通の傾向である(125)。

DVに対する子どもの反応の人種や民族による違いを調べた研究は、ごく少数しかない。白人とアフリカ系アメリカ人の少年のDVに対する反応を比較した二つの研究によると、白人少年のほうが問題を行動に表す傾向が高かった。また、ヒスパニック系の子どもは他の子どもよりも、全体的に顕著な症状がみられたという研究結果もある(189)。

加害者は、家庭のなかで暴力をふるい心理的攻撃を行う主たる人物であり、ここであげたような影響に子どもをさらした責任者とみなされるべきである。したがって、子どもに表れるこれらの影響は、親としての加害者の能力の欠如を示すものだといえる。「なぜなら、子どもの親である母親に暴力をふるうことは、子どものニーズを無視し、対立を解決する方法の悪い見本や女性に対する否定的な態度を示すことであり、他人に犠牲を強いて力ずくで自分の要求を満たす方法を見せつけるものだからである」(三八四頁)(140)。

外傷性の絆

多くの場合、評定担当者は加害者とその子どもとの間にどの程度の絆があるかを見きわめなければならない。だが、この判断はそう簡単ではない。というのも、どんな種類の虐待(直接的な児童虐待も含めて)においても、人間関係がよそよそしく、表面的で、びくびくしたものになるとはかぎらないからである。それどころか、いくつもの文献が示すように、意図的な虐待――なかでも、脅しとやさしさが交互に現れる虐待――は、きわめて強力かつ不健全な絆を形成し、被害者の加害者への強い依存を助長することがある。[63・65・129・143] これも「外傷性の絆」と呼んでいる。

代表的な外傷性の絆の力学をいくつか説明しておこう。第一に、被害者は虐待の結果、やさしさや理解、それまで経験した不安や恐怖からの解放を渇望するようになる。[64・65・129] その結果、適切なタイミングで慰めを提供してくれる者を、救済者とみなして感謝するようになる。外傷性の絆においては、慰めを提供する者と虐待する者は同一人物である。たとえば加害者は暴力をふるった後で謝罪したり、被害女性の心情を気づかったり、穏やかであたたかい言葉をかけたりする。すると被害女性はそのやさしさに感謝し、自分から進んで相手を許し、加害者が本当は自分を深く愛していると思い込む。このサイクルが何度もくり返されるうちに、被害女性は、加害者が寛大さや思いやりをまったく示さなくても、虐待が中断されるだけで感謝するようになる。これが女性の自虐的な特性とみなされていた時期もあるが、現在では男女を問わず、虐待関連のトラウマにみられる一般的な反応であることが示されている。[129] また虐待とやさしさが交互に現れることが、外傷性の絆を強化する決定的な要因であることも示されている。[65] ハーマン[129]によると、

家庭内で監禁されたり、政治的理由で監禁されて生き延びた人の多くは、死の覚悟を余儀なくされ、最後の最後で助けられた体験をしている。こうした体験が何度かくり返されると、皮肉なことに被害者は加害者を救済者とみなすようになる場合がある。(七七頁)

人質にされた人が、威嚇や虐待を受けているにもかかわらず犯人と心の絆を形成し、犯人をかばう

ようになることを「ストックホルム症候群」と呼んでいるが、暴力被害女性にもこれと同じことがあてはまる。[107]

第二に、被害女性は加害者と同様(ただし理由は異なるが)、愛と虐待を混同するようになる。加害者が虐待のすぐ前やすぐ後に愛情ある行動を示すために、被害女性の心理のなかでその二つが結びついてしまうのである。[65] この混同は、「おまえのためにやっているんだ」といった加害者の発言でさらに増幅される。たとえば近親姦加害者は、暴行に及ぶ前に以前の行為をわびたり、弁解したりする。被害女性は謝罪の言葉を聞くと、一時的に加害者を信頼し、自分のつらさをわかってもらえたかもしれないと希望を抱く。加害者はそれにつけ込んで、また暴行をくり返すのである。被害女性の子どもの場合も、たとえ直接虐待されなくても、同じような力学が働くことがある。加害者の多くは、母親に暴力をふるった直後に子どもにやさしく――時には極端にやさしく――接する傾向がある。すると子どものなかでは、母親への暴力行為を目撃したトラウマと、加害者からの肯定的な注目(めったに得られないため、子どもが非常に強く求めている)とが心理的に融合してしまうのである。

第三は、暴力を目撃した場合、直接虐待された場合と類似点は多いとはいえ、別の力学が働くということである。子どもは暴力を目撃しているうちに、加害者と密接な関係を保てば自分の身が相対的に安全であることに気づく。もし母親と手を組んでいると加害者に思われたら自分に危険が及ぶが、加害者の機嫌を損ねなければまずは安全であることを察するのである。こうした状況におかれた子どもは、加害者の側に立つことで時として著しい心理的葛藤を覚え、母親に対する加害者の歪んだ見方に同化することによって葛藤を緩和しようとする。その結果、母子関係は大きく損なわれ、重大な影響が生じるが、それについては後述する。

加害者との間に外傷性の絆が生じると、子どもは「虐待をする大人の要求や欲望、感情の起伏」にますます敏感になり、「自分の身の安全を守るために精一杯の努力をする」。その一方で、自分自身の能力を伸ばしたり世界とかかわったりすることへの関心は薄れてしまうのである（三五頁）[302]。

ＤＶにさらされる子どもの回復力《レジリエンス》

ＤＶにさらされる子どもが受ける影響は、一様ではない[142]。虐待に対する抵抗力は、子どもの能力や興味（運動、学業、芸術的才能など）の発達の度合い、信頼できる大人との親しい関係、自分を責めないでいられるかどうか、友人関係など、子どもの生活を取り巻く複数の要因によって決まる[244・307]。暴力は通常、男の子に悪影響を及ぼすが、被害女性の息子が暴力をふるわない、慈しみ深い男性に成長することもある[140]。どんなトラウマ経験であっても、それに対する子どもの抵抗力は、良い親あるいは親に代わる存在がまわりにいるかどうかにかかっている[189]。ＤＶにさらされる子どもの場合、母親との関係が鍵を握るケースがほとんどである。

子どもが回復力《レジリエンス》をもつことは十分証明されており、何より重要なのは、加害者が子どものレジリエンスを減じるような行動をとっていないかに注意を払うことである。加害者が子どもを孤立させれば、子どもは親しい友人関係を築けなくなるし、母子関係を傷つければ、暴力をふるわない大人と良好な人間関係を築く機会が減る。子どもの運動能力をなじって言葉での虐待をしたり（私たちは現在、そのようなケースを二つ抱えている）、子どもの長所の発達を他の方法で妨害したりすれば、自尊心が損なわれ社会的つながりが希薄になって、虐待からの回復が妨げられる。したがって子どものレジリエンスを高めるためには、加害者が子どもの健全な発達をこれ以上妨害できないように配慮することが重要である。

児童虐待

DVにさらされる子どもには、これまでみてきた加害者の子どもへのかかわり方の問題と並行して、直接的に身体的・性的あるいは心理的虐待を受ける大きなリスクも存在する。身体的・性的な虐待については多くの研究があるが、DV加害者による子どもへの心理的虐待（およびそれが生み出す情緒的な環境）も同じく重要な問題であり、今後幅広い研究が待たれる。[108]

身体的虐待

DV加害者が子どもに身体的暴力をふるう可能性は、暴力をふるわない男性に比べて数倍も高いということは、多くの研究で示されている。[268] このことをもっとも説得力のある形で示したのが、六〇〇〇人以上の被験者を対象にしたストラウスの大規模な研究である。この研究では身体的虐待に、子どもに「頻繁に」暴力をふるうという厳格な定義を採用している。ストラウスによると、DV加害者の四九％が子どもに身体的虐待を加えるのに対し、暴力をふるわない男性の場合はわずか七％である。もっとも頻繁かつひどい暴力をふるう加害者に限ると、子どもに身体的虐待を加える比率は暴力をふるわない男性の一〇倍に上る。

他のいくつかの研究からも同様の結果が出ている。ボーカー、アービテル、マクフェロン[27]は、公募によって集めたDV被害女性のデータを分析し、加害者の七〇％が子どもを身体的に虐待しているという結果を得た。DV加害者による児童虐待の発生率は、人種や宗教による差はみられないが、高収入の家庭ほど高くなる。児童虐待の発生率と関連するその他の要因としては、夫の強力な支配、母親への暴力の程度、夫婦間レイプの頻度、子どもの数などがある。回帰分析によると、これらの要因は児童虐待の予測因子として、親自身がかつて児童虐待を受けたなどの親の経歴よりも有力であることがわかっている。

DV被害女性のためのシェルターに入所した女性三〇〇人の事例を調査したスーとアベル[273]によると、これらの女性のうち四〇%が、加害者が子どもに身体的暴力をふるったと報告している。身体的暴力を受けた子どものうち、四二%が打撲傷、二二%が骨折を負い、三三%が鼻の骨を折っている。加害者がアルコールを乱用している場合、子どもを身体的に虐待する比率は他の加害者に比べて有意に高かった。

加害者が子どもを身体的に虐待するリスクは、パートナーに対する暴力の激しさや頻度に応じて高くなる[268]。児童保護機関の担当者によると、もっとも危険で残虐な暴力をふるう加害者のほとんどが、一人あるいはそれ以上の子どもに暴力をふるったと報告されているという。したがって子どもが身体的虐待を受けるリスクを評価する際には、DVのくわしい前歴を知ることが重要である。さらに、加害者が子どもを殺害する危険もある。とくに母親を殺害あるいは殺人未遂を犯した場合には、その可能性が高い。DV関連の殺人の八件に一件以上の割合で、一人あるいはそれ以上の子どもが殺害されているが[169]、評定担当者のなかには、加害者が子どもを殺害する危険を考慮しない者がいるのも事実である。

別居後の加害者による子どもへの身体的虐待に関する研究は、私たちの知るかぎり発表されていない。だが、別居後に虐待が少なくなると考えられる理由はまったくない。加害者が子どもに身体的虐待を行う確率が統計的に高いのは、第1章で検証したような加害者の行動や態度にみられる特徴から当然予想できることである。子どもへの虐待は、パートナーとの緊張関係が原因のこともあるが、だからといって別居後、危険が少なくなるとはいえない。それどころか私たちの観察によると、子どもを通して被害者を脅迫しようとする動機は、別居後むしろ**強くなる**。これは、相手を支配する手段がほかになくなるからである。そのうえ、加害者の行動を監視するパートナーの目も、もはや存在しない。親権や面接交渉権の訴訟の際、加害者が子どもに暴力をふるうことを被害女性が訴えても、裁判所が単なる離婚のための戦術として片づける場合があるが、そうなると加害者は思うままに虐待してもよいと思ってしまう。

一方、被害女性の養育態度は、別居後に改善する場合が多い。(132・252) 加害者と別れたことによって暴力によるトラウマの影響から徐々に回復し、母親の権威を日常的に傷つけていた加害者がいないので、落ち着いて子育てができるようになるためと思われる。しかしこうした改善の理由は通常、加害者にはあてはまらない。

母親への暴力に伴う子どもへの身体的危害

子どもに対する身体的虐待に関する研究は、意図的なものに焦点をあてている。だが、母親に対して暴力をふるうときに偶然、あるいは不注意のために子どもに危害が及ぶ可能性もある。(142・225・244) 加害者のパートナーの報告によると、暴力をふるわれたときに腕に抱いていた子どもがけがをしたり、妊娠中の暴力で胎児に影響が及び、早産や流産を誘発したなどの例がある。(127・265) 母親に投げつけた物が子どもに当たったり、母親を殴ろうとして子どもを殴ってしまったり、年長の子どもが止めに入ってけがをするといった例もある。[244] 妊婦への暴力はめずらしくなく、[91] 暴力が低体重児の増加や出産時の平均体重の全般的な低下の原因になっていることが、複数の研究からわかっている。[92・125] 妊娠中、腹部をねらって攻撃されたと報告する被害者もいる。[94] 最近の研究では、早産や胎児死亡にも暴力との関連が指摘されている。[125] このように母親に対する攻撃に伴う偶発的な子どもへの暴力は、親としての加害者の態度を評価する際に見逃してはならない重要な点である。

心理的虐待

母親に暴力をふるうこと自体が、子どもへの心理的虐待になることはすでに示したとおりだが、加害者の多くは、他の方法でも子どもを心理的に虐待している。[291] 父親が子どもを日常的に厳しく非難するとされる例は、暴力をふるわれていない女性よりも、暴力をふるわれている女性のほうがはるかに多い。[2] また心理的虐待が子どもに短期的および長期的影響を与えることも指摘されている。[23・161] 加害者のなかには、子どもに身体的暴力や性的虐待を加えることなしに、心理的にとてつもなく残酷な行為をする者もおり、それが子どもに他の形態の虐待に劣らないほど深刻な影響を及ぼすことは、私たちの経験が示すとおりである（これは研究結果とも一致する）。だが一方で、家族に対する言葉による虐待は身体的虐待や近親姦[308]（第4章参照）を行う親に多くみられることも事実であり、心理的虐待は他の形態の暴力行為の危険因子とみなす必要がある。

こうした行為の多くは、おもに母親を傷つけたり脅したりするために行われるようである。たとえば私たちが受けもったある加害者クライアントは、妻に対して腹が立ったので、一〇代の娘の卒業パーティ用ドレスをはさみでずたずたに切り刻んだと語っている。多くの加害者と同様、この男性は子どもに対する残酷な行為が、パートナーにとって自分に向けられた暴力と同程度の苦痛や脅威となることを認識している（このクライアントはパートナーに対して高レベルの暴力はふるったことは一度もない。いわゆる「低レベルの加害者」が子どもにとって低レベルのリスクとはみなせないことを示すよい例である）。最近、学会で発表されたあるケースでは、加害者が子どもの目の前でペットのウサギを何度も家の壁に打ちつけて殺し、この出来事を目撃した子どもは深刻な精神的ショックを受けた。さらに後日、子どもがこの件について触れたところ、加害者は自分の行為を否定し、ウサギはただ死んだだけだと言った。このため子どもは自分の現実認識がおかしいのではないかと悩み、トラウマはさらに悪化した。

私たちの経験によれば、母親が子どもを愛し、責任感の強い人であるほど、加害者は子どもを精神的に傷つけることによって、母親を効果的に支配することができる。一五年にわたる経験のなかで、加害者のパートナーが必ずといっていいほど口にし、もっとも心が痛むのは、加害者による子どもへの心理的虐待である。誕生パーティやクリスマスのお祝いなど子どもにとって大切な行事を台なしにする、子どもにとって一番つらい問題にわざと触れる、残酷な言い方でけなす、くり返し拒絶する、きょうだいの間であからさまなえこひいきをする、人前で恥をかかせるといった話は、枚挙にいとまがない。こうした行為の激しさの度合いと、母親への身体的虐待の程度に明らかな相関関係はみられないが、母親への**心理的**虐待の程度とは相関関係がみられる（第7章参照）。加害者と子どもとの関係には、パートナーを虐待する際と同様の形態がみられることが多い。

性的虐待

身体的虐待と近親姦の両方がみられるケースを考察するにあたっては複雑な問題があること、また研究はかなり行われているものの、きちんとした分析を行っている文献がほとんどないことから、このテーマについては第4章で別途論じることにする。

この項をしめくくる前に、これら三つの形態の児童虐待すべてにかかわる補足的な指摘をしておこう。まず、二つ以上の形態の虐待（たとえば身体的虐待と性的虐待）を受ける子どもは、一つの形態の虐待しか経験しない子どもよりも重大な影響を被る。[247] より具体的にいうと、直接虐待を受け、しかも母親が暴力をふるわれるのを目撃している子どもには、暴力を目撃するだけの場合よりも深刻な問題が生じる。[137・199] したがって、DVにさらされたうえに、一つかそれ以上の直接的な虐待を受ける子どもは、そうでない子どもに比べてより深刻な影響を受けやすい。

第二に、親権評定の担当者は、被害女性が子どもと加害者の面会について不安を訴えても、自分が被った暴力が子どもにも向けられるのを必要以上に恐れているとみなして、取り合わない傾向がある。しかし、母親に対する加害者の行動が子どもへの接し方を予想する重要な目安となることは、研究結果からも臨床経験からも明らかである。

第三に、加害者のなかには暴力行為の対象をパートナーだけに限り、子どもに接するときには節度を守って子どもが虐待の力学にさらされないように努める者もいる。このタイプの加害者は、長い目でみれば他の加害者よりも責任のある父親になれる可能性が高い。しかし加害者のなかにはパートナーと同居していたときには子どもを武器として利用しなくても、別居後、パートナーを支配したり脅したりする他の手段がなくなると、子どもへの虐待を始める者もいるので、常に慎重な態度で接することが必要である。ほとんどの加害者は、暴力が子どもの目に触れないように気を遣っていたと――たとえそれが事実に反していても――評定担当者に訴えるものである。そもそも母親に暴力をふるうという行為そのものが、子どもに対する重大な無責任行為であり[140]、こうした無責任が加害者と子どもとの将来のかかわりにどんな影響を与えるのか、慎重に見きわめることが重要である。

役割モデルとしての加害者

子どものいる家庭の大人として、加害者は必然的に役割モデルとしての大きな影響を子どもに及ぼしている。DVが起きる家庭ではそうでない家庭に比べて、身体的脅迫が八倍、支配的な行動が五倍、性的な強制が四倍の頻度で起きている。子どもがDVにさらされた場合、男の子は友達を攻撃したりいじめたりする比率が著しく高くなり、男女ともに自分の要求を満たすために他人を心理操作する、圧力をかける、強制するといった行動をとりやすくなる[108]。グラハム・バーマンは一般論として次のように述べる。

DV被害女性に関する研究によると、女性を虐待する家庭で育った子どもの行動には、女性を服従させ支配しようとする加害者のふるまいやその意味、意図、行為の総体が映し出される。こうした行動は、直接的なモデル行動や強化を介して子どもに伝わるのである。（三三頁）

加害者は、攻撃や脅し、自己中心的な利益の追求といった一般的な行動のモデルとなるだけではなく、DVにつながる具体的な行動や態度、さらにはそれに付随する考え方や価値観のモデルにもなる。

以下に、その両方の影響についてみていく。

DVの見本として

男の子がDVにさらされた場合、思春期以降に自分のパートナーに暴力をふるう可能性[135,256,270]や、パートナーに対して屈辱的・攻撃的な行動や、心理的虐待となる行動をとる可能性が著しく高くなる。[44,244,293]また子どもの頃、暴力の現場を目撃した男性は性的暴行を犯す比率も高い。[167]

子どもが加害者と自分を重ね合わせるプロセスは、DV被害女性の子どもに関する文献でたびたび取り上げられるテーマである。[108]一〇代の少年が暴力をふるう父親に自分をそっくり重ね合わせていたり、父親の保護監督のもとにいる場合は、父親の態度や行動をまねる可能性が高まる。たとえば、つきあっている女性を虐待したり、ガールフレンドをめぐって他の男性とけんかするなどである。[244]裁判所が加害者である父親に親権を与える決定を下すことは、裏返せば子どもと加害者との同一化を助長しかねない。[203]

一方、DVのある家庭で育った女の子は、加害者を見ながら男性の行動の許容範囲に関するイメージを形成するため、暴力をふるわない男性や女性に対して敬意を払う男性など世の中に存在しないと思ってしまう場合もある。加害者は一般に、暴力が起きるのは母親に非があると巧みに子どもに信じ込ませるので、女の子自身が大人になったとき、パートナーから虐待されても自分が悪いと思ってしまうことが多い。また、ほとんどの加害者は女性の自責の念をあおろうとし、こうして増大した自責の念は、被害者が加害者と別れようとするときに大きな障害となる。[66]子どもの頃にDVにさらされた女性は、そうでない女性に比べて、大人になってから虐待されたときに支援を求めようとしない傾向研究で明らかにされている。[135] 暴力にさらされた女の子が大人になってからDVを経験する比率が高いことは、多くのがみられる。[62]

子どもの価値観や考え方に対する影響

一般にDVが子どもに与える影響に関する議論は、情緒面、行動面、および学習能力への影響などに関するものが多い。だがそれに劣らず重要なのは、加害者の行動に接することによって形成される世界観など、子どもの**価値観や考え方**に与える影響である。[9] 被害女性の子どもが抱きやすい物の考え方を、以下にいくつか検討していこう。

●暴力をふるわれるのは、被害者が悪いからだ　子どもは、加害者の行動や発言を通して、母親自身が虐待される原因をつくっているという考え方を取り込みがちである。そして、相手が「挑発」したり、「バカなこと」をしたり、「黙れと言ったのに黙らない」ときには、相手を傷つけ相手のせいにしてもよいと思うようになる。[62・138] さらには、もっと一般的に人を傷つけるのは悪いことではないと思うようになる場合もある。[8] こうした価値観は、学校や家の近所での行動に表れ、しばしば自分の破壊的な行動を被害者のせいにするといった明白な形をとる。また反対に、自分に少しでも非があれば、人から不当な扱いを受けてもしかたがないと思うようになる場合もある。加害者の息子が大人になったときに虐待に走りやすく、加害者の娘が暴力的な関係からなかなか逃れられないという前述の傾向の背景には、こうした考え方があると考えられる。

●自分の意思を通したり対立を解消するために、暴力をふるってもかまわない　DVにさらされる子どもは、他人を支配する手段として身体的暴力をふるってもよいと考えるようになる場合がある。[62・141] 被害女性の子ども（とくに息子）が友達に攻撃を加えることが多い重要な理由の一つは、こうした考え方にあるとみられる。[138] さらに裁判所の対応によって、この考え方が強化される場合もある。たとえば加害者と面会したくないのに面会が義務づけられると、裁判所が父親の暴力を是認し、虐待から逃れたいという自分の願いを否定したと解釈したり、力が強いほうの親が法廷での対決に勝つのを見て、[140] 力の乱用は正当化でき、望ましいものだという認識を強めることもある。

●男は支配権を握り、女は服従すべきである　DVにさらされる子どもは、性別役割に関する固定観念を抱きやすい。[138・244] 加害者がそれをあからさまに主張するかどうかにかかわらず、子どもは家庭生活の根底に流れる微妙なメッセージを読み取るのである。「男らしさ」についての考え方も同様で、加害者の息子は父親の行動に意識の上では反発していても、無意識のうちに女性に対する特権意識や心理的操作をそのまま取り込みやすい。自分の父親もDV加害者であるクライアントの多くは、子どもの頃は父親の暴力に激しく反発していたというが、大人になってから父親の態度に同化し、パートナーを虐待する結果になる。DVにさらされることによって形成される性別役割に関する考え方は、それ以外にもある。[257] たとえば女の子の場合、自分が被害を受けるのは避けられないとの考えを抱きやすい。[142] また性別にかかわらず、「とくに懸念されるのは男女間の力関係についての固定観念であり、子どもはそれによって父親の母親に対する暴力は正当化され許容されると考えるにいたる」（四七二頁）[138]。

●**虐待者は自分の行為に責任を負わなくてもよい**　子どもは多くの場合、加害者が法の裁きを受けずにすんでいることや、加害者が自分の行為を正当化することで社会的非難を免れていることに気づいている[226]。攻撃をしかけた人間が得をし、何も罰を受けずにすんでいることを目のあたりにした子どもは、とりわけ攻撃性を身につけやすく[13]、DVにさらされる子どもはまさにその好例である[8]。

●**女性は弱く、愚かで、無力、あるいは暴力的である**　DVにさらされる子どもには男女を問わず、女性に対する否定的な態度が非常に目立つ[150・244]。母親が勇敢かつ断固として虐待に抵抗している場合も例外ではない。たとえ母親が否定的な女性像にあてはまらなくても、暴力や加害者としての親にさらされることで、女性に対する否定的な態度がさまざまな形で植えつけられてしまうのである。女性がおとしめられるのを目のあたりにした女の子は、自尊感情を傷つけられ[226]、DVを目撃する男の子は、母親から直接虐待される男の子よりも、女性に対する否定的な態度を増長させやすい[180]（DVにさらされる子どもが、長じて虐待的な男女関係を結ぶ傾向が強いのは、主としてこれまでみてきたさまざまな要因が複合的に組み合わされるからだと考えられる）[62・192]。

●**一〇代の少年にとって父親は母親より重要な存在であり、母親の影響を受けることは避けるべきである**　加害者からくり返しそう聞かされた一〇代の息子は、時として親権評定の担当者にそっくり同じことを言う。私たちが接する一〇代の少年からもしばしば聞く話である。だが「一〇代は母親よりも父親の存在が重要だ」という考えは根拠に乏しく、[163] 母親と緊密な関係を保っている一〇代の少年のほうが、そうでない少年よりも問題を起こす可能性が低い。[228] しかし、この考えに影響された母親が一〇代の息子の子育てにきちんと向き合わず、結果としてそのとおりになるというケースもある。

●暴力の原因は怒りである　暴力にさらされる子どもは、怒りの感情と暴力を結びつけたり、[244] 加害者が暴力を怒りのせいにするのを耳にする。その結果、自分や他人の怒りの感情に恐怖心を抱いたり、一方で自分の行為を怒りのせいにできると思ってしまう場合がある。

以上、加害者を親にもつ子どもが抱きがちな、問題の多い考え方をいくつかあげた。ＤＶにさらされた少年が大人になって女性に暴力をふるう場合、そのおもな原因は父親から学習した態度にあることはこれまでの研究で示されている。[192,256] したがってＤＶにさらされる子どもに働きかける場合、親から学びとった考え方を解きほぐし、分析する力をつけるように支援することが重要である。[287] そうすることで、それらの考え方によって損なわれた母子関係やきょうだい関係を修復し、成人後に子ども自身がＤＶの加害者になることを防げるのである（第9章の関連する提言を参照）。

加害者に対する子どもの見方

暴力をふるう父親に対し、子どもは相反する感情を抱くことが多い。(221) 父親を失望や苦しみ、混乱をもたらす者とみなす一方、楽しみを与えてくれたり、母親との緊張関係から解放してくれる人ともみなしている。父親を攻撃することを夢想する一方で、父親と絆を深めたいとも願っている。(244) 父親との関係の肯定的な面と、外傷性の絆や父親の気分の変わりやすさから生じる不健全な愛着とが、ないまぜになっている場合もある。また家庭で権力をふるい、支配権を握っている父親の側につくほうが得だと考え、父親に同化しようとしたり、(140・244・293) 父親が逮捕されたり家族と別れたりすることをかわいそうに思うこともある。(74・221) 加害者の子どもは一般に、父親の暴力を軽くみたり正当化する傾向がある。(220) こうした相反する感情は、ハーレイとジャフィー(138)が示した次の例によく表れている。「アランの最大の恐れは、自分が父親のようになるのではないかということだった。アランはある時は妹を過剰に守ろうとする一方で、ある時は攻撃したり怖がらせたりした」(四七四頁)。加害者のなかには、子どもの頃の父親の暴力的な行動に激しい憤りを示す者も少なくない。だが彼らは成人後の人間関係で、まさにそれと同じ行為をしているのである。

一部の児童保護機関や裁判所関係者には、子どもが加害者である父親に対して抱くこうした相反する感情の深さを認識せず、どちらか一方の感情だけに焦点をあてる傾向がみられ、その結果、子どもに適切な支援が行えないこともある。加害者の行動や人格は複雑であり、それによって子どもの加害者に対する見方も同じく複雑になりがちであることを忘れてはならない。

母親との間に親密な関係があるなど、その子にとってプラスになる父親代わりの大人が存在する場合、子どもはとくに別居後、加害者から遠ざかろうとすることがある。加害者は、自分が母親や子どもにとった行動が、子どもが自分を疎んじる直接的な原因であることを無視し、母親が自分から子どもを遠ざけているなどと言って、しばしば責任を自分以外のところにあると主張する。

要　約

親としての加害者の態度や行動には、一般的に重大な問題がみられる。まず身体的・性的・心理的虐待を行う危険が高いこと。また、虐待まではいたらないまでも、子どもとその発達に大きな影響を与える可能性のある養育上の問題もみられ、これには権威主義、ネグレクト、役割の逆転、母親の権威を傷つけ子育てを妨害する、などが含まれる。子どもはすでにDVにさらされてトラウマを抱えており、親としてのあり方に関するこれらの問題は影響をさらに深刻にしかねない。加害者の子どもへのかかわり方は、第1章で概観した行動面・態度面の特徴から予想されるものである。

加害者が子どもに与える影響は情緒面にとどまらない。加害者の行動がモデルとなり、夫婦間の虐待、個人の責任、暴力と攻撃、性別役割などについての子どもの考え方や価値観の形成に影響する。この点はきわめて重要であり、より大きな関心が向けられるべきである。

パートナーあるいは親としての加害者の行動様式は、家族機能全般に甚大な影響を与え、子どもにさらなる心の問題のリスクを及ぼす。第3章ではこの点についてみていく。

第3章　衝撃波
——加害者が家族に及ぼす影響

加害者が夫として、あるいは親として示す特有の行動は、家族の機能のあらゆる面にわたって影響を及ぼす[138]。さらにいえば、親としての加害者の行動はそれ以外の行動と切り離して考えることはできない。以下にみていくように、加害者のすべての行動パターンが、家族関係の力学に重大な影響を与えるからである。家族の絆の断絶が子どもに与える影響についての研究は十分には行われていないが、DVにさらされた子どもに広くみられる症状のおもな原因の一つは、そこにあると考えられる。優れた臨床的研究はあるものの[72]、DVが家族の機能に与える影響[117]や、暴力がみられる家庭の「情緒的環境」[108]を扱った研究はごくわずかしかない。

暴力が行われる家庭の家族関係の力学は、親同士の関係、それぞれの親と個々の子どもとの関係、外の世界と家族との関係など、いくつもの要因が複雑に絡み合って形成される。次のエピソードは、父親が暴力をふるう家庭の二日間の様子を、私たちが出会った複数のケースを組み合わせて作成したものである。ここには暴力がどんな人間関係のパターンを生み出すかが示されており、本章ではこのエピソードを使って論を進めていく。

ロジャー（三六歳）とマーシャ（三四歳）の夫婦には、一一歳の息子カイルと、八歳の娘フェリシアがいる。ある日曜日、子どもたちはワクワクしながら目を覚ます。今日は午後から、ずっと楽しみにしていたカヌー遊びに行くのだ。朝食後、マーシャは息子に皿洗いを手伝うように言うが、カイルは腹を立て、「友達が待ってるのに、なんで皿洗いなんてくだらないことをしなくちゃいけないんだよ？　ママかフェリシアがやればいいじゃないか」と口答えする。

そこにロジャーが割り込んできて、「おまえはこの子に雑用をやらせすぎだ。もっと外で遊ばせなきゃいけない。カイル、行っていいぞ」と言う。カイルは「だからくだらないって言っただろ」と母親に向かって捨てぜりふを吐き、父親は息子にウインクする。息子は外に飛び出ていく。マーシャは夫をにらみ、フェリシアに皿洗いを手伝うよう頼む。

ロジャーは台所を出ていくが、後になって、フェリシアに聞こえないところでマーシャに向かって、「さっきの目つきは何だ？　おまえにあんなふうににらまれる覚えはないぞ！」とどなる。その後二人はカイルのことで口論し、最後には夫が、「おまえには男の子ってものがわかってない！　おまえはあの子をダメにしてるんだ。自分のやり方でやりたいんなら、そうすりゃいい。俺はくだらないカヌー遊びなんかには行かないからな」と言い捨て、足音荒く二階へ上がってドアをバタンと閉める。

一時間たってもロジャーは部屋から出てこない。マーシャはしかたなく、子どもたちにカヌーは中止だと言う。フェリシアがわっと泣き出し、「ママがけんかしなきゃ、こんなことにならなかったのに！　パパが怒ったらどうなるかわかってるでしょ。パパを怒らせちゃだめなのよ！」となじる。

しばらくしてフェリシアが、チョウの標本の整理を手伝ってほしいと父親に頼みにいくが、ロジャーはうるさいと言って娘をどなりつける。昼食後、ロジャーはようやく階下に降りてきて、外でカイルやその友達とタッチフットボールをして遊び、何事もなかったかのように冗談を言う。ゲームの後、カイルの友達の一人が「うちのパパも、おまえのパパみたいにおもしろければいいのに」と言う。ロジャーはその後、ゴルフに出かける。

夕食後、子どもたちが自分の部屋に行くと、マーシャは夫に家の片づけをするか、彼の母親に誕生日カードを書いてくれるよう頼む。ロジャーは、「俺にそんなくだらないことをさせるつもりか」と気色ばみ、一気に激しい口論になって二人は互いに相手を罵倒する。マーシャが大声で相手をなじるのに対し、ロジャーは理屈を並べたり辛らつな皮肉を言ったりする。だが、とうとう怒りを爆発させたロジャーは、台所の椅子二脚をひっくり返し、コップを壁に投げつける。マーシャは冷蔵庫にたたきつけられ、床に崩れ落ちる。夫はどなりながら玄関から出ていく。

少したってロジャーが戻ってみると、隣人の通報で警察が来ている。警官に何か暴力沙汰があったのかと尋ねられるとマーシャもロジャーも否定し、ちょっとした口げんかだと答える。ロジャーは、大声を出していたのは妻のほうだと説明する。マーシャには見たところけがはないので、警察はロジャーを逮捕せずに帰る。子どもたちは二階ですべての出来事を耳にしている。警官が帰るとすぐ、フェリシアは母親に「何があったの？」と何度も尋ね、答えてくれるまでベッドには戻らないと言い張る。とうとうマーシャは、部屋に戻りなさいと娘をどなりつけ、「じゃないとどうなるか知らないわよ」と言う。

翌朝、マーシャは夫にもうこれ以上けんかに耐えられないから、別の場所で暮らしてほしいと言う。ロジャーはこの家は自分が買ったのだから出ては行かない、気に入らないならそっちが出て行くべきだ、と答える。さらに、おまえはひどい母親だから社会福祉局に通報してやる、それで離婚すれば子どもたちの親権は俺のものだ、と言う。二人はこうしたやりとりの一部が二階の子どもたちに聞こえていることに気づいていない。子どもたちは学校に行き、両親は仕事に出かける。

その日、カイルはクラスで騒ぎを起こして校長室に呼ばれる。校長はカイルに、「またこんな悪さをするなんてとても残念だよ。ここしばらくがんばっていたのに。もしまた同じようなことをしたら、今度こそ停学だからね」と言い渡す。

フェリシアは腹痛を訴えて保健室に行く。痛みがどんどんひどくなると言って泣くので、学校はマーシャの職場に連絡する。マーシャは娘を迎えにきて医者に連れていくが、どこも悪いところは見あたらず、食あたりだろうと言われる。

家に帰ると、フェリシアはすぐに眠ってしまう。マーシャはセラピストに電話して、昨夜の出来事を話す。二人は、ロジャーがストレスを感じていること、それを和らげるにはどうしたらいいかなどについて話す。「ロジャーが怒るとわかっているのに、なぜわざわざ彼を挑発するようなことをするのか考えてみてください。自分をいじめているとしかみえませんよ」とセラピストは言う。

その夜、ロジャーは子どもたちへのプレゼントを持って帰宅し、これから外で夕食をしてデザートにアイスクリームを食べよう、と言う。また、妻に向かってかんしゃくを起こして悪かったと謝り、「後くされはなしにしよう」と言って、子どもたちの前で彼女を抱きしめてキスをする。マーシャは体をこわばらせて視線をそらす。子どもたちもそれに気づく。だがマーシャも、その晩ずっと明るく機嫌のいいロジャーにつられ、次第に態度を和らげる。ベッドに入る前、カイルは母親に、「どうしてママはパパにあんな態度をとるの？　パパは一生懸命、仲直りしようとしてるのに」と言う。

ロジャーはその晩、フェリシアをベッドに入れるまで世話をし、二人きりになると娘にこう話しかける。「昨日の夜は、ママにどなられてかわいそうだったね。どなるのはよくないよ。ママは怒りっぽいところを直さないとね。パパがセラピストのところに連れていくから、おまえは心配しなくていい。たいしたことはないんだから」

フェリシアはその夜、怖い夢を見て両親の寝室へ行く。だがロジャーは、もう大きいんだからと怒って追い返す。自分の部屋に戻ったフェリシアは、ひとりぼっちで怖くて眠れない。ロジャーが眠ると、マーシャはそっとベッドを抜け出し、フェリシアのそばに行く。二日後、カイルは学校で友達とけんかして、停学処分になる。

以下に、このエピソードにみられるさまざまな家族関係の力学について検討していきたい。

母親の権威の失墜

第2章で述べたように、家庭内の暴力は母親の権威をおとしめる。これには通常、暴力それ自体の影響によるものと、よりあからさまで意図的な加害者の行動によるものがある。ここではその両方についてみていく。

虐待そのものによる権威の失墜

暴力はそれ自体、さまざまな形で母親の子育てを妨げる。加害者の行為は、子どもにとって行動面・態度面でのモデルとなり、子どもが周囲から受け取るもっと建設的なメッセージより強い影響力をもつ場合もある。そのもっとも顕著な影響は、子どもが自分の母親を否定的、侮蔑的に見るようになることにある。たとえば、加害者が暴力をふるったり脅したりするのを見て、子どもは母親の身体的尊厳を軽んじてもよいのだと思ってしまう。暴力行為の最中、子どもはおびえた無力な母親の姿を目にし、身を守ろうとあがいてもほとんど無駄に終わるのを目のあたりにする。さらに、母親が抵抗しようとすればするほど、いっそう痛めつけられることを見せつけられるかもしれない。また、暴力をふるわれた後、母親がショックを受けたり、落ち込んだり、自分の殻に閉じこもったりする様子を目にすることも多い。母親が虐げられた存在に見えもする。このように、子どもの母親像は暴力を通じて形成される(226)。

暴力にはほとんどの場合、言葉による虐待が伴うが、これもまた子どもの母親像の形成に寄与する。ほとんどの暴力行為には、相手をけなす悪態や罵詈雑言、中傷が伴い、子どもは母親がけなされ、否定されるのを目のあたりにする。[136] 言われたとおりにしなければさらに危害を加えるぞ、と加害者がパートナーを脅すこともある。こうした言葉による虐待と暴力とが組み合わさることによって、母親は愚かでわがままだから、あるいは言われたとおりにしなかったから暴力をふるわれたのだという暗黙のメッセージが子どもに伝わる。子どもはその結果、母親が要求されたとおりにふるまわない場合には言葉による虐待や身体的虐待を加えてもよく、母親とは愚かで劣った、嘲笑すべき存在であり、加害者よりはるかに弱い存在だと「学習」してしまいかねない。

暴力行為の直後には、こうした子どもの学習プロセスにさらに別の要素が加わる。暴行を目のあたりにした子どもは動揺し情緒不安定になっているため、その出来事をどう理解するかについて、まわりの影響をきわめて受けやすくなる。圧倒的大多数のケースで、加害者は何の責任も問われないため、子どもは父親のほうがより力が強く、より正しいと思ってしまいがちである。たまたま警察が呼ばれても、必ずしも加害者が明確な責任を取らされるわけではない。学校関係者や福祉サービス関係者は時に、両親のどちらかに加担することで子どもが苦しまないよう気を遣うあまり、「きみの両親の間で起こった暴力」といった中立的な言い回しをする。だがこうした言い方によって、加害者の自らの行動に対する責任が曖昧にされ、その結果、子どもが自分自身や母親を責めることになりがちだという側面もある。

とはいえDVの大多数は、警察や学校関係者に気づかれることはないため、子どもが暴力から何を学習するかは、もっぱら家庭内でのその子の体験によって決まる。暴力行為から何日も両親がその件にふれないことで、[220] 子どもはそれが人には話せない恥ずべき出来事だとの印象を強めることもある。子どもは父親が暴力をふるうのを恥ずかしく思う一方、母親がおとしめられ、侮辱されることや、母親が暴力のきっかけをつくった（と思える）ことも同じくらい恥じていることが多い。また、被害女性の子どもは母親がさまざまな方法で虐待をやめさせようとしていることに気づかず、母親が父親の暴力に対して無抵抗だと思ってしまいがちである。

さらに、暴力行為から数日間の子どもと両親とのかかわりが、子どもの見方に影響を与える。この時期、母親はショックや怒り、恐怖が入り混じった感情と戦っており、トラウマによる悪夢やフラッシュバック、うつ状態といったさまざまな症状を経験している。これが子どもの目には、冷淡で自分の殻に閉じこもり、短気で感情の起伏が激しいように映る。こうした状況では、母親とのやりとりに少々問題が生じただけで、暴力の原因は母親の性格にあるのだという、すでにある印象がいっそう強化され、母親は頭がおかしいとか、どこかに欠陥があるといった加害者の視点を受け入れてしまうこともある[203]。反対に、加害者は子どもを味方につけようと全力をあげ、子どもに気を配ったり、積極的にかかわろうとしたりする。冒頭のエピソードのロジャーのように、冗談を言って一緒に遊んだり、物を買い与えたり、外に連れ出したりすることもある。加害者の多くは何事もなかったように明るく無邪気に子どもと遊ぶが、母親は暴力や言葉による虐待のせいで、そんなふうにはふるまえないことが多い[289]。そのため子どもは加害者といるほうが楽しいと感じ[74]、夫婦げんかや暴力の原因は母親にあると思うこともまれではない[142]。

このように、被害女性の権威失墜には、（a）暴力それ自体、（b）暴力行為前やその最中の、加害者による言葉での虐待や非難、（c）暴力行為後の家族関係の力学、など複数の要因が関与している。これらの要因があいまって、子どもは次第に加害者の母親に対する見方を取り込み、母親のことを父親と同じような言い方で語りはじめることがある。これはとくに、一〇代の子どもに多くみられる現象である。家庭内では被害女性の側についているはずの子どもにさえこのような傾向がみられ、母親が無能で未熟だから自分が守ってあげなければいけないなどといった言い方をする。

意図的な権威のおとしめ

加害者の多くは子どもを自分の味方につけ、その物の見方をコントロールするために意図的な戦略を用いるが、これによってただでさえ暴力によっておとしめられた母親の権威はさらに傷つく。暴力をふるう男性には、暴力をふるわない男性より、日常的に母親の権威をおとしめようとする傾向が強くみられる。(2) 自分の全般的優位性を示すためにパートナーの親としての権威を傷つけようとし、子どもに対する自らの権威を相手に疑問視されると、罰として暴力をふるう加害者もいる。(233) また、被害女性の子どもにはもともと母親に同情する傾向がみられるが、被害女性にとって子どもとの密接な関係が、力や自分の正当性の確認、社会との結びつきの源泉になり、ひいては虐待から逃れるための助けになることを察知し、子どもを母親の側につけないよう積極的な手段を講じようとする加害者もいる。さらには、女性全般に対して否定的な考えをもっているため、子どもに対する母親の影響をできるだけ少なくしたいと考える加害者もいる。

冒頭のエピソードには、母親が家族の生活をとりしきり、子どもに責任をもつことを教えようとするのをあからさまに邪魔するなど、パートナーの権威を失墜させようとする加害者の典型的行動が表れている。ロジャーは子どもの前で、カイルに家の手伝いをさせようとするマーシャに口をはさむ。そこには、父親はやさしいが母親は厳しすぎるという印象をカイルに与えようとする意図が込められている。また今後、カイルが用事を言いつけられたとき、母親に腹を立てたり反抗したりするための下地ともなる。私たちは臨床例のなかで、加害者がまさにこのようにして母子間の緊張関係をつくり出すのをみてきた。その後トラブルが生じると、加害者は自分がその張本人であるのに傍観したり、場合によっては「子どもと母親の関係がうまくいくよう」仲介役として間に入ることもある。

前述のエピソードでは、ロジャーはマーシャが決めたことを権威的で断定的な口調でくつがえす。加害者が優位に立つのを目撃した子どもは、父親のほうが母親よりえらく、父親は意のままに母親に権限を与えたり、奪ったりできるのだと思うようになる。こうした経験を通じて、子どもは母親との争いを長引かせて父親の介入を待つことを覚え、自分の行動があまり母親に縛られないようにすることも多い。

注意すべきなのは、加害者は自らの優位性を示すために必ずしも寛容な態度をとるとはかぎらないということである。加害者のなかには、母親が子どもに認めてもよいと考える自由や特権を禁ずる者もいるし、子どもの友達づきあいを制限し、母親の意見を退けて子どもを家から出そうとしない者もいる。(142) 加害者が子どもの社会との接触を阻もうとする最大の理由は、虐待の事実が子どもを通じて他人に知られることを恐れているか、そばにいて自分を支えてくれる子どもの存在に大きく依存しているかのどちらかだと思われる。

次に、前述のエピソードのなかで、母親をけなしたカイルにロジャーが満足げにウインクする場面をみてみよう。母親をバカにしたことを父親に認められたカイルは意を強くする。今後マーシャがカイルに母親に対する口のきき方を教えようとしても、おそらくうまくいかない。カイルは、母親が自分に罰を与えようとしても、父親がそれを許さないと思って安心しているからである。こうした家族関係の力学の結果として、子どもが父親の権威をかさに着て母親の心理的虐待に加担する場合もある。(289)

一般に、攻撃的行動はほめられたり認められたりすると、くり返されることが多い[13]。

男の子は通常一〇歳を過ぎる頃から、女性とのかかわり方について模索しはじめるため、とくに加害者の影響を受けやすい。母親を見下した行動をほめることは――必ずしも加害者はそう意図していないにせよ――事実上、子どもに女性を虐待するよう教えているに等しい。実際、一〇歳を過ぎた男の子は時に、父親の行動をまねて母親を虐待しはじめることがある[150]。現に、加害者を目のあたりにしている男の子は、そうでない男の子と比べ、母親に暴力をふるう可能性が二倍以上高い[38]。一〇代の加害者は母親に暴力をふるうことで自分の力を実感し、ある種の興奮を覚える反面、罪悪感も覚えており、この相矛盾する気持ちを解消するために時として母親のイメージをさらにおとしめたり、母親への暴力を正当化する他の理由を考えたりする。こうした男の子の場合、母親に対する考え方や話し方が、加害者と非常に似てくることもある。

次に、二日目の夜のロジャーとフェリシアの寝る前の会話をみてみよう。ロジャーは娘に、母親は無能で、自己管理ができず、子どもにひどい仕打ちをしている、というメッセージを伝えている。私たちのクライアントも子どもに向かって、母親のことを大酒飲みだの麻薬中毒だのと言ったり、他の男とセックスしている、おまえのことを愛していない、間違って妊娠しただけで本当は子どもなんてほしくなかった、俺が一生懸命働いて稼いだ金のおかげで暮らしている怠け者だ、などと語っている。母さんはふしだらだから、自分が本当の父親かどうかはっきりわからない、とまで子どもに言った者もいる。母親に関するこうした悪口はつくり話であることが多いが、多少真実が含まれていたとしても、子どもの心を深く傷つける点では変わりはない。

今回のエピソードには出てこないが、加害者や被害女性からよく聞かれるその他の戦略に、子どもの前で母親を笑いものにする、恥をかかせる、母親をののしる、悪口を言う、侮辱する、あざける、母親と子どもが対立しているときに子どもに異常にやさしく接する、などがある。こうした行動が、子どもにとって態度面・行動面でのモデルとなるため、被害女性である母親は、子どもの粗暴で反抗的な行動にも対処しなければならなくなる[226]。加害者は、おまえは悪いだめな母親だと露骨に責め[136]、その言葉が子どもの耳に入ることもあるので、被害女性の困苦はさらに倍加する。

暴力そのものによる母親の権威の失墜と、多くの場合それに伴う意図的な権威の傷つけとがあいまって形成されるのは、母親は無能で親として何もできないが、加害者である父親は傍目には子どもをきちんとしつけられるように見える、という家族関係の力学である[226]。さらに、母親が父親と同様の虐待的で権威主義的な子どもへの接し方はしたくないと思うあまり、親として当然の権威を示すことを控えてしまうこともある[24]。

子どもをめぐるパートナー間の対立が暴力に発展することもあり[136]、これによって母親の権威や子育てに関する発言権はさらに低下する。母親が子どもを、加害者による心理的・身体的虐待から守ろうとすれば、自らの身を暴力の危険にさらすことになる[244]。母親が子どもを助けようとして割って入った結果、加害者から暴行や脅しを受けたという記述は、保護命令を取得するための宣誓供述書の多くにみられる[233]。

別居後の権威のおとしめ

別居や離婚をきっかけに、母親の権威をおとしめようとする父親の行動が、新たに大きな展開をみせることもある。加害者はパートナーと別れた後に復讐心に駆られ、母親の子育てに干渉することを重要な戦略とする場合がよくある。さらに、別居をきっかけに自分の過去の行動を正当化し、虐待を否定したいという思いを強める加害者も少なくない。パートナーやまわりの人に対して、自分のほうが精神的に健康であることを示そうとし、母親と子どもとの間に生じた問題（たいていの場合、原因は加害者本人にあるのだが）を指摘して、いかに彼女が無能で情緒不安定であり、自分の支えを必要としているかを証明しようとする加害者もいる。また、親権訴訟で勝つために親としての自分の立場を強化し、母親の立場を弱めようとする者もいる。

別居後、加害者がパートナーの権威を傷つけるためにとる戦略は数多くあるが、ここではその一部のみを取り上げる。加害者にもっとも多くみられるのは、子どもが自分の家に来たときには、しつけらしいことをほとんどしないというものだ。子どもが自分の家にいる間、健康に良くない物を食べたい放題食べさせ、夜遅くまで映画を観たりテレビゲームをするのを許し、宿題をみてやることなどはいっさいしない。あるいは、シートベルトをしないで車に乗せる、射撃場に連れていって銃の使い方を教える（こうした例は何件もあった）、恐怖をあおったり、暴力やセックスシーンが多く出てくる映画を観せるなど、わざと母親を怒らせたり心配させたりするようなことをする。こうして自由でわがまま放題の生活を満喫した子どもは、母親のもとへ戻ったとき、規律ある生活に次第に抵抗を感じるようになる。母親の家での生活は、宿題や家の手伝い、寝る時間、「体にいい」食事などに縛られた窮屈なものだと思ってしまうのである。

親権訴訟を起こそうと考えている加害者は、子どもに自分と暮らさないかともちかけることがある。たとえば、バンクロフトが最近、訴訟後見人を務めたケースでは、加害者は二人の子どもがわずか六歳と八歳のときに、親権者が変わるかもしれないと話したことを悪びれもせずに認めている。その後何年かの間に母親の権威は次第に低下し、子どもたちは事あるごとに母親に向かって、「ママの言うことなんて聞かない。親権がパパに移れば、パパと一緒に住むんだから」などと口にするようになった。たとえ暴力行為がなくても、別れ話がこじれた場合には互いに張り合ったり、相手をおとしめたりといったことはつきものだが、暴力行為がある場合には、子どもは普通以上に母親との間に安全で安心できる関係を必要とするため、加害者のこうした行動はますます問題になる（第5章参照）。

別居によって加害者が家から出ていき、しつけを強要する父親がいなくなると、母親の権威の低下がいっそう明白になることがある。たとえば、被害女性は別居後のほうが、子どもから暴力をふるわれやすくなる。加害者のかたわらで身を縮めていた子どもは、父親がいなくなったとたん、解放感を味わう。これには健全な側面もあるものの、母親は子どもの暴発的行動への対処という深刻な問題に直面しかねない。加害者が、母親の権威をおとしめたことと、自分がいなくなったことの両方の影響を利用して、母親には子どもの管理ができないのだから自分が親権をもつべきだと法廷で主張するケースは少なくない。こうした家族関係の力学は、子どもが父親の家から帰ってきたときに表面化する。それは、「父親の前では抑えていた衝動や感情が、母親のもとに戻ると『爆発する』ことがきわめて多い」（二四六頁）[291] からである。

被害女性である母親が子どもに身体的虐待を加える割合は、暴力をふるわれていない母親の約二倍に上る[132・268]が、これはおそらく（少なくとも部分的には）、加害者によって権威がおとしめられた結果生じた家族関係の力学に起因する。加害者が、暴力をふるわない父親の七倍の割合で子どもを虐待すること[268]に比べれば、これははるかに低い数字である。だがこのことは同時に、被害女性である母親が親としての権威を取り戻し、暴力を用いることのないしつけをするためには支援が必要な場合が多いことを物語っている。

母子関係への影響

母親の権威を傷つけることは、加害者がパートナーと子どもとの密接な関係を阻害するために行うさまざまな干渉の一つにすぎない。暴力被害女性と子どもの間にはしばしば距離感と緊張がみられるが、これにはいくつもの原因がある。こうした母子間の緊張関係は、夫および親としての加害者の態度によって生じるが、ここでも加害者の行動パターン全体を子どもへのかかわり方と深く絡み合ったものとしてとらえる必要がある。なぜなら加害者の行動は、母と子、父と子、きょうだい間の関係すべてに重大な亀裂を生じさせかねないからである。(74)

母親の子育てに対する直接的干渉

先のエピソードに戻ろう。二日目の夜、怖い夢を見て両親のベッドに逃げ込もうとするフェリシアを、ロジャーは追い返す。このロジャーの行動――泣き叫び、おびえている子どもを母親が抱きしめたりなだめたりするのを邪魔する、あるいはそれ以外の方法で母親が子どもの世話をするのを妨げる――は、パートナーの子育てへの直接的干渉として、もっとも多くみられる方法である。泣いている**赤ん坊**を抱き上げることさえ禁じられたと報告する被害女性はめずらしくない。バンクロフトが最近担当したある親権評定では、大学教授である加害者が、自分の元パートナーは一一カ月の息子が夜中に泣くたびにそばに行って「かまってやり」、子どもを「甘やかしていた」と発言している。加害者は自分のせいでおびえたり傷ついたりした子どもをパートナーが慰めようとすると、自分の行動が暗に非難されたと感じ、とりわけ怒りに駆られやすい。子どもはこうした加害者の干渉のせいで、次第に母親は頼りにならないとか、自分を守ってくれないという印象を抱くようになることもある。

暴力をふるわれている母親は、妊娠前からすでに子どもの養育に対するコントロールを失いはじめていることもある。被害女性は暴力をふるわれていない女性と比べて、避妊についての決定権をもたないことが多く、その結果、望まない妊娠をしたり[106]、多産になったりしがちである[202]。ニカラグアのある研究によると、夫による暴力のほぼすべては結婚初期に始まっており、暴力家庭に子どもの数が多いのはＤＶの原因ではなく、結果だという[125]。避妊すると夫から暴力をふるわれる心配がある場合、女性は避妊を行わない傾向があることは、多くの国の研究で示されている[125]。

私たちがこれまでたびたび指摘してきたように、暴力をふるわれている女性が出産後、母子の絆をうまく築けないというケースは多い。これは一つには、抑うつなど心的外傷後の症状による部分もあるだろうが、原因の大部分はより直接的で具体的なものだと思われる。たとえば、母親が赤ん坊に母乳を与えることを、加害者が不愉快だと言って禁じる例は決してめずらしくない。

妊娠や出産に対する加害者の反応は、その基本的な物の見方、とくに自分が関心の中心にいないと気がすまないという態度に照らしてみると、理解しやすい。妊娠すると、夫婦の関心の中心は当然ながら出産を控えた母親に移るが、加害者の大半はこうした夫婦関係の力学のきわだった変化を快く思わない。彼らはパートナーがこれまでと同様に家事をし、自分の世話をすることを期待しており、自分の家事負担が増えることを拒み、相手が生まれてくる子どもに注意を向けると嫉妬する[34]。被害女性が妊娠中にパートナーから得る精神的サポートは、暴力をふるわれていない女性と比べて著しく低い[50]。

さらに加害者のなかには、妻に対する性的な所有意識から妊娠による体の変化に腹を立て、体重が増えることを許さず、常に性的要求に応じるよう求める者もいる。[270]

医療関係者の間では、こうしたパートナー間の力学が及ぼす影響が次第に認識されてきている。妊娠中の女性に対する暴力の発生率が高いこと示す調査も、いくつかある。[91・127] 被害女性のうち、妊娠中に虐待された女性とされなかった女性の間には、人種や社会階層などによる有意な差はみられない。[34] 産科医によれば、虐待されている女性は妊婦健診をきちんと受けにこないことが多いという。また、不十分な体重増加[125]（ストレスや、「太るな」という加害者からの圧力が原因の場合もある）、抑うつ、強度の不安[71]などの徴候がみられることもある。また、虐待されている女性は、妊婦健診を受けはじめる時期が遅れることも多い。[125・218] 私たちが最近扱ったあるケースでは、加害者は母親に自然分娩を強要し、分娩中に彼女が痛みに耐えかねて硬膜外麻酔を受けることにすると、「バカ女」呼ばわりした。

だが妊娠中に、すべての加害者の暴力性が高まるわけではない。ある研究によると、加害者の約半数はこの時期に暴力をふるう割合が減り、四分の一は妊娠中に暴力は増えも減りもしなかった。[34] この結果は、妊娠中に加害者の暴力や心理的虐待の程度が増すかどうかが、子どもにとって危険性の高い加害者かどうかを見分けるうえで有用な判断基準となるという私たちの主張（第7章参照）を裏づけるものである。妊娠中の暴力の程度には、子どもの安全を度外視してまで母親を虐待するかどうかが表れていると考えられる。

出産後、母親はますます子どもの世話に時間を取られるようになり、加害者の特権意識との衝突はいっそう激化する。乳幼児がいる加害者の多くは「妻は僕のことはそっちのけで赤ん坊の世話ばかりしている」と言うが、ここには女性は育児があってもパートナーの世話の手を抜くべきではないという考え方がみてとれる。

母親の子育てに対する加害者の直接的干渉は、何年も続くことがあり、子育ての仕方を厳しく批判する、自分の養育方針に従わないと罰を与える、家計を管理して子どもに必要な物を買う金を与えない（その一方で、子どもにちゃんとした食事や服を与えない、いい加減な母親だと、後から非難したりする）、自分が母親に対して怒っているときは子どもが母親に話しかけるのを禁じる、などさまざまな形をとる。そのうえ加害者のなかには、パートナーを社会的に孤立させようとする者も少なくない[66・142]。自由を制約された結果、母親が子どもに医療を受けさせたり、人とふれあわせたり、さまざまな活動に参加させたりすることが困難になる場合もある。以上にみてきた加害者特有の行動全般は、子どもが母親に対して健全な愛着をもつことを阻害する深刻な要因になりかねない[142]。

母親の子育てに対する間接的干渉

暴力によって母親は心身ともに多くの傷を受けるが、この傷が子どもの面倒をみることを困難にする場合がある[176・216]。暴力やそれに伴う心理的虐待の影響としては、抑うつ、不安、悪夢、不眠、フラッシュバック、涙もろくなる、怒り、自信喪失などがよく知られている[61・66]。暴力被害で苦しんでいる母親は、積極的に子どもにかかわる元気な親としてふるまったり[189・216]、子どもに十分な注意を向けたり[132]、育児や子どもの学校に関する細々したことに気を配ったりするのが困難になりがちである。忍耐力が低下し、前述したような権威の失墜ともあいまって、小言を並べたりどなったりすることも増える。加害者から子どもの育て方を厳しく非難されることも多く[136]、その結果、弱気で優柔不断な態度で子どもに接するようになることもある。暴力をふるわれている母親は、子どもの要求になかなか気づいてやれず[216]、子どもと衝突することも多くなる。[132]

暴力が原因で母親がアルコール・薬物乱用におちいり、その結果、子どもの親権が州や加害者の手に渡る場合もある。ある研究によると、暴力をふるわれている女性はそうでない女性と比べて一六倍もアルコールの乱用におちいりやすく、[264]また別の研究によれば、暴力の度合いと女性のアルコール乱用の度合いには相関関係がみられるという。[45]だが加害者は、妻のアルコール問題は暴力より前に始まっていたと主張するのが常である。

被害女性の子どもは、加害者への激しい憤りを母親に向けることもある。これは、父親には直接怒りをぶつけにくいためである。[244]この家族関係の力学は、先のエピソードでフェリシアが、カヌー遊びが中止になったことで母親を責める場面にも表れている。同様の力学によって、別居後の家族関係が形づくられる場合もある。たとえば加害者が、面会の条件がすべて自分の思いどおりでなければ子どもに会おうとせず、これに対し子どもが、パパに会えないのはママのせいだと母親を非難するという状況は、離婚した夫婦のケースに頻繁に見受けられる。また、母親が子どもを守るために加害者との面会に制約を設けようとして、子どもの怒りを買うこともある。[220]

加害者にさらされた子どもには、暴力的・攻撃的な行動が多くみられるが、母親は通常こうした行動を抑えようとするため、母子関係にさらに大きなストレスが生じる。このような子どもの攻撃性は、母子間に反発の連鎖を生むことがあり、結果として母子関係がきわめて悪化する場合がある。[142]

被害女性である母親は加害者に対する恐怖心から、父親の前では子どもに対する態度を変えることがある。ある研究では、暴力をふるわれている母親の三四％が態度を変えると答えているが、暴力をふるわれていない母親ではわずか五％だった。[131]態度がどう変化するかについては、半数が加害者の前ではふだんより子どもに甘くなり、半数がふだんより厳しくなると答えている。

加害者の暴力やその他の攻撃的行動におびえた母親は、くり返し攻撃されないよう、子どもへの接し方を変えざるをえなくなる。加害者のなかには、子どもが行儀悪くしたり大きな声を出したときに母親がそれをやめさせられないからといって、暴力をふるう者もいる[157]。その結果、母親は子どもと自分の身を守ろうとして、子どもの行動に過度に厳しい制約を課したり[131・291]、反対に過保護になったりする[216]。

加害者から逃げようとも、抵抗しようともしない母親を子どもが不甲斐なく思いがちであることは、セラピストや児童保護関係者からよく耳にする。子どもは一般に、虐待的な関係から逃げるにはさまざまな障害がある[55]ことを認識しておらず、母親が自分を主張すれば父親に仕返しされることも、必ずしも理解しているわけではない。このため、母親は深刻なジレンマにおちいる。加害者の意思に**背ければ**父親を怒らせたと言われ、**逆らわなければ**虐待を黙認しているとか、私たち子どもの味方をしてくれないなどと言われ、いずれにしても子どもの怒りを買うことになるのである[150]。DVにさらされた子どもの大多数は、両親の別居に対して非常に複雑な気持ちを抱く。多くの場合、最初はほっと安心するが、次第に父親を恋しく思うようになり、また元の家族に戻りたいという気持ちを強めていく。やがて、「解決する気がなかった」「パパを許して、やり直すチャンスをあげなかった」などと、時には父親が口にした言葉をそのまま使って、母親に対して憤ったり責めたりするようになる。このように子どもは、母親が父親と別れて家族をばらばらにした場合だけでなく[220]、別れることができず虐待に「耐えている」場合にも[244]、母親に対して腹を立てることが少なくない。

暴力の現場に居合わせた子どもにはトラウマの影響による症状が現れるため、暴力行為の直後には支えや励まし、そして母親との親密なやりとりが何より必要である。ところがこの時期は、母親自身が精神的ショックや身体的損傷をはじめとするDVの影響をもろに受け、子どもの気持ちに寄り添うことがきわめてむずかしい。[141・307]自分がもっとも母親を必要としているときにかまってもらえなかった結果、母親はやさしく頼れる存在だという子どもの思いは大きく裏切られることになる。被害女性の子どものなかには、自分は母親に見捨てられたのだから、もう母親には頼れないという気持ちをいつまでも引きずっているケースもある。たとえ暴力がない時期でも、母親はまた暴力をふるわれないよう夫の要求に神経質になっているため、子どもは放っておかれたと思うことがある。[289]

これまでみてきたような家族関係の力学の根底には、あるきわめて重要なテーマがあり、とくに注意を促したい。加害者には、両親に対する子どもの見方を自分の都合のいいように方向づけ、目の前で起きている虐待に対して誤った解釈を植えつけて、悪いのは母親だと思わせたり、暴力行為それ自体を大したことではないと思わせる独特の能力があるということだ。たとえばある研究では、DVにさらされることによって、子どもの父親像より母親像のほうに否定的な影響が及ぶことが明らかになった。[307]また、加害者が自らつくり出す父親像が、パートナーの認識にも影響を与えることは注目に値する。たとえば、加害者のパートナーは一般的な質問をされると、彼はいい父親だと答えることが多いが、もっと具体的な質問をしていくと、子どもへの接し方にいろいろ問題があることを打ち明ける。[131]

加害者の暴力やその他の行動が、母子関係にさまざまな形で悪影響を及ぼすことを考えるとき、ホールデンとリッチの研究結果[131]は重要である。彼らによれば、DVにさらされた子どもが問題行動を起こすかどうか予測するうえでもっとも有効な判断材料となるのは、母親の生活全般に関するストレスではなく、育児ストレスの大きさだという。さらに、暴力をふるわれている母親はそうでない母親に比べて育児ストレスがはるかに大きく、育児ストレスが大きいほど、子どもに身体的暴力をふるう可能性が高くなる。[132] 被害女性が抱える子育てに関する悩みの大きさや種類は、人種による顕著な差はみられない。[132] したがって、**被害女性の子どもが経験する困難の最大の要因は、ＤＶによる母子関係の悪化にあると考えられる。**

一方、暴力によって母子関係に大きな困難を抱えているにもかかわらず、きちんと子育てをし、それまでと変わらず子どものニーズに十分応えている被害女性も少なくない。[132] 被害女性の大半は、育児への協力の必要性を感じているとされており、[74] 子育て支援を進んで受けようという姿勢をもつ者も多い。このように被害女性の子育ては、加害者の干渉の程度、本人の親としての力量、利用できるサービスや施設といった要因に左右され、環境によって大きく変わるといえる。

母親から距離をおこうとする子ども

これまでみてきたような家族関係のさまざまな力学のなかで、被害女性の子どもが精神的に母親から距離をおきたいという衝動を感じる場合があり、[203] とくに男の子に多くみられる。[150] 私たちの観察では、被害女性の子どもは男女を問わず、早ければ五歳から母親と距離をおこうとする場合がある。こうした傾向は、おおむね八歳以上の男の子や、性別にかかわらず一〇代の子どもにいっそう顕著である。なかでもきわだっているのは一〇代の男の子で、母親に対する軽蔑や嘲笑、羞恥などが言葉の端々にみてとれる。子どもは長い間に、母親を見下す加害者の態度を次第に取り込み、その結果、母親に対して優越感を覚え、母親との関係を恥ずかしく思うようになる。そのうえ、自分が母親に味方していると思われれば、父親から言葉や暴力で攻撃されるのではないかという、しごくもっともな不安を抱いていることもある。先のエピソードにもみられるように、母親を見下したような口のきき方をしたり、母親から距離をおいたりする子どもを加害者がいつもほめていると、こうした力学はさらに悪化する。また加害者は、子どもが母親と仲良くしているとおおっぴらにバカにしたり、侮蔑することもある。一番多いのは言葉による侮辱で、加害者の多くが息子を「ママのお気に入り」などと呼ぶ。さらに子どもは、これまでみてきたような理由から、母親が父親の暴力から自分を守ってくれなかったと感じる場合もある。

これらの力学が重なり合うことにより、子どもが母親と距離をおきたいと思う強力な動機が生まれる。その結果子どもは、おそらくは誰よりも自分を愛し、大切に育て、親としての適切な導きをもたらしてくれる存在との結びつきを失う。これは子どもに深刻な心理的ダメージを及ぼしかねない。

母親に対する子どもの暴力

先にも簡単にふれたように、被害女性の子ども——とくに一〇歳を過ぎた子ども、とりわけ男の子(38・150・270)——は、母親に暴力をふるう割合が、そうでない子どもに比べて高い(66・117・131)。こうした行動の一部は、父親の行動を意識的にまねしたものである。ストラウスら(270)は、言うとおりにしなければ父親に殴らせるぞ、と子どもが母親を脅した例を報告している。またロイ(244)が調査した一〇歳以降の男の子のうち、約二〇％が「父親と一緒になって母親を虐待していた」という。「彼らは加害者に自分を重ね合わせ、最終的には嫌悪と称賛が入り混じった存在である加害者に自らもなっていった」(六四頁)。また、もっと年少の頃から母親に暴力をふるい始めた例も報告されている。

私たちの経験では、母親に対する暴力がもっとも起こりやすいのは、両親の別居後、子どもの一人が加害者に代わってその役割を演じるケースである。一〇代の男の子は母親より背が高く力も強いため、肉体的に母親を威圧することができる。一〇代の息子から暴力をふるわれるようになった被害女性との面談から、ほとんどの場合、子どもは単に暴力をふるうだけでなく、父親から学んだ数々の虐待行動をまねしていることがわかった。たとえば現在扱っているあるケースでは、一三歳の少年がまさに以前の父親のように、母親の対人関係を詮索し、外出が許される時間帯を決めようとしている。この少年は最近、母親の足をはっきりアザができるほど殴った。また別のケースでは、もう少し年長の一〇代の少年が、両腕をもいでゴミ箱に放り込んでやると言って母親を脅したことを、いかにも自慢げにセラピストに報告している。彼は、「母親は、児童扶養手当めあてに俺と暮らしているだけだ」と言ったり、父親の口癖をまねて母親は「頭がおかしい」「嘘つきだ」などと言ったりしている。

ジャフィーとゲフナー[140]は、一〇代の子どもの反応を次のように要約する。

思春期の子どもは力をもつ加害者に自分を重ね合わせ、それに伴って、父親に認められ愛されたいとの思いから母親に逆らうようになる。力とコントロールを使って虐待しても、何ら不利な結果にならないのを見てきているため、友達や母親との関係においても攻撃的行動をモデルにするようになるのである。（三八七頁）

それまで母親を守っていた子どもが虐待する側に回るというのも、この時期にはままみられる。

子どもを「武器」として利用する

加害者が親としてとる行動のなかでも、もっとも大きなダメージを与え、家族関係に数々の不健全な力学を生じさせるのは、パートナーをコントロールしたり虐待したりするための手段として、子どもを利用するというものである。すべての加害者が子どもを虐待に巻き込むわけではないものの、私たちは長年、子どもを利用する加害者の多さに驚かされてきた(74・203・220)。こうした加害者の行為が、被害女性にとってもっとも心が動揺し、恐怖を感じる体験であることは、彼女たちの話から明らかである。多くの加害者がこの戦略をとる理由は、まさにその効果の高さにある。

同居中に子どもを「武器」にする

母親の権威を傷つける、子育てに干渉するといったこれまでみてきた行為の大部分は、状況によっては、意図的な虐待の武器として使うこともできる。私たちのクライアントでは、次のような例がみられる。三歳の子どもが母親を求めてベッドで泣いているのに、母親が入院中の上の子どもを見舞って帰宅が遅れたことに腹を立て部屋に入らせない。仕事を辞めないパートナーへの腹いせに、幼い娘に向かって「ママは、職場にセックスの相手がいるから仕事に行きたがるんだよ」と言う。人に知られたくない過去の出来事を子どもにばらすぞと脅して、妻に保護命令の取下げを迫る。しゃべりはじめたばかりの二歳の子どもに母親を「くそママ」と呼ばせる、など。

子どもを巻き込んだ加害者の行動は、いくつかのカテゴリーに分類できる。その一つは、母親への報復として**子どもを直接虐待する**というものである。たとえば第2章でも述べたように、私たちが受けもったある温厚そうなクライアントは、妻に腹を立て、一〇代の娘のクローゼットを開けて卒業パーティ用ドレスをはさみでずたずたに切り刻んだことを打ち明けたが、その目的は母親を傷つけることだったと正直に話した。また、母親へのあてつけに、乳児にわざと腐ったミルクを飲ませたという衝撃的なケースもある。これらの行為は、他の加害者に比べれば身体的暴力の度合いは軽いものの、心理的には非常に深い傷を与えうるものである。このほか、クリスマスツリーをなぎ倒す、子どもがもらったばかりの誕生日プレゼントを壊す、結婚式や葬式といった重要な行事に子どもを行かせない、子どもに身体的暴行を加えるなど、加害者の行為は多岐にわたるが、その意図はすべて母親を虐待することにあった。

わざと子どもを危険な目にあわせることも、母親にとっては同様に恐ろしい体験となる。あるケースでは、父親がまだ乳児の娘を後部座席に乗せ、雪が積もった駐車場を何度も猛スピードでぐるぐる回ってみせた。同じ加害者が、高い階段のへりに子どもを置き去りにし、震える母親の反応を見て笑ったこともある。妻と口論したあげく、子どもを車に乗せて無茶な運転をしたという加害者は、かなりの数に上る。こうした行動には、その直接的効果だけでなく、今度は子どもをもっとひどい目にあわせるぞと脅迫する意味も込められている。

加害者が自分の留守中、パートナーを孤立させる目的で、**母親の行動を子どもに監視させ、報告させようとする**こともある。[1] 子どもは母親を裏切りたくないと思う反面、父親に隠しごとをするのも怖いので、どちら側につくか深刻に悩み、重荷を感じる。だが一方では、そうした立場におかれることで母親に対して力をもつことに味をしめ、本来の親子関係が逆転して、母親を子ども扱いするようになることもある。

母親への腹いせとして、**ネグレクト**が用いられることもある。たとえば、私たちが受けもったある加害者クライアントは、夕食後、妻に食事の片づけをもっと手伝うように言われて腹を立て（片づけは娘たちの仕事だと思っていた）、その後三日間家に帰らなかった。妻は、父親が帰らないことを心配し動揺する娘たちをなだめ、五人の子どもの面倒を一人でみなければならなかった。

言うことをきかないパートナーに対して、**子どもをひどい目にあわせてやると脅した**経験をもつ加害者はかなりの数に上る。ある研究によれば、暴力をふるう男性は暴力をふるわない男性に比べて、こうした脅迫をする可能性が四倍以上高いという。(199) こうした脅しは、加害者の過去の行動から実際にそうしかねないことがわかっている場合、さらに強烈な恐怖となる。この種の脅しでもっとも多いのは、家族を見捨て、もう家に金を入れてやらないというもので、もしそのとおりになれば母親と子どもは路頭に迷うことになる（ホームレスの原因としてのDV）。(312) 一時加害者と別居していたが、また一緒に暮らしているある被害女性は、面会中に娘を性的に暴行してやると脅されて、夫が戻ってくるのを許したという。また、言うことをきかなければ、寝ている子どもをたたき起こしてやると何度も脅されたというケースもある。時には、こうした脅迫が子どもを殺してやるという脅しに発展することもある。パートナーと子どもを殺し、最後に自分も死んでやると脅迫した加害者の例を、私たちは長年の間に何十件も目にしている。こうした脅しをするのは、必ずしも暴力の回数や程度が激しい加害者とはかぎらないが、時としてそれに劣らぬ恐怖を引き起こすこともある。(1)

子どもと引き離すと脅すことも、被害女性に同様の恐怖を引き起こす。この脅しにはさまざまな形があるが、その一つは、母親が子どもを虐待しているとか、アルコール依存症だなどと（真偽は別にして）言って、州の**児童保護機関に通報してやる**と脅迫するものである。もし実際に児童保護機関が関与すれば、州の決定により子どもが里親のもとに送られる可能性もある。児童保護機関がDVに気づかず、加害者の暴力行為のせいで子どもに現れた悪影響を、母親のせいだと判断してしまうこともしばしばある。[67] また加害者が家を出た後、児童保護機関が子どもを父親に養育させる場合もある。バンクロフトが最近、訴訟後見人を務めたケースでは、加害者の暴力のせいで母親が父違いの一〇代の子ども二人の親権をすでに失っていることを知りつつ、児童保護機関の担当者が九歳の息子を父親の監護下におく決定を下した（このケースについては、第5章で詳述する）。加害者のなかには、児童保護関係者の前では、自分は直接の当事者ではないが事態に心を痛めており、パートナーが「子どもとの問題を解決するのを助けよう」としているだけだ、というそぶりをみせる者もいる。だが一方、加害者がパートナーへの虐待手段の一つとして、親権が母親から州に移るのを望んでいると思われるケースもいくつかあった。加害者が児童保護制度を悪用して母親に不利な状況をつくり出すことができるのは、児童保護関係者の多くがこうした力学を十分に理解していないためだといわざるをえない。

子どもを連れ去るというのも、重大な脅しの方法である。連れ去りに関する大規模な調査によると、親による連れ去りの大多数は、父親かその代理人が実行犯であり、[83] DVとの関連で起こる場合がほとんどだという。[110] 加害者が子どもを連れ去り、その後親権を勝ちとった例は、私たちが扱ったケースのなかにも何件かある。

合法的に**親権を獲得して**子どもを奪ってやる、と脅す加害者も少なくない。[224・233] しかも驚くほど多くのケースで、加害者はこの脅しを実現させている。[7・180・203] 第1章で述べたように、暴力をふるう男性は暴力をふるわない男性と比べて親権裁判を起こす割合が高く、また実際に裁判になった場合、勝訴することが多い。[203] 第5章でくわしく述べるように、親権裁判において加害者は多くの点で、被害女性より有利なのである。

最後に、**子どもを殺す**という加害者の脅迫も、決して軽く考えるべきではない。加害者が実際に子どもを殺すこともあり、これは通常、母親の殺害あるいは殺害未遂を伴う。子どもの殺害は、妻に対する暴力に付随して行われることが多く、[295] DVによる殺人の一〇～一五％において、加害者は一人以上の子どもを殺害している。[169] ニューイングランドで起きたある事件では、加害者は妻の眼前で四人の子どもを射殺した後、自殺した（だが、妻を殺そうとはしなかった）。この例では、子どもへの暴力や殺害が、妻の心を傷つけたいという加害者の意図によってなされる場合もあることが示されている。

子どもを実際に傷つける、あるいは子どもを傷つけたり母親から引き離したりすると脅す、といった加害者の行動は、被害女性と子どもの双方に大きな恐怖やトラウマを引き起こしかねない。だがこのDVの重要な一側面は、きわめて多くのケースにみられ、重大な悪影響をもたらしているにもかかわらず、あまりにも過小評価されているといわざるをえない。

別居後子どもを「武器」にする

子どもを武器として利用するという加害者の行動は、別居後にエスカレートすることもある。これは別居によって、相手を意のままにコントロールしたり脅したりする手段が減るためである。加害者の目的は復縁を迫ることとか相手への仕返しだが、いずれの場合も子どもは効果的な手段となる。[1・271] たとえば子どもに向かって、「ママが裁判所に行ったから、パパはこの家に来ると牢屋に入れられてしまうという命令が出たんだ」「母さんが父さんに怒っているから、一緒に暮らせないんだよ」「ママは今、他の男とセックスしているから、パパをこの家に入れたくないんだ」などと言う。別居の原因が自分の暴力や虐待にあることを、子どもの前で認める加害者はまずいない。なかには事実を歪めることによって、別居したのはママのせいだと子どもに母親を非難させ、自分が家に戻れるよう圧力をかけさせる者もいる。[120] 暴力が極端にひどい場合を除いて、子どもは一般に別居した父親を恋しがり、家に戻ってきてくれるよう願っている。[220] ほとんどの被害女性は、いざ加害者と別居しようというときに不安やためらいを感じるが、こうした母子間の齟齬や緊張はそれをいっそう増幅させる。私たちのクライアントのパートナーにも、一時期別居したものの、子どもからの圧力で加害者のもとに戻ったという被害女性が何十人もいる。

加害者が、元パートナーとのコミュニケーションの手段として子どもを利用することもある。被害女性が保護命令を得ていたり、その他の手段で加害者と接触したくない意思を明らかにしている場合には、この戦略がとくに大きな意味をもつ。私たちが受けもったある加害者クライアントは別居前、妻に「おまえを愛している。死ぬまでな。おまえが他の男のものになることなど絶対に許さない。俺たちは一緒に死ぬんだ」と言った。別居後、彼は子どもに「ママに、いつまでも愛していると伝えてくれ」と言ったが、子どもにはこのメッセージの隠れた意味に気づくはずもなかった。

別居後、以前からあった親としての加害者の問題行動がさらに悪化することも多い。これは、多くの加害者に共通する復讐しようとする性向や、元パートナーの目が行き届かなくなることなど、これまでみてきた理由による。そのためこの時期には、母親の権威をおとしめる、子どもを母親に反抗させる、子どもを引き離すと脅す、といった行動が顕著になることがあり、さらには気まぐれに子どもと面会しようとする、仕返しや威圧の手段として親権や面接交渉権の訴訟を起こす、途方もない出費や大きな約束をして子どものご機嫌をとる、といった行動がみられることもある。母親が新しい男性とつきあいはじめると、新しいパートナーに子どもを反抗させる、根拠のない児童虐待の通報をする、親権裁判を起こすなど、子どもを利用して邪魔しようとすることもある。母親失格だと証明して子どもを取り上げてやる、と言って被害女性を脅す加害者も多い[62]。別居後の加害者にとって、親権や面接交渉権の裁判を起こすと脅したり、実際に提訴することは、自らの支配権を維持するためのきわめて重要な手段となる[271]。

その他の家族機能に対する影響

加害者が家族関係のパターンに影響を及ぼすには、これまで述べたもの以外にもいくつか重要な方法があることを以下に示そう。これらの家族関係の力学については、DVが子どもに与える影響を扱った既存の文献では、ほとんど扱われていない。

家族の分裂の種をまく

加害者は、これまでみてきたような方法で家族間に緊張を引き起こすだけでなく、それ以外のさまざまな方法を使って、家族の結びつきを壊そうとすることがある[54・150・244]。一部の加害者が、必死になって家族を分断しようとしているようにみえる理由は、家族が仲たがいしなければどうなるかを考えてみれば明らかである。母親と子どもが団結して加害者に立ち向かい、互いに助け合って父親の手先になることを拒めば、加害者が家族をコントロールし、操作することはほとんど不可能になる。こうした家庭では、母親は健全な母子関係や母親としての充実感により、自信や自尊感情を高めていく。何人もの被害女性が、最終的に加害者と別れることができたのは、子どもとの結びつきに負うところが大きいと語っている。一部の加害者は、家族間にこうした団結が生まれると自分の力やコントロールが脅かされることを察知し、それを阻もうとしてさまざまな策を講じるのである。

残念なことに、子どもがいる加害者の行動は多くの場合、意図的であるなしを問わず、家族の結びつきを壊す結果を招く。家族が自分に「反抗する」と愚痴をこぼす加害者も時にはいるものの、加害者が法的な父親でない場合や父子間に心のつながりが欠如している場合を除けば、家族が分裂し、互いに敵意を抱いているケースのほうがはるかに多い。[291] ジョンストンとキャンベル[150]も同様の指摘をしており、DVの影響を受けている家庭では、「家族のメンバーがくっついたり離れたりをくり返し、子どもは両方の親の間で揺れつづける」（二九三頁）ことが多いという。

家族の分断をねらったもっともあからさまな行為は、特定の子どもをえこひいきするという、多くの加害者にみられる行動である。[221] これは、冒頭のエピソードで、ロジャーがフェリシアの頼みは断るが、カイルとはフットボールをするという場面にみてとれる。私たちが最近扱ったケースでも、ある母親は、仕事から帰宅した父親を二人の子どもが喜んで迎えても、「彼は息子しか相手にせず、娘のほうはハエでも追い払うように無視する」と話した。さらに彼女によれば、この父親は自分が昼寝をするとき以外、娘をそばに近寄らせないのだという。

加害者がえこひいきするのは、男女どちらの子どもの場合もあるが、私たちの経験では、男の子のほうがやや多いようだ。お気に入りが男の子で、それ以外に女の子もいる場合、父親と息子が結託して女性を蔑視するという性差別的なパターンが明らかになることが多い。[150] 反対にお気に入りが女の子の場合、父親と娘の関係が恋愛の様相を呈し、娘が母親に代わって加害者のパートナー的な役割をはたすこともある。この場合には、父親が性的な境界侵犯を行う危険性がある。また、加害者がたえずえこひいきの対象を変え、お気に入りの子どもが一定しない場合もある。

暴力行為のない家庭でも、えこひいきは長期にわたって家族を深く引き裂く。子ども時代の親のえこひいきが原因で、三〇代あるいはそれ以上になっても、まだきょうだい関係に軋轢があるという話もめずらしくない。それにDVの影響が加われば、結果はさらに重大なものとなる。

加害者が家族の間に溝をつくろうとして用いる戦略は、それ以外にもいくつもある。その一つは、家族の誰かについて、他の誰かがこんなふうに言っていたと嘘をつくというものである。たとえば、子どもに向かって、「ママがおまえたちの面倒をみるのにうんざりしたから、養子に出したいと言っていたよ」と言うとか、娘に、「お兄ちゃんはおまえの髪型はバカみたいだって言ってたけど、パパはいいと思うよ」と言うなど。加害者が夫婦間の会話をわざと子どもに知らせることもある。息子に、「ママがおまえには数学の才能がないって言ってたよ」と言うなどがその例だ。また、子ども同士の争いの解決に手を貸すのではなく、互いへの憎しみをあおろうとする加害者もいる。さらには、一人の子どもが悪いことをしたときにきょうだい全員に罰を与え、子ども同士が相手を責めるようにしむける者もいる。これらの行動の多くは、近親姦加害者が用いる戦略と驚くほど類似している。両者には、家族を仲たがいさせたほうが自分に有利になるという共通の動機がある。(172) 近親姦が起こる家庭には、きょうだい間に不和がみられることも報告されている。(99)

暴力行為のせいできょうだい関係にひびが入るのは、必ずしも加害者がそう意識したり、意図した場合だけではない。暴力行為のある家庭では、そうでない家庭に比べてきょうだい間の暴力が多くみられる。(138・273) これはとくに男のきょうだいに顕著であり、子ども自身が虐待の対象であるか否かや、社会的階層とは関係ない。[134] なかでも、加害者に自分を重ね合わせた子どもは年下の弟妹に暴力をふるうことが多い。[117] ある子どもは母親を守る役目を担い、別の子どもは加害者と同一化するといったことが起きると、家族の分裂はいっそう深まる。一言でいえば、ＤＶにさらされたきょうだいの関係には、「高度の対立や嫉妬が生じ、年上の子が年下の子に対して罰を与える、脅す、不当に利用する、スケープゴート化する[訳注1]、といった行動がみられる」（四七三頁）[138] のである。

特定の子どものスケープゴート化

児童虐待やアルコール・薬物乱用のケースを扱う専門家の間では、こうした問題を抱える家庭で、特定の子どもがスケープゴート化されることが多いことは以前から知られてきた。[250] そのおもな原因は、家族が虐待やアルコール・薬物乱用の事実を認めることに対して抱く不安にあるとされる。加害者である親が極端に大きな権力をもつとみなされている家庭では、家族が自分の怒りや不安をぶつけ、責任をなすりつける対象を求める理由はさらに増す。家族システム論では、スケープゴート化された子どもを「患者の役割を担う人（identified patient）」[訳注2] と呼ぶ。家族のなかで弱い人物が、他のメンバーから無意識のうちに選ばれて「患者」になると考えられる。

暴力がふるわれている家庭では、このスケープゴート化の現象が多くみられる。[287] 私たちの経験では、時として被害女性である母親自らがこのパターンにはまって特定の子どもに責任をなすりつけ、その結果生じた家族関係の力学のせいでその子が攻撃対象になり、問題行動を引き起こしていることに気づかないケースもある。福祉サービス機関や少年裁判所の関係者は、最初は「問題児」が原因で担当するようになった家庭には、しばしば根底にＤＶが存在すると指摘している。スケープゴート化によって家族や近隣の目が「悪い子」に集中すれば、加害者の行動には注意が向かなくなるため、加害者本人がこうしたスケープゴート化に大きく手を貸すこともある。

たえまない恐怖と情緒的剥奪

これまでみてきた家族関係のパターンの背後には、子どもが常に恐怖にさらされていることからくる影響が存在する。[141] こうした恐怖は、家族間の不健全な力学を深刻化し、固定化する場合がある。常に恐怖を感じている家族のメンバーは、誰かが加害者の気にさわるような行動（行儀が悪い、抵抗する、あるいは単に目立ちすぎる）をとると、怒ったりパニックを起こしたりしやすい。常に恐怖を感じている子どもは危険を回避するため、自分の興味や嗜好、物事のやり方が加害者と同じであることを加害者にも自分にも納得させようとし、自分と加害者との区別があいまいになってしまう場合がある。こうした攻撃する側との同一化は、虐待に伴うトラウマとして広く知られている症状である。[65] 一方、とくに加害者が恐怖戦略をとっているケースなどでは、恐怖が団結の原動力となり、家族がばらばらに分裂する時期を乗り越えて、母親と子どもたちが互いに支え合うようになる場合もある。

情緒的剥奪も、暴力による影響をさらに増幅する役割をはたす。暴力行為があると家族の関心は子どもから加害者のほうに移るため、子どものニーズが十分に満たされない状態が慢性化する。この情緒的剥奪によって、子どもの側には父親の注意を引き、認めてもらいたいという気持ちが強まり、そ

［訳注1］「身代わりの山羊」の意味で、ある特定の個人に罪を着せて排除し、非難・攻撃すること。
［訳注2］家族システム全体の問題が家族内のある特定の人物の症状に現れる、という考え方にもとづく。

の結果、加害者が子どもを操作する力は増大する。また、こうした情緒的欠乏が起きると、きょうだい同士が互いを仲間ではなく、競争相手とみなすようになることもある。

役割逆転

最後に、これまでもいくつもの例でみてきたとおり、加害者が原因となって、母親と子どもの間にさまざまな形で役割逆転が起こることを指摘しておきたい。子どもが親の代わりをし、母親が子ども化する状態が長く続くと、加害者が時たまみせるやさしさや関心を得ようとして母子が競い合ったり、加害者の怒りや侮辱、暴力の対象とならないよう、家族同士が有利な立場につこうと争ったりすることがある。子どもが母親を保護すると同時にコントロールする役割を演じることもあり[244]、父親の怒りを抑えたり[62・150]、年下の弟妹の面倒をみる[142]責任が自分にあると感じることも多い。長年にわたる虐待の結果、母親が無気力状態におちいり（ジョーンズ[153]が分析しているヘッダ・ナスバウムのケースなど[訳注3]）、加害者が絶対的支配者になるという極端なケースもあるが、その場合は子どもが父親の手先となることもしばしばある。

母子関係・きょうだい関係における回復力《レジリエンス》

DVの影響に対するレジリエンスは、DVにさらされた個人だけでなく、家族間の人間関係にもみられることを私たちは目のあたりにしてきた。加害者とその暴力によって母子関係が壊されそうになっても、それに代わって「思いやりや助け合い、慈しみ、陽気な明るさ、相互協力」のある関係が新たに生まれ（四七三頁）[138]、母親がＤＶの影響を意識することによって、親としての力量の向上に成功する場合もある[177]。虐待行為があるにもかかわらず、母子の間に緊密な関係と連帯感が保たれることもあるし、きょうだいが互いに助け合う関係が維持される場合もある。だが私たちが知るかぎり、こうしたＤＶの影響を受けた家族関係のレジリエンスに関する研究は、まったく行われていない。

同様に、加害者に対する子どもの抵抗についても、ロイが限られた範囲で論じていることを除けば[244]、みるべき研究は行われていない。だが私たちの経験では、母親と子どもが一緒に逃亡計画を練ったり、互いの自由と安全を守るため加害者に嘘をついたり、暴力行為の最中に警察を呼んだりしたケースは多々ある。また、母子が互いに助け合って加害者に抵抗し、自分たちを責めることなく、恐ろしい出来事や危害を加えられた体験から立ち直った例も数知れない。家族が一致団結して加害者を家から追い出したというケースも、少ないが存在する。家族の考えや信念を全力をあげてコントロールしようとする加害者も少なくないことを考えると[271]、家族にとっては、自分の考えや意見を保つだけでも大きな抵抗活動だといえる。

私たちの経験では、家族がＤＶの影響から回復し、健全な力学を保つことができるのは、次のような場合である。（ａ）母親が親として非常に有能で思いやり深く、やさしさと厳しいしつけを両立させることができ、子どもを虐待行動の影響から十分に守ることができること。（ｂ）母親と子どもが、友

［訳注3］一九八七年、養子にしていた六歳の少女が暴行により死亡し、当初はナスバウムと同居パートナーのジョエル・スタインバーグの共謀とされたが、ナスバウムが長年にわたりスタインバーグからＤＶを受け、精神的に支配されていたことが明らかになり、ナスバウムは不起訴となった。

人や親戚、宗教やその他の地域ネットワークによって十分な支援を受けていること。(c) 加害者が心理操作にたけていないか、あからさまで過度の暴力をふるっているために、家族が他の家族や自分を責めるようにしむけたり、家族に溝をつくる不健全な力学を生み出したりできないこと。(d) 加害者が非常に怠慢で、あらゆる面で子育てにかかわろうとしない、あるいは加害者が身体的または性的に子どもを直接虐待していること(しかし反対に、加害者が家族の一部を操作する一方で他のメンバーを脅したり、邪魔したり、無視することに成功すれば、この行為によって家族は大きく引き裂かれる場合もある)。(e) 家族に対して法執行当局や裁判所、児童保護機関がきわめて建設的な対応を行い、加害者に自分の行動に関するすべての責任を負わせたり、母子の結びつきを維持するための支援を行ったりしていること。

家族のまとまりが保たれている場合、加害者は自分が「徒党を組んで」対抗してくる家族の犠牲になっていると感じており、自分のせいで家族に避けられていることにほとんど気づいていない。団結力が強く、母子関係が精神的に健全であった家族ほど、別居後に父親に対して「不当な嫌悪感情を植えつけた」とみなされやすい傾向がみられる。その結果、子どもが加害者との面会を強制されたり、なかには親権が父親に移るケースさえある(第5、6章参照)。

別居後に加害者の干渉によって大きな影響を受けないかぎり、加害者がいなくなった後の母子関係は、時とともに改善に向かうことが多い。[220] 福祉サービス関係者は、こうした家族関係のレジリエンスにさまざまな形で寄与することができる(第5、9章参照)。

要　約

暴力は、家庭内の人間関係に重大な影響を与える。DVにさらされた子どもにみられる症状には、すべてが暴力を目撃したトラウマの産物というより、こうした家族機能の崩壊に起因するとみられるものが多く含まれている。DVの影響を受けている家庭に介入し、子どもを支援しようとする専門家は、加害者から子どもに母親の権威失墜、母親に対する否定的な見方が伝わること、虐待が引き起こす家族の分裂といった重要な問題を考慮することにより、その効果をあげることができる。したがって、子どもの長期的な回復と福祉を助長するためには、虐待を目撃したことによる情緒的トラウマからの回復を支援するとともに、母親やきょうだいとの絆を修復し、強化できるよう手を貸すことが重要である。別居後を含めたDVがもたらす家族間の力学を考慮することは、児童保護関係者と親権評定者が重大な誤りを回避するためにも必要である。

最後に、一点だけ注意を促したい。DVが子どもや家族に及ぼす影響を懸念するあまり、専門家は時として、加害者のもとを去ろうとしない被害女性に対し、いらだったり批判的になることがある。だがここには、加害者から離れることにまつわる複雑さ（かえって子どもに対する危険が増大しかねない、など）に対する理解の欠如がある。別居後の親としての加害者のふるまいや、母親が子どもを守るうえで直面する困難については、第5章でくわしくみていく。

第4章　近親姦を犯すDV加害者

ＤＶと近親姦に共通点があることを指摘する研究は数多くあるものの、この事実を分析した文献はほとんど見あたらない。たとえば、ＤＶに関する研究を包括的にまとめた最近の出版物[144]には両者の共通点に関する記述はなく、同じく最近出版された性的虐待の危険因子に関する研究にも、虐待行為が近親姦加害者にもみられる特性である可能性についての指摘はない。[205] このことに言及したものとして私たちが見つけた唯一の文献は、性的虐待の申し立ての評定に関するもので、ここには申し立てられた近親姦加害者の暴力歴を考慮すべきであると述べられている。[276] この二つの虐待の形態の関連性を入念に吟味することは、ＤＶと子どもへの性的虐待の両方の現場で専門家が直面する問題に、重要な手がかりを与えるにちがいない。

本章は、ランディ・バンクロフトとマーガレット・ミラーの共著である。

先行研究概観

近親姦の被害者の母親が加害者による暴力を受けやすいことは、複数の研究によって示されている。また、DV加害者の娘が近親姦の被害者になる割合が非常に高いことを示す研究もある。これらの研究を総合すると、DVの加害者にさらされることは、近親姦の犠牲者となるリスクを測るうえで有力な判断材料になるといえる。

父娘間に近親姦が起こった三四の家族と、そうでない六八の対照家族を対象にしたパヴェザの研究[219]では、一〇三に上る変数について吟味した結果、近親姦をもっとも有効に予測できる上位四つの因子を割り出している。そのうちの一つは、母親に対する父親の虐待で、他の二つは結婚生活に対する不満の度合いと母娘間の距離の度合いだったが、いずれもDVと関連性がある（第3章参照）。またパヴェザは、DV加害者の娘が父親による近親姦の被害を受ける割合が、そうでない場合の六・五倍に上ることを報告している。

トルーズデル、マクニール、デシュナー[281]は、ある大都市の児童福祉局が主催したグループ治療に参加した近親姦被害者の母親三〇人を対象に調査を行った。その結果、七三％の母親が、少なくとも一回は近親姦加害者による身体的虐待（その大部分は、押す、突く、つかむなど軽度の暴力）を受けたことがあると報告した。

マクロスキー、フィゲレド、コス[199]は、DVにさらされた子どもについて、近親姦を含むさまざまな影響について調査した。バイアスを回避するためにそれぞれ別の大規模な母集団から抽出されたDV被害者である母親一六六人と、そうでない母親一九九人に質問したところ、暴力を受けた経験のある母親の九・六％が、子どものうち一人またはそれ以上が加害者による近親姦にあったと報告したのに対し、暴力を受けた経験のない母親で近親姦があったと答えたのは、〇・五％にあたる一人だけだった。

サールズとフランク(258)は、子どもが近親姦の被害を受けたと訴えた際、母親が信じるか否かに影響を与える要因を探るために、近親姦の治療プログラムの初回面接を受けた一九三の家族を対象に調査を行った。その際、四四・三％の母親が身体的虐待を受けていたことが付随的に明らかになったという。

ハーマン(128)は、種々の開業セラピストで心理療法を受けている女性患者六〇人（うち四〇人は子ども時代に近親姦の被害にあい、二〇人はあっていない）を対象に研究を行った結果、近親姦経験者では五〇％（二〇人）は子ども時代、母親が父親に暴力をふるわれていたと答えたのに対し、そうでないグループでは二〇％にとどまったと報告している。この場合の暴力はかなりひどいが、過度のものではなく、「母親や子どもに恐怖を与えはするが、明らかに限度を超えるものではなかった」（七四頁）という。

ロイ(244)は、DVにさらされてきた一一歳から一七歳までの子ども一四六人（その大半は母親とともにシェルターで暮らしており、加害者と同居中の者は含まれない）に面接調査を行った。その結果、父親から性的虐待を受けたと答えた女の子は二八％に上り、本人はそう答えなくても、ケースファイルに性的虐待の記録があった者も三％いたという。男の子で父親による性的虐待を受けたと答えた者はいなかった。

以上の研究は、対象者の規模や抽出方法、評価の方法に大きな差はあるものの、得られた結果にはかなりの一致がみられる。すなわち近親姦加害者のほぼ半数（四四・五％から七三％）は被害者の母親にも暴力をふるっており、DVにさらされることは、子どもが近親姦被害者となる危険因子としてきわめて重要な意味をもつということである。

さらにジョンストンとキャンベルの研究(150)によると、対象となった加害者のなかには、年少の娘との関係において「性的な境界があいまい」な者が少なかったという。そのなかには恋愛もどきの関係や、「相互に誘惑的」（二八七頁）な関係もみられたが、著者らはそれが近親姦を招く因子だとはみていない。

これらの研究を総合すると、近親姦を犯すDV加害者の多くは、子どもの母親に対して心理的にはきわめて虐待的である一方、身体的虐待も行うが、その程度は近親姦を犯さない加害者に比べて中－低度にとどまることが多い(128・281)。しかし重度の暴力をふるう加害者のなかにも、近親姦はかなりの割合でみられる(244)。私たちの経験でも、近親姦を犯すDV加害者がふるう身体的暴力は、一般に軽度であることが認められたが、きわめて暴力的な近親姦加害者も少数だが存在する。このように、DV加害者が母親に対してふるう身体的暴力の程度と、子どもに性的虐待を行う危険性との間に直接の相関関係はみられないが、子どもに身体的暴力をふるう危険性との間には相関関係がみられる(27・268)。むしろ性的虐待を行うDV加害者にきわだっているのは、以下で述べるような強い特権意識、子どもに自分の要求を満たさせようとする自己中心的な期待（役割逆転）、高度な心理操作、子どもを所有物とみなす、といった特徴である。人種や階層が、子どもへの性的虐待の危険性に影響するおもな要因だとする強力な証拠はない(82)。また、DV加害者はそうでない者に比べて近親姦を犯す割合は高いものの、数としては少数である。一方、もっと微妙な形で性的境界を侵害するDV加害者は、それより多いとみられる。

小児性愛者と近親姦加害者

子どもへの性的虐待に関する研究では、近親姦加害者と、それ以外の子どもへの性暴力の加害者の間に大きな違いがあることがつきとめられている。だがこの違いは往々にして、他の研究者や現場の専門家に見すごされてきた。[15] 子どもに性暴力を行う小児性愛者は、子どもに対して強い性的欲求をもつ傾向のある犯罪者であり、大人と性的関係を結ぶことにはあまり関心を示さない。相手には男の子を好む傾向があり、しばしばスポーツのコーチや牧師、ボーイスカウトの隊長など信頼ある立場を利用して、自分と関係の薄い子どもを餌食にする。その犯罪歴における被害者は数十人に上る場合もある。[17] 過去に暴力的または反社会的な行為の経験がある者も多く、[232] 近親姦の加害者に比べて犯罪に及ぶ際に暴力をふるう傾向が強い。[15]

一方、近親姦の加害者は小児性愛者に比べて、子どもに対する性的嗜好をもつ割合は高くない。[15・232] 近親姦加害者は一般に、通常の大人としての性的関心や性的関係をもち、これと子どもへの犯罪とが同時に起こる場合もある。このことは、近親姦加害者が小児性愛者よりも高い社会的能力をもつ傾向にあるという事実とも一致する。[232] 近親姦加害者はどちらかというと女の子を好むが、男の子を標的にする場合もある。また、自分が世話をしたり、親密性や信頼関係で結ばれた子どもに犯罪を犯す傾向にあるため、生涯に虐待する人数は平均二人未満と、小児性愛者に比べてはるかに少ない。[17] 近親姦加害者に精神障害者の割合がとくに高いことはないが、家族外の子どもに性暴力を行う者では、その割合が高い。[205] 近親姦の加害者とそうでない者の間には、社会経済的地位の違いはみられないが、小児性愛者の社会経済的地位はやや低い傾向にある。[15] また、近親姦加害者は小児性愛者に比べて、子どもに暴力をふるう割合が少ない。[28]

これ以外にも、子どもへの性的虐待者の間にはさまざまな違いがみられる。たとえば、小児性愛者のなかにはとくに女の子を好むグループがあり、彼らの犯罪歴における被害者の数は、男の子を好む同様の小児性愛者では平均一五〇人、近親姦だけを犯す加害者の場合は平均一・八人であるのに対し、平均二〇人だった[210]。また、近親姦加害者には「攻撃的・支配的」なタイプと、「受動的・内向的」なタイプとがあるとされる[111]。もっとも私たちが扱ったDVと近親姦の加害者には、どちらのタイプも見受けられる。ソールター[249]はさらに、加虐的な性的虐待者とそうでない者とを区別している。子どもへの性的虐待に関する文献の多くで、「**小児性愛者**（pedophile）」という言葉が上記のどのタイプの性的虐待の加害者（近親姦加害者を含む）にも使われているのは残念なことである。近親姦加害者とDV加害者の間にみられる特有の類似性が一般に認識されない――そして結果的に、近親姦の申し立ての判定に同じ誤りがくり返される――理由の一つは、こうした厳密性を欠いた言葉の使い方にあるのかもしれない。

DV加害者と近親姦加害者に共通する手口

DV加害者と近親姦加害者に共通してみられる虐待の手口や態度面での特徴を入念に分析することにより、この二つのタイプの虐待の関連性を明確にすることができる。以下に、これまでみてきたDV加害者の特徴と直接的に類似する近親姦加害者の特徴を取り上げよう。まず、両者の手口の類似性を検証していく（以下の議論では近親姦被害者を彼女と表現するが、それは女性が被害者となる割合が高いためであり、男性被害者の存在や重要性を否定するものではない）。

●心理的虐待とコントロール　近親姦加害者が被害者や他の家族に対してとる態度のなかできわ

だっているのは、心理的虐待とコントロールである。[128,172,249] 近親姦加害者は多くの場合、被害者をくり返し厳しく非難するだけでなく、侮辱や嘲笑、相手の発言の正当性を認めないなど、さまざまな言葉による虐待を行う。また、被害者をさも愛しそうにかわいがるときと、言葉でさげすむときとが交互に現れることもよくある。[249] こうしたパターンは、性的虐待がなされる前に長期間にわたってみられる場合が多い。まず他の家族に言葉による虐待が行われ、被害者はそれを見て自分がターゲットになることを予期する場合もある。加害者はしばしば、被害者に人づきあいを禁じて孤立させる、親への絶対服従を命じる、「家族全員の生活の細部にわたって」（一七頁）[188] 干渉するなど、被害者に対し独裁者のようにふるまう。[128]

　近親姦加害者が、被害者を他の子どもよりもかわいがるという場合も多い。[58,128] 被害者を秘密や相談事を打ち明ける相手として扱う加害者も少なくない。その場合、「自分がさも困っているようにふるまい、被害者に気の毒に思わせる」（一七頁）[188] こともよくある。性的虐待の準備行動として、近親姦加害者がまず被害者に、あたかも大人に向かって自分の感情を吐露するような会話（たとえば被害者の母親によって傷つけられたとか、拒絶されたなど）をもちかけ、[128] 被害者と自分との間に秘密の同盟関係を形成しようとすることも報告されている。

●被害者の準備　ＤＶ加害者の大部分は、被害女性との関係の初期には暴力をふるわない――それどころか魅力的で思いやり深くさえある――ことは、ＤＶに関する文献で広く認められており、私たちのクライアントのなかにも明確にみられる傾向である。だが、こうした愛情と思いやりに満ちた時期の後に、加害者は次第に言葉による虐待や非難、コントロールを激化させていくのが常である。こうした準備行動は近親姦に関する文献でも指摘され、「グルーミング」(訳注1)と呼ばれている。(172・249) この時期、近親姦加害者は、被害者に特別な注意を払ったり、プレゼントを買ってやったり、ふだんは禁じている楽しみを許可したりする。(58) スターンとマイヤー(266)によれば、「性的虐待が徐々に進行することは、通報をきわめて困難にしている」。とくに被害者である子どもが「賄賂や脅し、愛情などによって、秘密の共謀者にさせられている」場合はなおさらである(八三頁)。DVとの関連でいうと、子どもがそれ以前に加害者の暴力行為を目撃して加害者に恐怖心を抱いている場合、性的虐待に対する脆弱性が増大することもある。

●社会環境の準備　DV加害者と同じく近親姦加害者は、自分自身と被害者についての周囲の認識を巧妙につくり上げることで、被害者に対する支援を阻もうとする。(172) 近親姦加害者は、ユーモアがあって外向的、親切で、子ども好きな人間という、性的虐待の加害者に対する一般通念とは異なるイメージを演出する。その結果、表向きの性格からは、性犯罪を犯す人間にはとても思えないということになる。(77) 近親姦加害者はまた、たとえ被害者が真実を明かしてもまわりの人がそれを信じないように、被害者のマイナスイメージをつくろうとする場合もある。

●家族環境の準備　近親姦加害者は、とりわけ母と娘の関係を裂くことに力を注ぐことがあるが、(172) これはDV加害者である私たちのクライアントの間にもきわめて多くみられる手口である。近親姦に関する文献では、近親姦被害者と母親との関係性の弱さがくり返し指摘されるが、(99・128・219) 加害者が母娘間の緊張関係を引き起こすことを検証したものはほとんど見あたらない。

ＤＶ加害者と同様、近親姦加害者もきょうだいの仲を裂こうとする（たとえば、えこひいきをすることで対立を助長する）ことが指摘されている。また、「近親姦加害者は被害者を他の家族から孤立させることによって、被害者の幸せに重大な影響を与えるだけでなく、家族が仲良くやっていくことも阻もうとする」（二五頁）[172]。ハーマン[128]によると、近親姦被害者の兄や弟の大部分には加害者による性的虐待は行われていないものの、その多くが身体的虐待を受けていたという。

●秘密の強要　ＤＶ加害者と同様、近親姦加害者は、もしこのことを誰かに話したら○○してやる、と言って被害者を脅すことが広く報告されている[58・210]。脅しには暴力が伴うこともあり、多くには被害者を片方の親あるいは両親から引き離すという脅しが伴う[128]。また秘密保持を強要するために、それ以外の戦略も用いられる[249]。子どもが性的虐待を周囲に明かした場合に報復を受ける危険性は、母親が虐待されていることを周囲に明かした場合と同様に高く、専門家はこのことを十分に認識すべきである。

●事実の開示を嘘だという　ＤＶ加害者と近親姦加害者はいずれも、虐待の事実が明かされると、被害者を嘘つき、ヒステリック、自分に仕返ししている、などと言い立てることが多い[129]。私たちが受けもったある加害者クライアントは近親姦の申し立てに対し、「あの子は、僕がテレビゲームを買ってやらないから怒って仕返しするんだと言っていた」と話した。また娘に性的虐

［訳注1］巧みに被害者の心をつかんで接近すること。

待を行った別のクライアントは、娘が詳細で信憑性のある証言を行ったとき、「あの子は九つのとき、祖父にみだらな行為をされたと嘘をついたんだ。よぼよぼで歩くのもやっとの年寄りがそんなことできるはずないのに。その前にも、別の人のことを同じように言ったことがある」などとあたかも嘘をついているかのように言い立てた。

●心理操作　近親姦被害者に関する文献の大半、および加害者に関する文献の多くは、近親姦加害者は心理操作が巧みだとしている。(172・188・249) 実際、近親姦ではほとんどの場合暴力はふるわれず、(128) その手段は主として心理操作である。(249) 近親姦加害者の多くは自分の真の意図をおおい隠し、その行為がかわいいと思う気持ちや思いやりからくるものだ思わせようとする。また性的虐待行為に及んだ後、加害者は被害者のほうが「誘った」とか「そそのかした」と言ったり、たとえ加害者が強制した行為であっても、秘密を守ることには同意しただろうなどと言って、起きたことの責任（少なくともその一部）は被害者自身にもあると思わせようとすることが少なくない。(58)

DV加害者と近親姦加害者に共通する態度

DVと同様、近親姦においても、加害者の態度と歪んだ認知が重要な要因であることを示す証拠がある。(17・128) こうした態度や認知の歪みは、一般の性犯罪にも特徴的にみられる。(235) またその多くは、DV加害者と近親姦加害者の両方に類似した形でみられる。

●特権意識　グロス[111]によれば、多くの近親姦加害者には次のような特徴がある。

自分の娘への性的な接近は、家長としての自己中心的な特権意識の一環として行われる。……夫は家族のなかで支配的な地位を占め、妻子を経済的に依存させ、家族以外の関係から孤立させることによって、権力者としての立場を維持する（二二二頁）。

ハンソン、ジザレッツリ、スコット[118]およびソールター[248]も、近親姦加害者の家父長的な特権意識に対する信念が、近親姦の一因だとしている。ルバーグ[172]によると、「状況によっては、近親姦を犯す父親はしばしば、自分が一家の大黒柱として一生懸命働き、『家族が一緒に暮らせる』ようにしているのだから、娘と何らかの性的行為をもつことは自分の権利であると主張する」（三〇頁）。スターンとマイヤー[266]は臨床経験から、ある種の近親姦加害者は「娘は自分の**所有物**だから、性的に利用する資格があると考えている」という（八四頁）。加害者が子どもを所有物とみなすことについては、ソールターも論じている[249]。性的に攻撃的な傾向のある男性は一般に、性にまつわる神話や特権意識を支持するなど、性的暴力を是認する態度をもつ傾向にある[167]。同様に子どもを性的に虐待したりレイプを犯す者は、レイプ神話や子どもへの性的虐待を肯定するような思い込みを是認する傾向が強い[227]。

ソールター[248]は、父親が娘に抱く嫉妬は近親姦の可能性を示すサインだとして、次のような事例をあげている。この父親は自分の娘にみだらな行為をした一五歳のベビーシッターを撃つと脅したが、娘は児童保護機関の職員に、そのベビーシッターは「パパが私にするのと同じことをしただけ」だと話したという（二三四頁）。

DV加害者との比較をさらに続ければ、近親姦加害者は自分の子どもに関してきわめて**自己中心的**であり[28]、子どもやその母親が自分の世話を焼くのは当然だと考えていることが多い[128]。その理由の大部分は、加害者の特権意識や所有者意識にあるとみられる。さらにエスカレートすると、人にかまってもらい、自我を満足させ、親密さを求めるという自分の要求を、子どもに満たしてもらうことを期待する役割逆転が生じる場合もある[281]。

●責任の外在化と被害者への責任のなすりつけ　DV加害者と同じく、近親姦加害者はしばしば自分の行為を、自制心を失ったため、あるいは被害者が挑発したせいだと主張し、それによってその行為に意図や計画性が伴っていたことや[248・249]、自分が子どもの要求や脆弱性を意識し操作したこと[227]、そして行為そのものやそれに伴う行動の背後にある思考プロセスや価値観[249]から注意をそらそうとする。また近親姦加害者は時に、被害者によって誘惑されたと主張することがあるが、専門家のなかにそれを支持する者がいるのは残念なことである[88]。

さらに、近親姦加害者は自分の行為を子どもの母親のせいにすることがある。私たちがもっとも多く出会った事例は、次のようなものである。(a)子どもの母親がセックスを拒否し要求に応えてくれないために、子どもにセックスや愛情を求めたと父親が主張するケース[99・248]。(b)母親が子どもに冷たく接するので、母親の代わりに子どもを気づかい、愛情を注いでやろうとしたと主張するケース。そのほか、アルコールや仕事上の問題、さらには生きるうえでの困難を口実にする加害者も多い[248]。また、ある研究によると、性的虐待の加害者のなかには幼少期に性的虐待を受けたという虚偽の主張をする者が多い。幼少期に性的虐待を受けたと主張する加害者にウソ発見器にかけると言ったところ、そう主張する者の割合は七〇％から二九％に激減したという。[172]

●**愛情と虐待の混同**　ＤＶ加害者と同様、近親姦加害者は自分の行為を、被害者に対する気づかいや愛情から出たものだと説明することが多い。そうした接触をもつことが被害者のためになる――セックスの手ほどき、など――と主張したり、[128]自分は「他の男よりあの子を大事に扱っている」（八四頁）[188]と主張する者もいる。[266]また被害者に対して、「本当はこれが好きなんだろ」などと虐待を正当化する言葉を口にしたり、その子のためになるという意味のことを言うこともある。[248]

●**対象化**　近親姦加害者が性的虐待をくり返し行うには、子どもの苦悩を目のあたりにしても意に介さない強力な能力が必要であるようにみえる。ＤＶ加害者と同じく、近親姦加害者には、たとえ子どもの苦悶がはっきり見てとれる場合でも、[227]自分が引き起こした恐怖や困惑、精神的苦痛、さらには（場合によって）身体的苦痛に対して共感を抱かないように自分を守る強固な能力をもつことが明らかである。[227・248]

●**支配することに性的興奮を感じる**　子どもへの性的虐待を行う者には相手を服従させることに性的興奮を感じる傾向がみられ、それが原因の一つになっているとの見方があるが、[227]これはとくに近親姦加害者にあてはまるようだ。近親姦の加害者は一般に、子どもそのものに性的魅力を感じる割合がとくに高いとはいえず（前項参照）、むしろ権力や支配することに性的魅力を感じるといったほうがより正確であろう。ＤＶ加害者はパートナーに性的虐待をする割合が高いが、この特徴は彼らにも共通している。[26,33] 私たちが受けもった加害者クライアントのなかには、パートナーが全体的な関係において自分に服従することを拒否したことに伴い、性的な関心を失ったという者が何人かいるが、このこともまた支配と性的刺激との関係を示しているといえる。

ＤＶ加害者と近親姦加害者の間には、これ以外にも数多くの類似点がみられる。たとえば、犯罪歴を否認したり大したことがないようにみせる、[17] 巧みに嘘をつき、とくに虐待の申し立てに際して事実ではないと説得力たっぷりに主張する能力にたけている、[77,172] アルコール・薬物乱用の割合が高い、[17] パートナーにアルコール・薬物乱用をそそのかす恐れがあるなど[172]である。ＤＶ加害者と近親姦加害者に類似する行動や態度を総合すると、両者の虐待的行動はともに家族関係における本質的な権力志向に根ざしているといえる。

両者の共通点が意味するもの——専門家への提言

以上のようにＤＶと近親姦とを比較検討することは、それぞれの専門家の対応にも有益な手がかりを与える。私たちはこれまで、両分野における専門家が、加害者が用いる巧みな手口や態度をはじめとする全体像に目を向けず、暴力や性的虐待の行為そのものという狭い部分だけに注目しがちであることを見せつけられてきた。近親姦被害者やＤＶにさらされた子どもは、性的虐待や不適切な接触そのものに苦しむだけでなく、加害者から受ける支配や操作的・威嚇的な態度（前述）のパターンにも同じように苦しんでいることが多い。したがって子どもたちを虐待から回復させるための取り組みには、これらのパターンを考慮に入れる必要がある。[249]同様に、ＤＶ加害者と近親姦加害者を更生させるためのプログラムも、特定の犯罪行為のみを取り上げ、心理的虐待や支配的態度といった行動パターンをはじめとする加害者の日常的な思考やふるまいを考慮しなければ、成功は望めない。[224]ＤＶや近親姦に至るまでの心や感情の変化は、虐待の起こる数分や数時間前に始まるものではなく、何年も前から始まっているのである。たとえＤＶ加害者に相手との対立の軽減の仕方を教えたり、近親姦加害者に性的エネルギーの発散の仕方を教えても、特権意識や対象化といった、彼らに特徴的な態度を放置したままであれば、長期的にはその試みは失敗に終わる。[224]根深い思考様式が、教えられた予防手段など押しのけてしまうのである。したがって、ＤＶ加害者と近親姦加害者[227]のためのもっとも先進的なプログラムとは、自らの支配的志向や心理的虐待を行う態度と向かい合い、特権意識を改め、被害者への共感を育むことに力点をおいたものだといえる。

裁判所や児童保護機関は、たとえ身体的暴力や性的虐待がおさまったと思われる場合でも、同じく重大な虐待者の態度上の問題は依然として残っている可能性を見逃してはならない。被害者の虐待からの回復を支援するプログラムや加害者の更生のための介入、あるいは加害者と子どもとの接触を継続するための取り組みにおいては、こうした虐待行為の背後にある問題を十分に考慮することが必要である。

親権および面接交渉権の訴訟における性的虐待の申し立て

親権および面接交渉権の訴訟における性的虐待の申し立て（多くの場合、DVの申し立てを伴う）は、これまで多くの研究や論争の対象になってきた。親権訴訟において性的虐待の申し立てが行われる比率はきわめて低く、事例の約二％にすぎない。(201・278) だが専門家のなかには、偽りの申し立てが広く行われ、かつ増加傾向にあり、それが親権訴訟における戦術として使われているとする者もいる。(88・89・109) 私たちの知るかぎり、この見解を支持する研究はない。これまでに行われたもっとも大規模な調査（家庭裁判所・調停裁判所協会の依頼による）によると、児童保護機関が親権および面接交渉権の訴訟でなされた性的虐待の申し立てを正当だと認める割合は、その他の場合と変わらない。(278) もっとも児童福祉の現場にいる人々は、そうした申し立てに懐疑的であることが多い。偽りの申し立てをするのは、母親の場合も父親の場合もあるという。その他の研究（サンプル数がもっと少なく、サンプルの抽出方法にやや問題がみられる）では、親権訴訟中に十分な証拠のない申し立てがなされる割合が、その他の場合よりやや高いとしている。だがこれらの研究でも、申し立ての半数以上には十分な根拠があったとしており、またたとえ根拠が不十分でも、研究者の目にはそのほとんどが真実にもとづいていると思われたという。(130・154・155・217) さらにマグローとスミス(200)は、より徹底した調査を行うことで、正当性が認められる事例がかなり増加したとしている。(40) 虐待を申し立てられた者は時に、虚偽の申し立てが横行しているとの誤った思い込みに訴えることによって、裁判所や親権の評定担当者に調査をさせないようにしたり、形式だけの調査ですませるように言いくるめることがあるため、これはきわめて重要な発見だといえる。

近親姦を申し立てられた者は、それが事実でないようにみせかけ、徹底した調査を行わせないためにさまざまな手口を使う。たとえば、物的証拠がないことを強調する（実際には、性的虐待が確定した事例でも物的証拠があることはまれである）[211]、子どもの記憶や暗示のかかりやすさに関する研究結果を自分の都合のいいように利用する[210・236]、開示が時間がたってから行われる場合が多いことについての専門家の知識不足を利用する[58]、同様に証言の撤回がしばしばなされる（加害者からの圧力や、「近親姦の事実を明かしたことへの周囲の反応がしばしば引き起こす不安」（五五三頁）[58]など、さまざまな理由による）ことについての専門家の知識不足を利用する、子どもが専門家に性的虐待について話すことの困難さが十分に理解されていないことを利用する[57]、などである。上訴裁判所の多くは、ゆるやかな誘導尋問は子どもから正確な情報を引き出すのに必要であり、したがってその証言にも一定の真実が含まれる可能性があるとの判断を下している[210]。

フォーラー[77]は、近親姦加害者が性的虐待を自白したケースを調査した結果、その三分の一では、被害にあった子どもの証言に、通常それが嘘であることを示すとされる要素が一つ以上含まれていることをつきとめた。その要素とは、（a）虐待について話す際に子どもが感情を表さない、（b）子どもの説明に起きた出来事に対する子どもらしい物の見方や知識が欠けている、（c）子どもの話に細部についての説明が欠けている、の三つである。加害者が自白したこれらのケースの一五％には、このうちの二つ、あるいは三つの要素すべてが含まれていた。

さらにこれらの文献を通じて私たちが気づいたのは、子どもの暗示のかかりやすさに関する議論では、実際にはない性的虐待を申し立てる可能性ばかりが取り上げられ、実際に起きた性的虐待を否認する可能性は見すごされているということである。

近親姦を申し立てられた加害者にとって、心理鑑定はむしろ有利に働くこともある。心理鑑定によって、近親姦を犯す者と犯さない者とを明確に判別することはできないし[17・114]、こうした鑑定からは、将来子どもに対して性犯罪を犯す可能性を予測することはむずかしく、再犯の可能性の有無についても当てずっぽうより少々ましな程度の予測しかできない[113]。将来の予測に役立たないという点では、心理テストも同様である[113]。一方、近親姦の申し立てをした母親に対する心理テストが、申し立ての信憑性を否定するために使われる場合がある。その際の理由には、離婚についての怒りや恨み、過剰な警戒心、被害妄想などがあげられる。こうした評定では、自分の子どもが性的虐待を受けたときに母親が示す標準的な心理的反応は、ほとんど考慮されていない[213]。

近親姦の罪に問われた加害者は、裁判所が母親の申し立てを虚偽とみなし、処罰する判定を下した場合には、親権の獲得に成功することがある[210]。そのほか、子どもが証言を撤回したり、評定時に質問に答えることを拒否したり、母親に被害を訴えたのは事実だが、それが誤解されたと評定担当者に話したりした場合にも、「虚偽の申し立て」のレッテルが貼られることがある。これらは意図的な虚偽の申し立ての根拠にはならないにもかかわらず、DV加害者はそのいずれかを親権獲得のために利用しようとすることがある（実際には前記のいずれも、申し立てが真実である場合にも起こりうる）[57・58]。また、判事や親権の評定担当者が性的虐待の証拠を調査することを拒否しつつも、申し立てが嘘だと断言するケースがあるという信頼すべき報告もある[210・240]。「性的虐待の申し立てに関するプロジェクト」[277]は、性的虐待の告発の真偽をめぐる「国際基準」は、親権訴訟の有無や申し立ての時期にもとづいてつくられるべきではないとしている（二八四―二八五頁）。

要約

ＤＶ加害者にさらされた子ども（とくに女の子）は、身体的虐待を受ける危険性よりははるかに低いとはいえ、近親姦被害者となる危険性がかなり高い。これまでに発表された研究によると、ＤＶ加害者が近親姦を犯す割合は、暴力をふるわない人の少なくとも四倍以上であることが示されているが、なかには九倍かそれ以上という研究結果もある。ＤＶ加害者と近親姦加害者の間には、行動面と態度面に多くの類似点がみられる。どちらも心理的・性的機能障害がみられる割合は低く、搾取的な関係を形成する傾向が強い。

また、近親姦によって生み出される家族関係の力学と、ＤＶにさらされることで生み出される力学には顕著な類似がみられる。近親姦加害者はしばしば母子の結びつきを弱め、家族に亀裂を生じさせ、被害者を操作したり脅したりして、秘密保持を強要することに成功する。近親姦とＤＶの両方が存在する家庭では、母親自身も犠牲者であるため、息子や娘を守ることができない場合が多い。精神保健および法律の専門家は、この二つの虐待に共通する力学に注目することによって、両者の影響を受ける子どもへの対応を強化することが求められる。

第5章　回復を阻害するもの
——親権および面接交渉権の訴訟における加害者

　パートナーとの別居後、親としての加害者のあり方は新たな局面に入る。別居を始めるにあたって、家族は子どもをめぐる種々の問題に直面する。父親はどのぐらいの時間を子どもと一緒に過ごすのか。父親といつどのように過ごすかについて、子どもと母親はどの程度の決定権をもつのか。母親なしに、あるいは母親に連絡できない状態で加害者と長時間を過ごすことは、子どもにとってどうなのか。別居直後の夫婦は互いに強い嫌悪感を抱いていることが多いが、監視の目なしに激しい怒りや恨みの感情をもつ加害者と過ごすことは、子どもにどんな影響を及ぼすのか。

　多くの場合、最大の問題は子どもがどこで暮らすのかということと、学校や医療、宗教教育など子どもの生活における重要な決定を誰が下すかということである。加害者は暴力をふるわない父親に比べて、親権を要求することが多く[7・180]、後述するように、親権訴訟で被害女性より有利な立場に立つことがある。また親権訴訟を起こした場合、そのストレスによって家族が動揺したり分裂したり、被害女性である母親のトラウマが悪化することもあり、その影響は子どもに及ぶ。さらに裁判所は、十分な調査も証拠もないままDVの申し立ての真偽を判断しなければならないことも多く、その判定が加害者と被害女性への誤った認識にもとづいてなされることもある。親権および面接交渉権の訴訟は、DV被害のなかでもっとも光が当てられず、改善が立ち遅れている領域といえよう。

被害女性の養育能力に重大な問題がある場合には、児童保護機関が介入し、子どもの処遇についての決定がさらに複雑になることがある。たとえば現時点で母親は安全な親とはいえず、父親が子どもの世話をすると申し出ている場合、子どもを父親に託すべきなのか、あるいは里子に出して情緒的なつながりも法的関係もない人たちと暮らしたほうがいいのか、といった問題である。

これらの問題に対処する際には、DVがそれまでに家族の機能にどんな影響を及ぼしたかを考慮に入れることが重要である。加害者は別居後、母親の子育てを邪魔する、子どもに対して無責任なことをする、あるいは虐待するなど、親としての問題行動がますます顕著になることがある。一方、加害者と離れることで多くの子どもの行動は回復の兆候を示し、子どもに対する母親の攻撃的行動も著しく減る。[132] だがこうした改善は、加害者と再び接触することで台なしになりかねない。したがって加害者と被害女性の別居後、子どものニーズにもっともかなった処遇を見きわめることは、緊急かつ複雑な問題だといえる。

さらに、別居後も子どもがDVを目のあたりにする可能性はなくなるわけではなく、暴力のレベルが激化する場合もある。加害者と別居した既婚女性は、同居を続けている女性に比べて、身体的暴力、性的暴力、ストーカー行為などの被害にあう比率が約四倍も高い。[279] 女性が自分との関係を絶とうとしたとき、加害者はとくに暴力をふるったり、[1・295] レイプを犯す危険性が高くなる。[21]

本章での考察を始めるにあたり、私たちが実際にかかわった親権評定のなかから、これらの幅広い問題を含んだあるケースを紹介しよう（プライバシーにかかわる部分は一部変えてある）。

ヒルダ・ヴァーンは夫グレゴリーと結婚しているときにジェリー・ペンダガストと深い仲になり、グレゴリーと別れてジェリーと再婚した。トラヴィス（離婚当時八歳）とキャメロン（六歳）という二人の子どもはヒルダが引き取ったが、グレゴリーとは定期的に面会していた。やがてヒルダとジェリーの間にニック・ペンダガストが誕生、二年後には娘のヴィクトリア・ペンダガストが生まれた。

その後二年ぐらいの間に、ジェリーはヒルダに暴力をふるうようになり、暴力は次第に激しくなった。ニックが四歳のとき、ジェリーは子どもの目の前でヒルダの首を絞めた。ヴィクトリアも家にいたが、その部屋にはいなかった。駆けつけた警察はヒルダの首に残った痕を見て、ジェリーを逮捕。数カ月後、ジェリーは暴行のかどで執行猶予つきの有罪判決を下された。その後ジェリーは、ヒルダとグレゴリーの息子キャメロンにも暴力をふるうようになり、一度は頭をテーブルに強く叩きつけ、またある時には片足をつかんで階段から引きずり下ろした。トラヴィスとキャメロンからそのことを聞いたグレゴリーは、ヒルダに親権を譲るよう要求。ヒルダは自ら親権放棄に同意し、自分の身の安全のために行政の支援を求めた。グレゴリーからの通報を受けて州の児童保護機関である福祉局がこの件を担当することになったが、ヒルダがトラヴィスとキャメロンの親権を放棄すると、家にはまだ子どもが二人いるにもかかわらず、この件から手を引いてしまった。

ニックが六歳、ヴィクトリアが四歳のとき、ジェリーはヒルダを暴行して再び逮捕された。このとき、彼はまだ執行猶予期間中だったため、八カ月の実刑判決が下された。釈放後ジェリーは別の町に移り、ニックやヴィクトリアとの面会を求めることはなかった。ところが一年後、町に戻ってきたジェリーは裁判所に面接交渉権を求める訴えを起こし、隔週の週末に泊まりがけで面会することを許可される。ニックはジェリーと会いはじめると、次第に母親に反抗的な態度をとるようになり、面会から戻った後、父親が暴力をふるったと嘘をついて訴えたなどと言って、母親をなじった。母子間の衝突は日常化し、ヒルダはもうニックは手に負えないと感じるようになった。あるときヒルダはニックの腕を力一杯つかんで大きなアザをつけてしまう。ヒルダはこれを学校に報告し、福祉局にも連絡してニックを虐待したことを知らせ、支援サービスを求めた。これを聞いたジェリーはニックの親権を求める訴訟を起こし、バンクロフトが「訴訟後見人」(Guardian ad Litem、以下「GAL」)として任命された。

ジェリーはGALによる評定の際、ヒルダや以前のパートナーに対する暴力を一切否定し、すべてヒルダの作り話であると述べた。ヒルダとは何度も別れようと思ったが、そのたびにDVの申し立てをでっち上げられたり、申し立てると脅されたりして思いとどまったのだと主張。また、ヒルダは前夫グレゴリーについても虚偽のDVの申し立てをしたことがあると述べた。なぜ釈放後一年間、子どもと連絡を取らなかったのかと問われると、もし面会を求めたら、そのお返しにヒルダに再び偽りの容疑をでっち上げられ、刑務所に逆戻りになると思ったからだと説明した。また、自分は昔のパートナーたちとは円満に別れ、その一人ディーンは今も自分のきょうだいと仲良くしているし、自分も彼女を友達だと思っているとも述べた。

GALがジェリーのきょうだいを通じてディーンに接触したところ、彼女はかつてジェリーにげんこつで目を殴られたことがあり、その後長い間、視力に障害が残って治療を受けたと話した。ディーンは、GALにその話をしたことでジェリーのきょうだいとの関係が悪くなるのを心配していた。GALは苦労の末、もう一人の昔のパートナーに接触することに成功した。だが彼女は、ジェリーに暴力をふるわれたことがあるかどうかを尋ねられると、突然電話を切ってしまい、その後は電話に出なかった。

前夫グレゴリーからも話を聞くことができたが、彼はヒルダに暴力をふるったと責められたことは一度もないと話した。グレゴリーによると、ヒルダと互いに悪感情をもつようになっても、協力的な関係は保っていたという。だが息子のキャメロンは、ジェリーが母親や自分にふるった暴力のせいで、いまだに情緒的問題を抱えていると話した。またGALが警察と福祉局から入手した記録によって、ジェリーのヒルダに対する暴力の前歴が改めて確認された。福祉局の職員によると、ヒルダは支援サービスに協力的で、ニックのしつけの仕方を真剣に改善しようとする姿勢がみられるという。さらに、以前ニックを担当したセラピストの話によると、ニックは最初の数回はまじめにセラピーに通ったが、やがて「パパに何もしゃべらなくていいと言われた」などと言って、次第にどちらの家の話もしなくなり、今は「パパが行かなくていいと言っている」と言って、セラピーに通うのをやめてしまったという。

GALの観察によると、母親と一緒にいるときのニックはふてぶてしい態度で母親の言うことをきかず、ときどきGALの方を見ては是認を求めるようにニヤッと笑う。かと思えば、二度ほど突然母親にしがみつき、きつく抱きしめて大好きと言うなど不安定な様子も見られた。

以上の事実にもとづき、GALは従来どおり母親を親権者とすること、父親との面会をいくらか短縮すること（二泊から一泊へ）、母親が今後も支援サービスに積極的に参加することを勧告した。また、ジェリーにニックのセラピー再開に協力するよう求めることや、ジェリーがニックとセラピストの信頼関係や母親との関係を妨害していないかについて、セラピストが十分注意すべきであることもあわせて勧告した。裁判所は親権についての勧告には従ったが、ニックのセラピー再開や、ジェリーが日常的に母子関係を妨害している可能性については耳を貸さず、福祉局は再びこのケースへの対応を打ち切った。

約半年後、新たな危機が発生する。ヒルダは相変わらずニックに手を焼き、とうとうジェリーに二、三日休息したいのでニックを預かってほしいと頼んだ。ジェリーはニックを預り、裁判所に親権変更を緊急に申し立てた。母親には適切な養育ができないというのがその理由だった。裁判所から連絡を受けた福祉局は、再びこのケースにかかわる。裁判で、ヒルダは親権変更を求めたのではなく少し休みたかっただけだと説明し、ニックのしつけについて、より多くの支援サービスを受けたいと述べた。しかし裁判所は親権を福祉局に委ねた。福祉局はGALと話し合い、ジェリーが複数の元パートナーや、パートナーの連れ子キャメロンに暴力をふるってきた事実を初めて知った。それでも福祉局はニックを父親の保護下に置くことを決定し、その後六〇日間（福祉局の標準アセスメント期間）彼を父親のもとで過ごさせた。期間終了後、福祉局のDV専門家が介入したこともあり、ニックが母親のもとに戻された。だが長期間母親から離れていた（母親との面会はほんの数回しか許されなかった）ことから、ニックにはトラウマ症状が表れた。福祉局はGALの勧告を受けて、ニックがトラウマ体験やDV体験をした子ども専門のクリニックでセラピーを受けられるよう母親を支援した。今度のセラピストは母子の絆を強化し、母親が親としての権威を回復することを最優先課題として治療にあたっている。

子どもの回復のための環境づくり

親の離婚や別居は、子どもにとって大きな苦痛を強いられる体験であり、子どもの心身の健康に長期にわたって影響を与えかねない[163・293]。両親の別居以前にDVやそれに由来する家族機能の崩壊を経験していれば、苦痛はさらに倍加され、**二重トラウマ**と呼べるような状態になる場合もある（第2章で述べたように、子ども自身が身体的・性的・心理的虐待を受けている可能性も高く、それによるトラウマを抱えている場合もある）。

こうした状況にある子どもの長期的な予後は、二重のトラウマから立ち直る子ども自身の能力と、そうした情緒的回復を促進する環境の有無にかかっている。子どものレジリエンスをめぐる研究はこれまでにいくつかあるが[126]、ヘザリントンによると、両親が離婚していても対立の少ない環境にいる子どものほうが、離婚はしていないが対立の激しい環境にいる子どもより精神的に安定しているという[163]。

離婚や別居後に、子どもの回復が促進される環境をつくるには、次の要素が不可欠である。

●**身体的および情緒的な安心感が得られる環境**　トラウマからの情緒的回復には、何よりもまず安全な環境を整備し、安心感を得られるようにすることが必要[129・285]。とりわけ恐怖や危険を伴う体験をした子どもにとって、これらの環境を整備することはきわめて重要である。

●適切な枠組み、制限、予測のつく環境　ＤＶは家庭環境に無秩序な雰囲気をもたらし、子どもはいつ何が起きるかわからないという不安を抱いている。加害者のなかには、外見からそろそろ暴力が始まりそうだと予測のつく者もいるが、何の前ぶれもなく突然爆発する者もいる。加害者は子どものしつけにおいて厳しさと寛大さの間を行き来することが多く、(131)母親の権威はおとしめられている。(136)したがって離婚や別居後に子どもの情緒的回復を促進するためには、生活に適切な枠組みや制限を加え、予測のつく環境を整えることによって、それまで欠けていた部分を補うことが必要である。

●暴力をふるわない親との強い絆　愛情をもって子育てをしようとする親との絆は、子どもが両親の対立や親の精神的病理による影響を克服し、元気に生活できるかどうかを予測するうえで、有力な手がかりであることが示されている。(87・151)また離婚後の生活に子どもが適応できるかどうかは、親権家庭が「子どもを慈しみ、保護する環境」であるかどうかなど、「全般的な生活の質」にかかっている（三五三頁）。(292)とくに深刻で長期にわたる精神的苦痛やトラウマを経験した子どもにとってはこうした条件が大切であり、世話をする親との強い絆が不可欠だとされる。(108・126)心に傷を受けた子どもには、「苦痛を受け入れ、認め、間近で見守ってくれる」（六〇頁）(143)親がそばにいることが必要である。(48)子どもがＤＶに対処し、レジリエンスを高めるためには安心感がなくてはならず、母子間の強い絆の存在が重要な役割をはたす。(140・141)したがって離婚後の子どもの回復を促進するためには、何よりも母子関係の回復を支援することが重要である。(74)ある著名な離婚の研究者は、母親の意思に反して共同親権が強制された場合、母親と娘の健全な関係が損なわれる場合があるとしているが、私たちの経験によると、DV関連の離婚では母と娘だけでなく母と息子の関係でも同様である。[293]

DV加害者にさらされた後の母子間の絆を、強く健全なものにするためには、次のことが必要である。（a）今は母親が自分を守ってくれると子どもが感じられること。（b）子どもが母親への尊敬の念を取り戻すこと。（c）周囲の社会環境が自分と母親との密接な結びつきを支援してくれると子どもが感じ、たとえ加害者にそのことを侮辱されてもはねのけられること。

●大人に対する責任感からの解放　DVにさらされる子どもは、自分が母親や父親、きょうだいを守らなければならないという責任感を抱え込んでいることがある。この負担から子どもを解放するには、大人の生活や問題についてどの程度まで子どもに話すのかを配慮すること、そして親やきょうだいが別居にあたって心に受けた傷から回復しつつあるのを、子どもに実感させることが必要である。裁判所や児童保護機関は、母親の回復を促進することに十分配慮し、子どもの心の負担を軽くするよう努めるべきである。

●暴力をふるう親との接触（子どもの身体的・情緒的安全が十分確保されている場合）　私たちの経験からいうと、暴力をふるう父親とまったく接触したがらない子どもはほとんどいない（あるとすれば、父親の暴力が度はずれているか、子どもが直接暴力をふるわれた場合）。多くの子どもはこの先も父親に愛情を示し、自分のことを知ってもらい、大きな出来事があったときには父親に話したいと思っている。また父親がひどい精神的苦痛を味わっていないことを確認して安心したいという気持ちもある。しかし父親と接触することによって、母子関係の強化をはじめ、子どもの回復に必要な条件が損なわれないよう注意することが大切である。

●**きょうだい間の強い絆**　子どものレジリエンスを促進するためには、家族への全般的なサポート[126]が重要である。第3章で述べたように、DVのある家庭では、しばしばきょうだい間の緊張が著しく高まる。きょうだい関係の修復や、関係の損なわれていないきょうだいから力を得ることは、子どもの回復に大きく役立つ場合が多い。

親権や面接交渉の条件などに関連して、別居後の加害者に可能なかぎり建設的な対応を検討する際には、これらの条件が参考になるはずである。

別居後の加害者の子どもへのかかわり方

第3章では、別居後に起きる親としての加害者の問題（母親の権威をおとしめたり、母子関係を妨害しようとする際のさまざまな手口）について検証したが、ここではそれ以外の家族関係の力学についてみていくことにする。

子どもへのさまざまな関与のレベル

加害者のなかには別居後、子どもと面会する責任や養育費の支払いを逃れるため、子どもの生活にかかわりたがらない者もいる。父親の不在が子どもに与える影響は、子どもが父親を怖がっていた程度や、父親が子どもに関心を示していた程度によって大きく違う。父親と長期間会わなくても、ほとんど寂しがりも気づかいもしない子どもがいる一方、つらい気持ちを味わう子どももいる。加害者の元のパートナーのなかには、父親の不在によって子どもが再び傷ついていると話す者もいる。

反対に別居後、加害者がかなりの責任感をもって子どもとかかわるケースもある。加害者の元パートナーに面接調査を行った結果、別居後五年以上経過し、その間親として大きな問題がなく、子どもも基本的に父親との関係を歓迎しているという条件にあてはまる加害者には、次のような特徴がみられた。（a）**同居期間中に**、日常的あるいは意図的に母親の権威を傷つけたことや、子どもを利用してパートナーを攻撃したことがない。（b）同居期間中、パートナーに対して行った心理的虐待のレベルが軽度。ただし身体的暴力については個人差がある。（c）パートナーとの関係が終了したことを、他の加害者よりも受け入れている。（d）子どもを自分の延長ととらえることなく、子どものニーズにきちんと対応する能力が他の加害者よりも高い。

だがもっとも多いのは、別居後も子どもとかかわりつづける加害者が、家族と同居していたときの不適切な行動パターンを引きずっているか、悪化させているというケースである。子どもの機嫌をとって母親より好かれたいと思ったり、子どもが長時間の面会を嫌がらないよう策を弄そうとして、こうした行動をさらにエスカレートさせることもある。私たちがかかわった離婚や別居の事例において、多くの母親は父親が子どもを心理的に操作することに不安を表明している。

母親への対抗意識

パートナーとの関係が終わった後、かなりの数の加害者は自分が有能で愛情のある親であり、パートナーはそうでないことを証明しようとする。子育てという領域で、自分がパートナーよりも精神的に健康であることを友人や親戚に示し、自分が暴力をふるったというパートナーの主張の信憑性を失わせようとするのである。「さあ、これからが見ものだ。生活はめちゃくちゃになるに決まってる。俺がいたから今まで何とかなったんだ」といった発言は、加害者の口からくり返し聞かれる。加害者は、いわばこの「予言」を成就するために、元パートナーの子育てを全力で妨害しようとするのである。

暴力のないケースでも、離婚や別居後の親同士の対抗意識は、子どもに深刻な影響を与えるといわれている。[293] 加害者のこうした態度は、ＤＶにさらされた体験から立ち直ろうとしている子どもの心を大きく傷つける危険がある。

一貫性の欠如

離婚あるいは別居した加害者のなかには、子どもとどのくらい接触したいかを聞かれて迷いをみせる者がかなりいる。だが自己中心的な加害者ほど、そうした決定の際に子どものニーズや気持ちよりも自分の都合を優先しようとする。その一方で、このタイプの親は特権意識が強く、子どもとかかわりをもたなくても親の権利や権威は損なわれないと思い込んでいる。なかには数カ月から数年間も子どもの前から姿を消し、養育費もきちんと払っていないのに、突然現れて隔週末四八時間の面会を申請する者もいる。家庭裁判所は、現時点で子どもに関心を示している父親と子どもとの面会に制限を加えることに消極的で、こうした申請に前向きに対応する場合がある。だが私たちの経験からいうと、

DVとの関連では次の点を考慮すべきである。（a）子どもの前から姿を消す加害者は、自分勝手で自己中心的であることが多く、母子関係にダメージを与える危険性が高い（この章の冒頭で紹介したケースがその好例）。（b）一貫性を欠く態度は直らないことが多く、せっかく親密になった父親が再びいなくなった場合、子どもの回復のプロセスが阻まれる。（c）長期の不在ののちに姿を現した加害者に大幅な面会の権利を与えると、親としての責任をはたさなくてもいいという考えを助長することになりかねない。以上のことから、長期間行方不明だったのちに姿を現した加害者を子どもと会わせる際には、時間をかけて慎重に行う必要がある。

子どもがセラピーに参加するのを妨害する

冒頭のケースのように、子どもがセラピストの治療を受けることを加害者が妨害するという話は、加害者や元パートナー、セラピストの口からよく聞く。[221] DVにさらされた子どもを対象にしたグループ・カウンセリングの主催団体によると、加害者が合法的手段で子どもの参加をやめさせることが大きな問題になっているという。もっとも多いのは、子どもに圧力をかけ感化するという手口である。「セラピストはおまえとパパを引き離すために、わざとパパの悪口を言わせようとしている」「セラピーなんてくだらない」「頭のおかしい人が受けるものだ」などと言ったり、息子に対して男がセラピーを受けるのはみっともないと思い込ませたりする。なかには子どもに近づいたら訴えるとセラピストを脅迫したり、嫌がらせの電話をかけたり、身体的危害をほのめかす者すらいる。三人のセラピストが次々と脅迫され、三人とも怖くなって治療を断ったという例もある。

私たちの経験によると、加害者が子どもの治療を妨害しようとする動機はいくつかあるが、その第一は、親としての行動の責任を問われたくないということにあるようだ。もし中立的な立場の専門家が子どもに直接かかわったら、自分の親としての態度についての母親の主張を打ち消すことができなくなるかもしれない。あるいは、子どもがセラピーや心理教育グループなどに参加したら自分に対して疑問を抱くようになり、思うように操作したり脅したりできなくなる（この認識はかなり正しい）、などと思うのである。

加害者が口にすることが増えている懸念の一つに、不適切な行為（性的虐待など）があったという嘘の情報をセラピストが子どもに吹き込もうとしている、というものがある。子どもの記憶と被暗示性に関する複数の研究[14・60・93・236・310]を検討した結果、本論にとって重要だと思われる点は以下のとおりである。（a）不当な誘導尋問によって、事実に反することを言う子どもも一部にはいる。だが大半の研究は、学齢期前の子どもを含め、暗示によって事実ではないことを口にする子どもは少数にすぎないとしている。また重要な情報は瑣末な詳細に比べて誘導するのがむずかしく、信頼していた保護者に裏切られるというトラウマティックな出来事が起きたことを、簡単に子どもに信じさせられるとする証拠はない。（b）誘導尋問によって事実に反することを言う可能性は、子どもの年齢や性格によって異なる。子どもがそうするのは、主としてセラピストに協力しようという気持ちからで、間違った記憶を吹き込まれるのではないと思われる。したがって後で誘導的でない質問をすれば、誤りは明らかになると考えられる。（c）強制的でない状況で子どもが話す記憶は比較的信頼性が高いことには、最近の研究を含めて有力な証拠がある。また、子どもの発言が強制されたものかどうかを見きわめる方法もある。（d）子どもは自由回答式の一般的な質問よりも、具体的で誘導的ではない質問をされたときのほうが正確な答えをする。したがって適切な質問まで排除しないように、何が「誘導」にあたるのかを注意深く定義すべきである。（e）子どもからより正確な情報を引き出し、子どもが暗示に左右されにくくするための方法がいくつかある。

昨今、子どもの頃のトラウマ体験の記憶が甦ったケースなど、成人後の記憶について活発な論議が戦わされており[14・46・229・303・304]、子どもがある事件の記憶をずっともちつづけているケースでも、この議論が法廷にもち込まれる場合がある。しかしこれは、まったく種類の異なる議論を混同したものである。

最後に、私たちのかかわったケースのなかにも、加害者が子どもの記憶はセラピストに吹き込まれたものだと主張し、徹底した調査の結果、子どもの主張が正しいことを示す十分な証拠がみつかったという例がある。結局のところ、加害者が心配しているのは、セラピストが子どもから事実でない話を引き出すことより、事実を引き出すことのほうだと思われる。だが一方で、一部には倫理面や実践面で懸念せざるをえないセラピストがいることも、一言つけ加えておきたい。

母親に近づくために面会を利用する

加害者は、面会を利用して元パートナーと接触し[1・203・254]、復縁を迫る、嫌がらせをする、脅す、暴行を加えるなどの行為に及ぶことがある[180・291]。また子どもとの面会の際、母親の住所や職場、日課などを子どもから聞き出す者もいる。子どもの受け渡しの際に暴行や殺人が起きることもあり[203・296]、最近では、面会後に監督つき面会センターの駐車場で母親が殺害されるという事件が起きている[254]。

監督なしの面会における加害者

私たちが経験や研究を通じて知るかぎり、家庭裁判所は圧倒的多数の事例で、DV加害者に監督なしの面会を認めている。監督つきの面会が申し渡される場合も、一時的なものであることが多い。だが私たちは、加害者が暴力の問題を克服したという確かな証拠にもとづいて、監督なしの面会が許可された事例を一つとして知らない（第8章参照）。また一定期間、**監督つき面会**が義務づけられた場合には、面会中の加害者の態度次第で解除されるのが一般的だが、これは安全を判断する確実な基準とはいえない（第2章参照）。

監視の目のない状況での加害者の態度や行動は、子どもをさまざまな危険にさらす。[120] 加害者が抱えていた問題が再び現れることもあるし（第1～3章を参照）、別居後の加害者に特徴的な態度や行動によって、さらに危険が増す場合もある。たとえば、新たな暴力行為に子どもをさらす、報復の武器として子どもを利用する、直接的な虐待などがあるが、くわしくは第7章で取り上げる。

以上のような要因がさまざまな形で重なった結果、面会中に不安になったり、母親のもとに帰ってからも不安が続いたり、次の面会のことを思うと落ち着かなくなる子どももいる。ある被害女性は、「子どもがやっと落ち着いてきて、夜もよく眠れるようになる頃には、もう次の面会の日が近づいていて、不安がぶり返す」と話した。こうして、子どもの回復にとって不可欠である安心感を与えるという目標の達成が、監督なしの面会によって脅かされてしまうのである。さらに加害者は、「おまえたちがいないと、パパはよく泣いちゃうんだ」などと言って、[74] 子どもに責任を感じさせたり、罪悪感をもたせたりする場合も多い。

父親との監督なしの面会にのぞむ子どもは、背後にある複雑な力学によって、しばしば相矛盾する気持ちを抱く。被害女性によると、子どもは面会が近づくと興奮と不安の入り混じった気持ちになることが多いという。監視の目もなく何の枠もはめられない加害者との面会は、子どもにとってわくわくするものでもあると同時に、不安をよび起こしもする。母親（女性や子ども一般の場合もある）に対する敵対的な雰囲気は、子どもを混乱させもする。また、ふだん家庭では制限されている甘いお菓子やテレビゲーム、暴力映画などが過剰に提供されることで、面会に対して一種の中毒のようになる場合もある。子どもはこうした刺激に身をさらすことで、加害者のもとにいることの恐怖や不安を忘れようとしているとも考えられる。とりわけ影響が大きいのは暴力的な要素を多く含んだ映画やゲームで、子どもがかつて暴力を目撃したときの感情を甦らせる危険性がある。[108]

面会開始後数カ月から数年たつとはじめの頃の興奮が薄れ、無責任で人を傷つけるような加害者の態度が苦痛になってくるため、面会に徐々に関心を示さなくなる子どもは少なくない。ところが加害者は、子どもが面会を渋るようになったのは母親のせいだと主張して、裁判所を納得させてしまうこともある。

最後に、監督なしの面会における加害者の行動に関する研究は、まだまだ不十分であることを指摘しておきたい。臨床での観察結果を検証し発展させるためにも、この空白は埋める必要がある。

監督なしの面会が子どもに与える影響

母親と加害者との別居後、子どもの行動面や情緒面での機能は多くの場合、改善に向かう。[132]だがDV被害女性の支援団体によると、加害者と面会するようになると子どもの回復が後退することがあり、とくに監督なしの面会の場合、症状がぶり返したり、母親との軋轢が再燃することが目立つという。

ジャフィーとゲフナー(140)は、親権や面会に関して適切な保護措置がとられなければ、子どもは次第に自分の殻に閉じこもり、無気力にいたる場合があると警告している。

第2章や前項で述べたように、なかにはかつて目撃した暴力や、加害者の自己中心的、攻撃的な態度への反発から、次第に加害者を拒否し面会を嫌がるようになる子どもがいる。こうした結果を未然に防ぎ、父親を拒否する際の子どもの内面的葛藤を回避するには、適切な監督をつけた面会を行うことが有益かもしれない。(180)

監督つき面会における加害者

加害者の多くは子どもを操作する術にたけており、監督つき面会だからといって、子どもの情緒的な安全や健康を保証できるとはかぎらない。監督には加害者の親としての行動やDVの力学に通じた専門家があたり、絶えず目を光らせることが必要である。私たちが担当したケースのなかにも、監督つき面会センターでの面会中、加害者が本の余白に書いたメモを子どもに渡した例や、DVと近親姦の両方を犯した加害者が、監督者が目を離したすきに子どもの臀部の写真を撮った例、以前と変わらず子どもにキスを求めた例、子どもを介して口伝えで母親にメッセージを送ろうとした例など、母親と子どもにとって危険な例はいくつもあった。

監督態勢がずさんであれば、心理的な操作の危険はさらに高まる。私たちがかかわっているあるケースでは、監督者が面会の最中に近親姦加害者と長々とおしゃべりをするということがあった。それ自体、監督者が子どもの安全に配慮していないことを意味し、加害者に監督者の警戒や中立性を損なうチャンスを与えてしまうことになる。加害者と親密になった監督者が次第に同情的になり、母親に敵性的虐待を打ち明けた子どもを非難し、発言を取り消すように迫ったケースもある。
対心を抱くようになった例もいくつかある。また、面会の監督者として任命された家族のメンバーが、

加害者と養育費

加害者は暴力をふるわない親に比べて、養育費をきちんと支払わないことが多い。[180] とくに親権を求める意思がない場合には、まったく支払わないこともしばしばである。[139] 被害女性は、加害者の暴行を恐れて支払いを強く求められないこともあるし、[165] 実際に加害者から、支払いを強要するなら危害を加えると脅される場合もある。[233] 被害女性はまた、養育費を要求すれば加害者が仕返しに親権や面接交渉の拡大を求める訴訟を起こすのではないかと恐れる場合もあり、この恐れが現実になったケースもいくつかある。加害者が養育費の支払いを拒否したり、十分な額を支払おうとしないことが、被害女性とその子どもにどんな影響を及ぼすかについては、加害者が過去に行ったすべての経済的虐待（多くのDV加害者にみられる）[224] と、それが家族に与えた影響を考慮したうえで判断する必要がある。

バンクロフトが初期にかかわったある親権評定では、こんなケースがあった。加害者は三歳の女の子の親権を求めていたのだが、彼には前のパートナーとの間に三人の子どもがおり、「あいつらはニューメキシコへ引っ越したし、面倒だから」ということを理由に、養育費も払わず、訪問もしていなかった。残念ながら親権や面接交渉の評定担当者のなかには、親としての加害者の姿勢や子どものニーズを優先する資質を評価する際、過去に養育費をきちんと支払ったかどうかを考慮しようとしない人もしばしば多く見受けられる。

親権や頻繁な面会を求める加害者の動機

加害者は暴力をふるわない父親に比べて、親権（とくに息子の親権）を要求する傾向が強く、要求どおり親権を獲得する比率はどちらもほぼ同じである。[7・180・291] 私たちの経験もこれを裏づけている。ここでは、なぜ加害者がしばしば親権や面会の拡大を求めるのかを考えてみよう。

●**被害女性に対する歪んだ認知**　一般に加害者はパートナーを見下しているが、別居後はそれがさらにエスカレートすることもある。多くの加害者が、パートナーが別れる決意をしたのは本人の未熟さ、結婚関係に対する責任感の乏しさ、子どもに対する愛情の欠如の表れであると言い切り、「子どもが家庭崩壊の犠牲者になったって、あいつにはどうでもいいことなんだ」などと言う。自分の暴力行為が離別のおもな原因だと考える加害者は、まずいないといっていい。

●**歪んだ自己認識**　加害者はほぼ例外なく、自分の暴力行為やそれが子どもに与える影響の重大性に対する認識を欠いている。こうした自己中心性により、加害者は時に自分を誇大化したり美化したりする。また、自分と接触する時間が減ってから、子どもの情緒的・社会的・学習的機能が著しく改善したという事実を認めようとしない加害者もいる。

●**相手を支配するため**　一部の加害者にとって親権訴訟は、パートナーとの関係が終わったことで低下した自分の支配力と優位を、今一度行使する絶好の手段となる。[203・291] 多くの加害者は子どもに関する最終的な決定権は自分にあると考えており、こうした特権意識が支配欲にさらに拍車をかけることもある。

●報復するため　親権を求める加害者を問いつめていくと、実は元パートナーを傷つけたり不安に陥れたりすることが動機である場合が少なくない[62]。私たちの経験からも、親権訴訟にはその点できわだった効果があるといえる。また訴訟費用は母親にとって大きな経済負担となり、子どもの生活環境を向上させたり情操教育を行ったりする余裕が奪われることも多い。

●汚名を晴らすため　別居や離婚をした加害者は、虐待の申し立てに反論するためにも、自分がパートナーよりも情緒的に健康であることを証明したいという強い欲望をもっていることが多い。こうした加害者は、世間に自分の正当性を認めさせる手段として親権訴訟を起こすことがあり[62]、裁判に勝って親権を獲得すると、自分の正しさが認められたと解釈する。不幸なことに、子どもも裁判に勝った親のほうが正しいと解釈してしまう傾向が強い。

●暴力が元パートナーに及ぼした影響に対する見方　被害女性の多くは抑うつ、アルコール・薬物乱用、過剰な警戒心、情緒不安定、睡眠障害、その他さまざまな問題を抱えている[61・66]。ほとんどの加害者は、自分の行為がパートナーにどんな影響を与えるかを認識していないため、こうした問題はすべてパートナーにもともとあったものだとみなし、だからパートナーに子育ては任せられないと考える[52]。

●経済的または法的な譲歩をさせるため　私たちが受けもった加害者クライアントで、離婚慰謝料や養育費、財産分与の交渉を有利に運ぶために親権訴訟を起こしたという者は何人もいる。被害女性は親権を確保するために、あえて経済的に不利な条件を受け入れることも少なくない。また、元パートナーに告訴を取り下げさせるために親権訴訟を起こす加害者もいる。(1)

●その他の理由で相手を威圧するため　元パートナーが別の男性と交際を始めたり、子どもに性的虐待をしたと告訴されたことがきっかけで、親権訴訟を起こす加害者もいる。

●養育費の支払いを回避するため　数は少ないが、主として養育費の支払いを免れるために親権を獲得しようとする加害者もいる。

なぜ加害者は親権訴訟で有利なのか

加害者が子どもの親権を獲得するケースは、一般に考えられている以上に多い。世間では家庭裁判所は母親寄りの立場をとると考えられているが、調査結果によれば、一九七〇年代以降は父親の優勢がきわだっている。(98・299)合衆国内でも、(290)海外でも、(75)家庭裁判所は一般に、男性の虐待行為を親としての態度と結びつけて考えず、親権を決定する際の判断基準とみなさないことが多い。親権を奪われることを恐れて加害者と別れる決心がつかない被害女性は少なくないが、とくに加害者の暴力を証明する材料（逮捕歴など）がない場合や、加害者に訴訟を起こす経済的余裕がある場合はなおさらである。

被害女性には親権訴訟でいくつもの不利な面があるが、その多くは過去に受けた暴力と関係している。加害者はなぜ訴訟に勝つことが多いのか、そのおもな理由を次にあげよう。

●**暴力が家族関係の力学に及ぼす影響**　第3章で考察したように、暴力は母親の権威を傷つけ、母子間にさまざまな緊張を生み出す。別居後に父親が不在になると、母親はそれまで以上に子どもの行動をコントロールできなくなることがある。子どもは両親が別居したことへの怒りを母親にぶつけ、権威をふるっていた加害者がいなくなったため好き放題にふるまうことも多い。すると、それを見た親権評定の担当者が、母親は子どもを管理できず、親としての能力に欠けると判断してしまう。一方、加害者は多くの場合、評定担当者の前では問題なくふるまい、子どもも加害者になついているように見えることが多い。子どもは意識的かどうかを別にして父親に対する恐怖感があり、そのためもあって父親のそばにいるときは行儀よくする傾向がある(150・226)。また加害者のほうが力があると思って味方したり(140・180・291)、外傷性の絆によって、父親と暮らしたいと言う子どももいる(62)。

●**評定担当者への子どもの発言を操作し、圧力をかける**　加害者が、自分こそ被害者だとか、暴力の原因は母親の態度にあるなどと、言葉巧みに子どもに思い込ませることはめずらしくない(244)。それまで子どもを顧みなかった加害者が、親権を獲得したいという願望から急に子どもを大事にしはじめると、加害者にかまってほしいと願いつづけてきた子どもは、この態度の変化に大きな影響を受けることがある。また子どもは、自分や母親にとばっちりが及ぶのを恐れて、D

Vについて話すことをためらう場合もある。[140] こうした理由から、子どもは専門家に話をする際、それまでの家族内の出来事や現在の自分の気持ちをありのままに言わないことがある。ある一〇代の少年は親権評定で、母親については基本的に肯定的、父親については否定的に話したが、その一方で父親と暮らすことを希望し、父親に対するＤＶの申し立ては不当だとか、父親には友人がいないなど、父親を気づかう発言をした。また加害者が母親を悪い人間だと思わせる場合や、常々子どもの機嫌をとっているために、子どもが加害者のほうを選ぶケースもある。

また、評定で子どもに何を言うかを強制したり、練習させる加害者もいる。ある評定で三歳の男の子が「パパにチャンスを与えてください」と言ったので、さらに質問していくと、意味もわからずに言っていたことが判明したケースもある。さらには、本当は母親と暮らしたいのに、加害者の反応が不安で言い出せない子どももいる。

●経済的な優位　離婚や別居の後、とくに別居の直後は、加害者は一般にパートナーよりも経済力がある。[73・98・251] したがって加害者は有能で経験豊かな弁護士も雇えるし、証拠開示、証言録取、審理、公判などの裁判手続にもお金をかけることができる。一方、被害女性は裁判に必要な費用が工面できないために、子どもにとって好ましくない条件で示談に応じることも少なくない。また親権評定の担当者が、経済力のある父親と暮らすほうが子どもにとって幸福だと判断することもある。[66] さらに母親がホームレスの場合には、たとえその原因が養育費不払いなど加害者の無責任な行為にあっても、父親に親権が与えられることが多い。[98] 女性や子どもがホームレスになる大きな原因の一つは、ＤＶである。[312]

●**心理テストと評定**　親権決定には広く心理テストが用いられているが、DVの疑いがある場合、その妥当性には大いに疑問がある。[311] 重大な精神疾患をもつ加害者はごく少数しかいないが（第1章参照）、一方の被害女性は暴力によって深い心の傷を受けており、加害者のほうが健全であるという結果が出ることもしばしばである。被害女性には暴力被害を受けていない女性に比べて、パーソナリティ障害や精神障害に関連する症状が多くみられるため、[264] 評定担当者がDVの引き起こすトラウマについての知識をもっていないと判断を誤ることがある。[129・241] たとえば心理テストMMPI－2（ミネソタ多面人格目録第2版）には、「誰かに後をつけられている気がするか」「夜よく眠れないか」「よく不安になるか」「自分の悩みの大部分は他人のせいだと思うか」など、被害女性が正直に答えれば点数が高くなるような質問が数多く含まれている。[230] MMPIに関する初期の研究によると、DVの被害女性は怒り、疎外感、錯乱の点数がかなり高くなり、偏執性と不安状態の点数がやや高く、非損傷性と自我の強さでは低い点数を示す傾向があり、人種による差はみられない。[241] 私たちの経験では、DVを立証する客観的証拠があるにもかかわらず、加害者が心理テストの結果を引き合いに出して、被害女性の証言が嘘だと主張するケースもいくつかあった。

心理テストによって、ある人物が加害者かどうかや、DVを再び犯しやすいかどうかを判定したり、[102] 被害女性の申し立ての真偽を立証することはできない。それにもかかわらず、名のある評定担当者のなかには、虐待が申し立てられたときには必ず心理テストを行うべきだと主張する者がいるのも事実である。[263]

MMPI－2にせよ、TAT（主題統覚検査）やロールシャッハ・テストにせよ、心理テストによって親としての能力を適切に測ることはできない。だが評定担当者は、こうしたテストを過大評価する傾向がある。[29・311] どんな心理的特徴をもった者が児童虐待を犯しやすいかを明らかにしようとする研究もあるが、成果はみられない。[308] かなり重い精神疾患を抱えていても、健全な価値観があれば、あるいは病気の影響が子どもに及ばないよう努力すれば、かなり良好な子育てが可能な場合もある。[129] 他方、心理学的にはまったく正常でも、暴力傾向や自己中心性、不健全な価値観などのために、養育能力が乏しい者もいる。[6] さらに、親権訴訟にかかわる親のMMPI－2テスト結果についてのある研究では、これらの親が一般に、ヒステリー、偏執性、精神病質的偏り、自己愛傾向、過度に抑圧された敵意などの数値が高いことが指摘されている。[16] このことも、親権評定では心理テストの結果を慎重に解釈する必要があることを物語っている。

●**親権評定の質**　厳密な親権評定を行っていると主張する評定担当者もいるものの、現在行われている親権評定の質は全体的にみて懸念せざるをえない。私たちが多くの評定を吟味した結果、大きな問題と思われる点を以下にあげる。

（a）　評定担当者がDVの基本的な力学を理解していないことがしばしばあり、[52・171] DVについて、あるいは子どもがどんな影響を受けているかについて質問しない、[203] 虐待に関する最近の専門的文献を読んでいない、[36] DVを親権評定の重要な要因とみなしていない[62]などの問題点も見受けられる。臨床心理士を養成する大学院の課程でも、「虐待は特殊な領域とされ、顧みられないことが多い」（三五三頁）。[231] また、虐待行為は人間関係の対立が激化したときに起こるものであり、その場のストレスが消えれば問題も解決すると考える専門家はいまだに少なくない[140]。親権評定の担当者には精神保健の専門家が多いことを考えると、以上の問題点はセラピストに関する次のような調査結果とも合致する。調査によれば、ほとんどのセラピスト（九一％）はＤＶの事例をシナリオの形で提示されると、その深刻さが理解できず、四〇％は暴力があることを知っていても、対応が重要だとは考えない[122]。また、セラピストは被害女性に診断を下す際、暴力を受けていることを見落とすことも多い[103]。

（b）評定担当者は、暴力をふるっているとされる者の個人的印象に大きな影響を受けやすい。また、心理的に操作されたり[52・291]、虐待の客観的な証拠より、その人物が訴える心理的苦痛を重視してしまうことがある。

（c）評定担当者が、当事者たちの印象や心理テストの結果だけから判断し、虐待の申し立てを調査しないことがしばしばある。第三者からの情報を集めなかったり、関連する裁判の記録さえ調査しない担当者も多い[36]。私たちがかかわったあるケースでは、母親と子どもがシェルターに身を寄せていたが、「訴訟後見人」（ＧＡＬ）は親権をただちに父親に移すよう勧告した。その理由は、逃げなければならないほどの危険はないのに母親が不必要な逃亡を企てたというものだった。ところが私たちが評定担当者の報告書を調べたところ、ＤＶの前歴や危険の程度について何の調査もしていないことがわかった。

評定担当者が虐待の証拠を十分調べもせずに、母親が虚偽の申し立てをしたとして、父親に親権を移すよう勧告するケースもある[240]。裁判所はこうした勧告を鵜呑みにし、親権委譲を決定してしまうことがある[211]。

（d）評定担当者には時として、虐待を受けたという申し立ての大部分は誇張またはでっち上げだという思い込みがみられるが、このような見方を裏づける証拠はない。[140] 一九八六年版親権評定ガイドブックが暴力に言及しているのはたった一カ所、それも女性は暴力を大げさに訴える傾向があるという記述だけである。[142] 評定担当者のなかには、DVがどんなに社会に蔓延しているかを知らず、[269] 離婚しようとしている夫婦にはとくにDVが多いことや、[158] 親権や面接交渉権を争っている場合にはさらにその数が多くなることを知らない者がいる。[148] そうした知識が欠如しているため、統計的に十分予測できる範囲であっても、DVの申し立てが多いことをいぶかしく思ってしまうのである。

（e）プロにあるまじき反倫理的行為をする評定担当者がまま見受けられる。私たちの知るかぎりでも、評定担当者の倫理観とプロ意識の欠如はかなり深刻である。[253・255] 裁判所に虚偽の報告や、わざと誤解を招くように書いた報告を提出したり、不当に加害者の肩をもつ評定担当者がいることはたびたび指摘されており、評定担当者の監視体制の確立と能力の再評価が急がれる。

●**性別や人種による偏見**　親権訴訟では父親のほうが母親より有利であることは、いくつかの証拠によって示されている。たとえばマサチューセッツ州最高裁判所の委託により行われたジェンダー・バイアス[訳注1]についての調査によると、二〇〇〇件あまりの親権訴訟のうち、父親が単独親権を獲得するケースは母親が獲得するケースの三倍以上に上り、共同親権を含めると七〇％以上の事例で父親が親権を手にしている。[98] 裁判所は、親権を求めるような父親は子どもをかわいがり、よく世話をする親であるとみなし、[98] DV加害者の多くが親権を求めるという事実を見逃している。また母親はこれまでどんな子育てをしたかによって評価されるのに対し、父親はこれからどんなふうに子育てをするつもりかを感情を込めて述べることによって評価されるというように、適用される基準が異なることも多い。[98・291] また母親は少しでも子どもと離れた期間があると、父親よりも厳しく評価されるため、ある期間子どもを置いて逃げざるをえなかったような母親は、不利な立場におかれる。[98]

子どもを父親から守るという母親の役割に関して、世間には矛盾した反応がみられる。別居や離婚の前には、母親は子どもを「守ってやらずに」加害者にさらしたとして、専門家や周囲の人々（児童保護機関関係者を含む）に厳しく非難される。[68・185・301] ところが別居後はこうした反応が逆転し、母親が子どもを加害者から守ろうとすると、専門家からその動機を疑われたり、子どもに問題があるのは母親の不安や過保護、父親への復讐心のせいだと言われたりする。被害女性は時としてこうした周囲の矛盾した反応にあい、しかもそれは加害者にとって有利に働くのである。[78・140]

裁判所や親権評定担当者が求める証拠の基準が、父親と母親とでは異なることもある。たとえば、父親の暴力や近親姦を申し立てる場合にはかなりの証拠が必要とされることが多いのに対し、母親が虚偽の告訴をして子どもを引き離そうとしているという父親からの申し立ては、事実証拠がほとんど、あるいはまったくなくても認められることがある。[240] また子どもが、暴力をふるう父親との面会を望む場合はその意見が重視されるのに、望まない場合は軽視されるとい

［訳注1］性別にもとづく決めつけ・偏見。

う、一貫性を欠いた対応もみられる。

継父と継母を比較すると、裁判所や親権評定の担当者は、継父よりも継母に対して有利な判断を下す傾向がある。(98・284・313) だが、女性のほうが子どもの養育に向いていて危険を及ぼす可能性が低いという社会通念のせいで、逆に継母の夫である加害者が親権を獲得するという皮肉な結果になる場合もある。

最後に、親権訴訟では有色人種や移民の女性に対する偏見があるという報告は数多く耳にするが、現在のところこの問題についての研究に関する情報はない。

●「フレンドリー・ペアレント（友好的な親）」条項　合衆国の多くの州では、子どもと自分以外の親との関係を促進しようとする親に親権を与えるべきだとする考え方に立つ。だがそうすると、正当な理由で子どもと加害者との接触を制限しようとする被害女性は、不利な立場におかれる。(314) 裁判所や議会のなかには、(4・79・173) DVにはフレンドリー・ペアレント条項を適用しないと明確に規定しているところもある。

●適切な訓練を受けた弁護士の不足　家事問題専門の弁護士は概して、DVに関する教育を十分に受けておらず、被害女性の弁護に適切さを欠くことはしばしばある。(79) また、当事者が弁護士を立てずに本人訴訟を望む場合、公正な機会が与えられる制度をもつ州はほとんどない。

親権および面接交渉の訴訟における加害者の手口

親権や面接交渉権の訴訟の際に、女性がＤＶや児童虐待の申し立てをすると、家庭裁判所や児童保護機関は訴訟に勝つための誇張ではないかとみなして、その真偽を疑ってかかることがしばしばある。(140・291)別居後の家族に介入する専門家は、加害者が訴訟で用いる手口についてよく知り、証拠を入念に吟味することを怠らないようにしなければならない。以下は、加害者がよく用いる手口である。

●虐待するような人間ではないというイメージを演出する　加害者は評定担当者や裁判官の前では穏やかな口調で話し、言葉に気を遣い、子どもへの愛を感情たっぷりに表現して、自分が身体的または精神的に人を傷つけるような人間ではないことを印象づけようとする。また、以前から夫婦関係が険悪だったかのように言ったり、パートナーがＤＶや子どもへの虐待を申し立てるのは自分の浮気や、幼児期に父親から受けた虐待が原因で精神的に不安定になっているからだと説明したりもする。また、相手を軽く突くとか物を投げるなど、軽度の暴力は認めて正直な人間というイメージを演出し、パートナーがさも執念深い人間であるかのような印象を与えようとする。「これまでのことは水に流して、協力して子どもを育てていきたいのに、あっちが過去にこだわっている」といったせりふは、加害者の口からたびたび聞かれる。また加害者は言葉巧みに元パートナーのことを嘘つき、冷酷、未成熟、あるいはアルコールや薬物を乱用している、精神病理がある、(10)男性とうまくやっていけないなどと言うことも多い。(291)

●**新しいパートナーを利用して身の潔白を示そうとする**　被害女性と別れるとすぐに新しい女性と深い関係になる加害者は少なくなく、はじめのうちは新しいパートナーに比較的良好な態度で接する。[224] 加害者と被害女性が対立した場合、この女性が加害者の味方につくケースはきわめて多く、親権裁判で自分のパートナーは決して暴力をふるうような人間ではなく、虐待は元パートナーの作り話だと強く主張する（だが調査してみると、実際にその男性は過去に暴力をふるっており、しかも危険性の高い人物であることが広範な証拠によって明らかになることが少なくない。この場合、親権評定の担当者は新しいパートナーに危険を知らせるべきか否かで職業倫理上のジレンマにおちいる）。

●**被害女性の怒りや不信感を、申し立ての信憑性を疑わせる材料にする**　被害女性の怒りや不信感に裁判官や親権評定の担当者の目を向けさせるというのも、加害者がよく使う手口の一つである。[291] ＤＶに遭った女性が怒りや不信感を抱くことはごく一般的にみられるが、[66・241] 専門家の間には被害女性は無力な犠牲者であるはずだとの先入観も散見される。近親姦の事例では、母親の怒りがその申し立てが虚偽であることの手がかりとなると主張する研究者もいるが、[88・89] ここには、わが子が虐待されていることを知った親が当然示す反応への理解が抜け落ちている。さらに加害者は、被害女性である母親が子どもの状態をいろいろ心配するのは、加害者への対立感情からくる過剰反応にすぎないと主張することがある。しかし子どもの問題についての認識が、教師などの第三者と母親とで大きく違うことはないとの研究結果が出ている。[100・267]

●**自己防衛のために相手を非難する**　加害者は、自分が責められているのと同様の暴力や言葉による虐待を、被害女性も行っていると主張し、真実を混乱させたり、わかりにくくさせることがある。元パートナーは自分や子どもに暴力をふるっているとか、支配的で不実だとか、別れたがらないなどと主張するのである。私たちが扱ったケースでも、子どもに電話連絡しようとしても母親に妨害されると訴える加害者が何人もいたが、そのうち二件は発見されたテープを調べたところ、**電話を妨害しているのは被害女性ではなく加害者本人であることが判明した**。

第1章で述べたように、加害者は親権や面接交渉権の訴訟で、しばしば巧妙な嘘をついて優位に立つことがある。裁判では、子どもに会いたいのに母親が面会を拒否すると主張する一方、私たちに対しては、腹が立つなどの理由で子どもに会わないことにしていると話す加害者は何人もいる。

●コミュニケーションに前向きな姿勢をみせる　専門家の間には、たとえ虐待の事実があっても、親同士は互いにコミュニケーションを取ることが望ましいとする考え方があるが、加害者は時にそれを利用することがある。[152] この考え方の背後には、親同士のコミュニケーションが密であるほど子どもにとってよいという前提があるが、DVがかかわる事例では、現実はまったく逆になりかねない。加害者はコミュニケーションの機会を利用して、元パートナーを脅す、言葉で傷つける、復縁を迫るなどの行為に出ることがある。加害者との接触を一切絶つことが、被害女性と子どもの回復にとって最善の選択肢である場合は少なくない。

●調停や紛争解決のプロセスを操作する　DVがかかわる事例での調停は、一般に被害女性と子どもの益にはならない。[4・121] ただし被害女性が自発的な意志で調停に参加し、厳正なガイドラインが守られれば、有益な結果が得られる場合もある。[184・198] 調停員がDVについての教育をほとんど受けていないために、重大な過ちを犯すこともある。[198] また、加害者は最初に極端な要求を出し、あとから妥協案を提示するという方法で調停のプロセスを操作することがある。このとき被害女性が「相手の要求との中間点で妥協する」ことに難色を示すと、柔軟性がないという印象を与えてしまう。被害女性によれば、たとえ不公平で子どもに害が及ぶ可能性のある条件でも、加害者への恐怖から、あるいは調停員が加害者のほうが交渉に前向きだと裁判官に報告するのを心配して、妥協案に同意してしまうのだという。[180] だがこうした妥協が後々になって裏目に出ることもある。ある被害女性は、親権評定の担当者から「そんなに危険な人物なら、なぜ監督なしの面会に同意したのか」と問われたという。その一方で、被害女性が早い時期から監督つき、または制限つきの面会を求めると、調停に入る前から父親と子どもを離そうとしていたと非難されることもある。

　さらに加害者は調停の場で、敵意をむき出しにする、脅しの言葉をつぶやく、下劣な発言をするなどして元パートナーを威嚇しようとすることも多い。また加害者側の弁護士がその手先となって被害女性の発言を冷笑したり、さらなる法的措置をとると脅すこともある。また加害者が、調停でのやりとりに以前の力関係をもち込もうとすることもある。

●訴訟を利用して虐待する　加害者は法的手段に訴えることによって、元パートナーに大きな圧力をかける。面会回数の増加、養育費の引き下げ、その他のたび重なる要求は被害女性に精神的苦痛や経済的困難をもたらし、その結果、裁判で何度も仕事を休んだために失職することもある。ほとんど子どもに面会せず養育費もきちんと支払わないのに、大きな祝日や子どもの誕生日には面会を申し立てる加害者もいるが、こうした大切な日に子どもと一緒にいられないことは、被害女性にとって精神的苦痛となりうる。また宣誓供述書など裁判所に提出する書類に、被害女性の感情を傷つけるような記述が記載されることもある。[73]

●**性的指向を理由に被害女性を陥れる**　加害者と別れた後、被害女性が同性である女性と関係をもつと、加害者は同性愛を理由に裁判を有利に運ぼうとすることがある。私たちがかかわったあるケースでは、加害者は子どもと被害女性の新しいパートナーの接触を一切禁止する裁判所命令を勝ちとり、自分自身は何の規制も受けなかった。フレイ・ウィツァーが引用しているフロリダ州の判例[86]では、子どもは同性愛者に養育されるべきではないという理由から、一一歳の少女の親権が殺人罪の確定している父親に与えられた。

●**別の訴訟の内容を利用する**　たとえば被害女性が刑事訴追のために告訴した場合、加害者はそれを相手が何としても子どもを自分から引き離そうとしている証拠だとして、家庭裁判所に主張することがある。もし刑事裁判で無罪になれば、今度はそれを利用して、家庭裁判所に対する申し立ても悪意によるものだと説得しようとする。刑事裁判の場合、「DVの訴訟では他の重大な犯罪よりも身体的傷害の証拠が多く求められる」（五八七頁）[97]ので、無罪になる確率は高い。同じように加害者は、被害女性が告訴したのは親権訴訟で有利になるためだと主張して、刑事責任を免れる場合もある。また、刑事法廷で家庭裁判所の訴訟や処分について明白な嘘をついたり、家庭裁判所で刑事法廷の訴訟や判決について嘘をつく加害者もいる。

●自分の親を巻き込む　加害者の親が祖父母としての面会を要求するケースが増えている。そうすることで加害者は、被害女性の精神的ストレスや経済的負担を増大させ、母親が子どもと過ごす時間を減らし、父親である自分と子どもの接触を増やすことができる。

虐待の申し立ての信憑性を落とすためのその他の手口

被害女性の申し立てが嘘であるようにみせるために、加害者が用いる手口を簡単にみておこう。まず、相手が「**片方の親への嫌悪感情の植えつけ**（parental alienation）」を行っていると主張する加害者が増えている。この概念は、子どもが性的虐待を受けたと告白したり、加害者との面会を拒否したことの理由づけとして使われることが多い。母親が子どもに過去のDVについて真実を伝えたことが、加害者側から「嫌悪感情の植えつけ」だとして非難されることもある。だが子どもの回復には、虐待の真実を知ることがプラスになると私たちは考える。本章の冒頭の事例では、加害者が子どもに何度も母親の申し立ては嘘だと言ったため、子どもは母親に反感を抱くようになった。母子関係を加害者に妨害させないためには、加害者の虚偽の発言を正すことが不可欠である。

母親が暴力被害を申し立てたり、子どもが身体的あるいは性的虐待を受けていると訴えたとき、「嫌悪感情の植えつけ」だと言われることはままあり、その結果、被害女性が親権を失う場合もある。[140] だがこうした事例に「嫌悪感情の植えつけ」が適用できることを示す学問的根拠は見あたらない。[7] ジャフィーとゲフナー[140]は、この概念が不適切に用いられていることを批判し、「二〇年以上にわたり親権や面接交渉権の評定に携わってきた経験からいえるのは、離婚訴訟でDVの有無を確認しないことこそが深刻な問題を生み出しているということである」（三八一頁）と述べている。

子どもが自分との面会を嫌がるのは、母親の不安のせいだと主張する加害者もいるが、これは原因と結果の逆転だといえる。母親が子どもを加害者に会わせることに不安を抱くのは当然であり、とくに子どもがこれまで父親との面会後に気がかりな報告をしたり、苦痛を感じている様子があればなおさらである。また、子どもが母親と離れて面会に行きたがらないのは、母子間に相互の過度の依存（巻き込み・巻き込まれ関係）があるからだと片づけられることもあるが、その際、これまでの面会で不快な経験をした可能性や、暴力場面を目撃したことの影響などは一切考慮されない。さらに性的虐待を受けた子どもにも、母親から離れたがらない傾向がみられる[58]。

また親権評定の際、加害者は被害女性が別居するまでは暴力や子どもへの虐待など口にしたこともないと主張して、被害女性の信用を落とそうとすることがある。だが、羞恥や恐怖、その他さまざまな理由から、時として被害女性は別居するまで誰にも虐待を打ち明けないということは広く認識されている[52]。別居や離婚の段になってはじめて子どもへの虐待の訴えが出てくるのには、いくつか重要な理由がある。母親が子どもへの虐待に気づいたために関係が破綻する場合もあるし[140]、父親が親権者になることや、父親と二人だけで過ごす時間が増えることを恐れて、子どもがこの機会に長年の虐待を打ち明けることもある[78・183]。またパートナーへの仕返しや嫌がらせのために、加害者が別居後に子どもを虐待しはじめたり、虐待の程度がひどくなることもある[78・183]。加害者が面会の際に子どもを虐待したり、放置したり、脅したりするので、たまりかねて復縁したという被害女性は何人もいる[180]。

数は少ないが増えているのは、加害者が母親は「代理による虚偽性障害（代理によるミュンヒハウゼン症候群）」だと主張するケースである。これは親が自分は慢性的な病気だと子どもに思い込ませる心理的虐待の一つで、ごく稀にしかみられない複雑な障害である。ところが大した証拠もなく正確な知識もないのに、この病気がもち出されるケースが時おりみられ、(193) たとえば子どもが父親との面会を嫌がるのは、母親がこの病気にかかっているためだと加害者が主張することがある。

さらに加害者は、子どもが虐待されたと母親が訴えるのは夫婦間の対立のせいだと主張することがしばしばある。だが実際には逆の可能性——つまり母親が子どもをかばおうとして父親との間に割って入った結果、夫婦の対立が激化した——が高く、評定担当者はこのことを肝に銘じるべきである。たとえばあるDVの被害女性に関する研究に、次のような記述(10)がある。

子どもが父親の圧倒的な要求や怒りの標的になったとき、母親たちは子どもを思うあまり父親たちとの対決に踏み切った。そして子どものために、自分のためであればしないような行動に出ることを決意したのである。（二〇四頁）

親権訴訟が子どもに及ぼす影響

親権や面接交渉権の訴訟が子どもに及ぼすマイナスの影響は、広く認識されている。(148・293) DVが関係する場合、専門家は訴訟が子どもに与える不安（この先どこで暮らすことになるのかという）、母親のストレスが養育に与える影響、訴訟に多くの時間がとられること、訴訟費用や仕事を休むことによる経済的圧迫、子どもが親権評定の担当者に何を言うべきか考えるときの激しい心の葛藤、一方（とくに加害者）または両方の親からのプレッシャーや操作などに、とりわけ注意を払うべきである。親権訴訟によって、被害女性の生活は裁判所や加害者に大きく影響されるため、トラウマをなんとか克服してきた女性がふたたび力を奪われる体験をし、回復が遅れることにもなりかねない[129]。こうして加害者は、かつて家族に与えた破壊的な影響を、訴訟を通してさらに増幅させることもある。

親権が加害者に移る可能性を恐れるあまり、暴力をふるうパートナーと別れたくても別れられない女性は少なくない[47]。リスとスターリーの調査によると、親権訴訟にかかわった被害女性の二〇％は過去に一度以上、子どもに危害を加えるとか連れ去るなどと脅されて、加害者のもとに戻ったことがあるという[180]。私たちの経験でも、親権を取られるのが心配でなかなか加害者と別れられないというパートナーは非常に多い。母親を親権の喪失から守ることのできない構造的欠陥が、子どもたちを苦痛に満ちた状況に追い込んでいる原因の一つだといえよう。

要　約

離婚または別居は、とくに加害者が面接交渉権や親権を請求できる法律上の父親である場合、必ずしも子どもの幸福と安全の向上に資するとはいえない。別居が子どもの安全と回復を促進するのか、あるいは子どもと母親にさらに苦痛を強いることになるのかは、家庭裁判所、児童保護機関、セラピスト、その他の福祉専門家の対応によって決まる。父親から子どもを守ろうとする母親に対する社会の見方は時として矛盾しており、加害者はそれを巧みに利用することがある。また親権や面接交渉権の訴訟そのものが、引き続き虐待に等しい苦痛を母親に与え、子どもにも深刻な二次的影響が及ぶことがある。裁判所や親権評定の担当者は必ずしもＤＶの力学と家族機能への影響、一般的なトラウマの力学に精通しているとはかぎらない。またＤＶや児童虐待の申し立てを十分に調査せず、心理テストやステレオタイプ的な加害者と被害女性のイメージを鵜呑みにしていることも少なくない。とくに「軽度」の暴力のケースでは、子どもへのリスクが過小評価されやすい。母親が監督なしの面会の悪影響から子どもを守る能力を強化するためには、多方面における方策や実践の改善が必要である。

第6章　親としての加害者をめぐる誤解
——広く普及しているアセスメント理論への批判

アセスメント理論は今日、離婚や別居に関する一般的な理論として広く普及しているが、裁判所、児童保護機関、セラピストが、親としての加害者の側面（とくに別居後）を扱う際にアセスメントモデルを採用した結果、誤った方向に導かれる恐れがある。アセスメント理論をDVがかかわるケースに適用すること自体、不適切といわざるをえない。この誤りの背景には、DVは他の領域のモデルや理論を安易に適用できない、非常に特殊な領域であることへの認識の欠如がある。

本章ではジャネット・ジョンストン、リンダ・キャンベル、ビビアン・ローズビー、リチャード・ガードナーらの論考を中心に議論を進めることにする。これを選んだのにはいくつか理由がある。第一に、彼らの理論の影響を受けた専門家が、別居後の家族関係の力学をしばしば読み誤ること。第二に、彼らの理論は離婚を扱う裁判所、監督つき面会サービス、セラピー・クリニックに広範な影響力をもち、その影響力は今も拡大していること。たとえば私たちが独自の評価基準（第7章参照）を打ち出すまでは、加害者が子どもに及ぼすリスクを評価する基準は、ジャネット・ジョンストンの加害者分類[195]をもとにしたものしか存在していなかった。ある著名な親権評定担当者は、ＤＶの関係する親権決定には必ずこの方式を用いるようにと提言していた。[263] 最近の『ファミリー・コート・レビュー』（家庭裁判所が扱う事実に関する評論誌）では「片方の親への嫌悪感情の植えつけ」[262・263]が特集されたが、この概念はリチャード・ガードナーの理論から生まれたもので、彼の理論はスタールや他の著者にも[90・286]引用され、別居後の家族への助言の柱となっている。そして第三の理由は、四人の著者のうち三人が具体的に描写しているＤＶの家族関係の力学は、私たちが観察してきたものと驚くほど似ているにもかかわらず、彼らの結論は私たちのそれとは著しい対照をなしているということである。

離婚に関する有力な理論

「対立の激しい離婚」という概念

親としての加害者のあり方を評価する既存のアプローチでは、「対立の激しい離婚」という概念がきわめて重要な理論的基盤となっている。これはジョンストンとキャンベルが提唱し、現在広く普及した概念である。[90・148] 彼らによれば、親権や面接交渉権で争う夫婦には以下のような力学がみられるという。（a）おもに子ども時代の未解決な問題が原因で、どちらの親もパーソナリティ障害や深刻な精神病理を抱えている。（b）各々がもともと抱えている問題に加えて夫婦関係の破綻に対する未解決な感情が、子どもをめぐる争いに向けられている。（c）互いに対して歪んだ、過度に否定的な見方をしており、相互不信におちいっている。（d）互いの反応にさらに反応するという悪循環により、不信感がさらに拡大している。（e）子どもはどちらかの親につかなければならないというプレッシャーを感じ、一方の親を喜ばせることでプレッシャーから解放されようとする。

ところが一方で、ジョンストンとキャンベル[148]は、解決困難な親権争いの事例の約七五%にはDVが絡んでいるという。とすると彼らのいう「対立の激しい離婚」に固有の特徴の多くは、実はDVの力学である可能性が高い。以下に、彼らが提示するケースを検証していくが、ここにはまさにそうした誤りがみてとれる。彼らの研究をはじめとする多くの研究が相当数のDVの事例を混入させているため、「対立の激しい離婚」という概念は厳密さを欠くと私たちは考える。また、係争中の親権や面接交渉権の訴訟では、心理テストや評価の結果、どちらの親にも精神病理の兆候はみられないことが少なくない。さらに、私たちの経験では、母親が子どものニーズに応え、利益を増進しようとすればするほど、別居後に父親との対立が激化する可能性は高くなる。だが私たちのみるところ、前述の理論ではこうした力学は十分に考慮されていない。

親権争いの原因は双方にあるという考え方

多くの離婚理論では、親権争いが解決困難になるのは両親の不適切な態度のせいだという見方が前提となっている。ジョンストンとキャンベル[148]は、「暴力と虐待」が関係すると認めたケースにおいてさえ、困難の原因は加害者の暴力ではなく「家族の機能不全」（xv頁）にあるとし、こうした家庭の両親は「協力する力量が大幅に欠けている」（xv頁）と言うだけで、なぜ協力しあえないのかについては一切考察していない。ジョンストンとローズビー[152]は最近の著書でも、DVは関係性の貧弱さの**結果**としてのみとらえられ、決してその**原因**とはみなしていない。

対立の責任が双方にあるという考え方が誤った対応につながることを示す具体例として、ジョンストンとキャンベル(148)があげる次のケースをみてみよう。

この男性は、対立の原因が自分にあると指摘されると、血相を変え妻を殺してやると叫んだ。「もうたくさんだ！　今度こそ撃ち殺してやる！　俺はただ静かに暮らしたいだけだ。なぜこんなに言っても誰もわかってくれないんだ！」。男性の激怒を目のあたりにしたカウンセラーはこの脅しが著しく危険であると認識し、ただちに彼が耐えがたいと思っている状況を収拾するために手を打った。弁護士の緊急会議を開き、先妻が彼に接近しないようにする保護命令を取得できるよう手配し、先妻に対して彼のがまんは限界に達していると警告するということで合意し、男に対して銃を処分するように説得した。（一〇〇頁）

私たちがこの介入例でもっとも大きな懸念を抱くのは、カウンセラーが男性の脅しを先妻に伝えていることである。それ以外にもこの例にはいくつかの懸念事項がある。

そのほか、ジョンストンとキャンベル(148)の論考には、対立の原因は双方にあるという前提からくる同様の不備がみられる。たとえば保護命令に関しては、「妄想傾向」のある配偶者が要求する場合があるという以外、何も論じていない（一七頁）。マーティンという男性がパートナーのジュディスに銃を向け、ほかにも二度暴力をふるったというケースについても、原因は双方にあるとしている。二人は互いに対して「いくぶん非合理的なイメージ」を抱いている（二二頁）と書かれているが、まるでジュディスが銃で脅されたことはマーティンを恐れる理由にはならないと言わんばかりである。

これとは別に、キースという男性が別れの前夜に妻のメアリーの首を絞め、「家中の鏡を打ち砕いて」出て行き、その後数週間にわたって「一日に二〇回から三〇回も」メアリーに電話をかけて復縁を迫ったり、留守番電話に殺すと脅すメッセージを残したというケースも取り上げられている（二一七頁）。ジョンストンらは、キースが別居後も「ときどき身体的虐待を」くり返していたことを認めながらも、メアリーが一年半たってもキースの更生を認めないことを批判し（二一八頁）、さらにメアリーが子どもの安全に「異常なまでの恐怖」を抱いているとしている。ジョンストンらの判断には大いに疑問があるが、それは以下のこの男性に対する評価にもみてとれる。

> この父親が長期的にみて息子に適切な対応ができるかどうかはきわめて疑わしいと私たちは判断した。少年が成長し、親から自立して自分なりの考え方をもつようになれば、父親は大きな脅威を感じ、少年はますます父親の異常な行動にさらされることになると予測したのである。（二一九頁）

それならばなぜ、母親の不安を根拠のないものとみなしたのだろうか。

またジョンストンとキャンベル[148]は、精神病理学的な問題の多い親のほうが、そうでない親に比べて、別居後の子どもの養育をうまく分担する場合があるとしている。だがこれは、精神病理が別居後の対立を解決困難にする要因だとみなす彼らの基本的主張と矛盾している。注目すべきことに、この点でのジョンストンらの観察結果は、私たちのそれと一致している。前述のとおり、精神病理学的な問題は少なくても、強い特権意識や無責任などの特性によって、別居後にきわめて深刻な問題を起こす加害者は少なくないのである。

母親や子どもが面会に抱く不安への疑義

離婚や別居についての従来の理論には、父親に対する母親や子どもの不安には多くの場合、誇張や歪曲があるという先入観がひそんでいることが多い。たとえばジョンストンとキャンベル(148)は、「対立の激しい」離婚のケースで、子どもが親権のない親との面会を嫌がるさまざまな理由をあげているが、そのなかに父親の虐待に関するものはない。子どもがどちらかの親に味方しようとすることや、一方の親を悪者にして他方を善人にすることで感情の葛藤から解放されたいという欲求があることなどで説明しようとし、当然の自己防衛から面会したがらないといった別の可能性については一切言及していない。

ジョンストンとキャンベル(148)は、父親と子どもの接触を制限しようとする母親に対しても批判的である。彼らは数十例もの事例をあげていながら、母親が別居後に子どもを適切に保護している例はただの一つも含まれていない。ウェンディという女の子のケースには、ジョンストンらの考え方が典型的に表れている。ウェンディは父親が母親に暴力をふるうところを「数え切れないほど」目撃してきたが、やがて父親は心を入れ替え、「たまに」しか暴力をふるわなくなったので、彼女は父親が「だいぶよくなった」と認識している（一四八頁）。一方、母親は父親の更生を認識できていないとして批判されている。だが、なぜ父親が「たまに」暴力をふるうことが、母親が不安を抱きつづける理由として不十分なのか、何の説明もされていない。

片方の親への嫌悪感情の植えつけ

ジョンストンとローズビー(152)は、一方の親と疎遠になる子どもについて1章を費やして論じているが、議論はもっぱら親権をもつ親がその原因をつくっていることや、子どもの内的な忠誠心の葛藤が一因であることに集中しており、暴力や子どもへの虐待が、子どもの気持ちを加害者である親から遠ざける原因になることは見過ごされている。たとえば彼らは次のように述べる。

子どもに拒絶された親は、自分の権威が軽んじられ敬意が払われないことに傷つき、屈辱を感じ、あるいは激怒する。なかには親の権威を力で思い知らせようとする者もあり、結果的に子どもへの暴力がみられる場合もある。(一九九頁)

最後の文章では子どもへの身体的虐待に言及しているが、父親の暴力は子どもが離れていく原因ではなく、その結果としてとらえられている。

ジョンストンとローズビーは、子どもに疎外される父親の人物像を、独裁的で子どもの本当の気持ちを思いやれない親であるとしているが、これらの欠陥が疎外の原因だとの見方はほとんどしていないようだ。彼らはＤＶのケースを「片方の親への嫌悪感情の植えつけ」という枠組みで理解しようと試み、子どもは暴力をふるう悪人という役を父親に、何の非もない被害女性という役を母親にふることで内的葛藤から逃れようとすると分析する。こうしてジョンストンとローズビーは、私たちからみればごく健全だと思われる子どもの見方を、病理としてとらえる。しかしながら私たちは、母親や自分を責める気持ちを克服することが子どもの回復にとって不可欠だと考える。

ジュリアンという女の子のケースには、「双方に原因がある」という考え方の本質が露呈している。ジョンストンとローズビーは、ジュリアンに対する父親の虐待と支配的な態度が治療的介入の甲斐なく別居後も続いたことを認めていながら、最後の要約では、父親の虐待ではなく**両親の対立が子どもに影響を及ぼした**ケースであると、まったく整合性のないことを述べている。加害者ではない親にも等しく責任を追及するというこの嘆かわしい傾向は、被害女性である母親やその子どもに少なからぬ影響を及ぼすものである。

さらにジョンストンとローズビー[152]は、発達段階の初期に十分な自我形成ができなかった子どもが片方の親と疎遠になりやすいと述べている。だが私たちは、その正反対の例をしばしば目にしており、父親との面会を拒否する者のなかには、精神的にきわめて強靭で自立した子どもも含まれる。そうした家庭は、加害者が母子関係やきょうだい関係を分断しようとしてもできなかった、絆の固い家庭だという場合もある。したがって「片方の親への嫌悪感情の植えつけ」だとされるケースが、実は家族としての回復の見込みがもっとも高いということもある。また加害者が家族の回復を邪魔しようとして、そう言い立てているという可能性もある。

「片方の親への嫌悪感情の植えつけ」[88]という概念を、現在使われている意味で最初に提唱したのは精神科医リチャード・ガードナーである。ガードナー理論の影響力は広く認められている[51・77・210・211・243]。ガードナー[89]によると「片方の親への嫌悪感情の植えつけ症候群（parental alienation syndrome）」はほぼ一〇〇％母親のみにみられ、前夫への復讐手段ともなっているという。とくにガードナーは、性的虐待の申し立てが、母親が子どもを父親から遠ざけようとする企みである可能性に注目する。[88]「子どもの性的虐待の告白は、大部分が作り話である」（二七四頁）という記述には、ガードナーの見解が如実に表れている。また彼は「先導者としての子ども」と題する部分で、子どもは大人を性的に誘惑して拒否されると、その仕返しとして性的虐待を申し立てることがあると述べている(88)。

片方の親が遠ざけられたケースについて、ガードナーはこう助言する。「裁判所はすみやかに『嫌われている親』の家に［子どもを］移すべきである。……多くの場合、『慕われている親』とは、週に数度の短い電話を除いて一カ月ほど接触を絶つことが望ましい」（二五七頁）。ここで注目すべきなのは、こうした突然の引き離しにはほとんどの場合、子どもの主たる保護者からの断絶が伴うにもかかわらず、子どもがもっとも愛着を寄せる人物から突然引き離されることで受けるかもしれないトラウマティックな影響について、何の懸念も示されていないことである。

ガードナーの考え方に表れたジェンダー・バイアスは、性的虐待をする父親と父親を疎外しようとする母親、それぞれへの提言の明白な違いにもみてとれる。父親の性的虐待について、彼は「性的搾取はマイナスとしてとらえるべきだが、同時にプラス面も評価しなければならない」と述べ、子どもが性的虐待を行う父親と引き続き接触を保ち、父子関係を築くことが大切だと強調する（八三頁）(51)。一方、父親を疎外しようとする母親のケースについては、それによって母子関係に生まれる肯定的側面にはまったくふれず、子どもと母親の接触を完全に絶つべきであると述べ、父親との面会を拒否する子どもを罰するために少年院のような施設に措置することまで勧告している。

ガードナーは著書のなかで、自分の理論は文献研究ではなく、すべて臨床現場での観察にもとづいて構築したものだと述べている(88)。重要な理論の発展は現場の仕事から生まれるという点には大いに同感だが、研究者の思い込みや偏見が結論に大きな影響を及ぼすことも事実である。したがってガードナーの理論に依拠する専門家には、前述したような彼の記述に表れた考え方をよく検討してほしいと声を大にして言いたい。

DVの事例を扱う専門家は、ガードナー理論が裁判や親権評定の現場にいかに大きな影響を与えているかを認識しておく必要がある。ダラム[51]は、片方の親への嫌悪感情の植えつけや近親姦の申し立ての評価に関するガードナーの理論と、それが裁判に及ぼす不幸な影響について、包括的で洞察に富む概説と分析を行っている。

ジャネット・ジョンストンの長年の同僚であるジュディス・ウォラースタインが、子どもに本来備わっている判断力を軽視する傾向を批判しているのは興味深い[294]。

> 私たちの経験からいうと、合衆国の裁判所や法律専門家は、子どもは親の考え方や利害を無批判に受け入れるだけの存在だという暗黙の了解にとらわれてきた。しかし実際には、子どもは家庭の危機に対して、自分なりの反応や感情、理解や結論をしっかりもっている。……裁判所には、子どもの反応を大人の操作の反映だと安易に解釈しようとする悪しき傾向がある。(三〇七、三二八頁)

子どもに対する性的虐待のリスクの過小評価

専門家の間には、別居や離婚の際になされる性的虐待の申し立ては信憑性が低い、という思い込みが広範囲にみられるが、これはジョンストン、キャンベル、ローズビーの著作に表れた考え方である。ジョンストンらは、子どもの性的なふるまいや性的虐待の開示について、それが信頼できない理由を数多くあげているが、性的虐待が実際に行われたケースとそうでないケースをどう見分けるのかについては、一切言及していない[152](第5章を参照)。

ジョンストンらは父親による近親姦の危険性を指摘しているものの、その記述には子どもにも一部責任があるかのような表現がみられる。たとえばジョンストンとキャンベル[150]は、次のように述べている。

［七、八歳未満の女の子が］父親に対して抱く現実的な恐怖や病的な回避の根底には、暴力事件に関する抑圧された、あるいは侵入的な記憶があった。その一方で、これらの女の子はしばしば、父親の「お姫さま」のような存在でもあった。彼女たちの父親の多くは、ある時には娘にあふれるばかりの愛情を注いだかと思うと、あとは自分のことで頭が一杯になる。その結果、子どもは非常に混乱し、多くの女の子は父親に対して愛情に満ちた恋人と危険で恐ろしい男という二重のイメージを抱くようになる。一般にこのような父親（とくに薬物乱用者）と娘の性的境界は不明確で、互いを誘惑したり、娘が父親を挑発したりする。自分の男らしさや魅力に対する承認を必要としている父親は、それを幼い娘に求め、娘の側は父親の様子に気を配り、父親のナルシシズムや怒りの衝動をコントロールしようとするのである。（二八七頁）

ジョンストンとローズビー[152]は、父娘の性的境界がはっきりしない事例に1章を費やし、自分の性器を頻繁に子どもに露出する父親の例や、「親密さへの欲求」を満たすために娘を利用する父親の例を紹介している（一二二頁）。ジョンストンらはこれらの事例において、女の子は内的葛藤から父親との面会を拒否することがあると指摘し、その例として「エディプス・コンプレックスの勝者（Oedipal victor）」になって母親の嫉妬を買うことへの不安（一二二頁）や、父親に対する母親の否定的な見方への同調、母親に心配をかけたくない気持ちなどをあげている。しかし、父親との関係が性的なものであること自体が面会を嫌がる理由である可能性や、性的境界の侵犯の裏に子どもがまだ口にすることのできない重大な虐待がひそんでいる可能性については、一切ふれていない。さらに、娘が母親に過度の愛着を示すことについても、虚偽の申し立ての原因だとか過剰反応だなどとするだけで、性的虐待があることの表れである可能性はまったく無視しているのである。[58]

このように性的虐待のリスクを軽視し、子どもの訴えを信じようとしない傾向には、時代錯誤的なフロイト理論の影響が見え隠れする。[211]たとえばジョンストンとローズビー[152]は、女の子には父親との性行為を空想する傾向があると述べているし、ジョンストンとキャンベル[148]は、幼い女の子や男の子は異性の親に性的関心を抱き、愛情を独占して同性の親との競争に勝ちたいという願望があるという、まさにエディプス・コンプレックス理論そのままの見解を示している。だが、そもそもフロイトがエディプス・コンプレックス理論を考え出したのは、近親姦にあったという女性クライアントがあまりに多いので、その理由を説明し、虚偽の訴えであることを証明するためだったことを思い起こす必要があろう。[129・196・210]

またジョンストンとローズビー[152]は一章を費やして、両親の「対立の激しい」離婚のストレスが原因で子どもが性的な行動をとることについて論じている（ここにもエディプス・コンプレックス理論の影響がみられる）が、背景に性的虐待が存在する可能性は、何の理由もなしに除外している。だが彼ら自身、DV加害者（および「対立の激しい」離婚をした父親）は、子どもと性的な関係を結ぶ傾向があると指摘しており（二八七頁）[150]、これは大変重要な問題のはずである。たしかに子どもは、強いストレスがきっかけでマスターベーションを始めたり、回数が増えることもある。だがジョンストン、キャンベル、ローズビーらがあげている事例には、前述のように、性的虐待の可能性を示すもっと重大なサインが含まれているものがいくつもある。

私たちは、彼らの理論の影響が明らかにみられる二つのケースに、実際にかかわったことがある。これらのケースの評定担当者はジョンストンとローズビーの説に依拠していることを明言していた。一つは、自分の膣に指を差し入れる行為（幼い女の子の典型的なマスターベーションではない）をしていたとされる女の子のケース。この子はその後、父親に性的虐待を受けていたと話したが、この担当者は女の子の行為を、両親の別居後の緊張によるストレスを和らげるための「自分を慰める反応」として片づけてしまった。二つ目のケースでは、父親が幼い息子に性的虐待を加えた事実を認めながらも、子どもはもはやその影響を脱しているとし、現在は両親の対立が原因で苦しんでいるだけだとの判断を下した。

さらに二点、近親姦のリスクにかかわる問題点をあげよう。まず、ジョンストンとローズビー[152]は、「もし過去に［性的］虐待があったとしても、加害者は子どもがセラピーで事実を開示することを恐れ、虐待をくり返さなくなる」（一三九頁）としている。だが子どもがセラピーを受けていることを知った結果、加害者の行動がどんな影響を受けるかは、ほとんど知られていない。むしろはっきりしているのは、子どもにとって専門家に性的虐待を打ち明けるのはきわめて困難だということである[57]。仮に専門家に話したとしても、監督なし（あるいは不十分にしかない）の面会の際に、加害者が前言を取り消すよう子どもに圧力をかける可能性もある。子どもは自分の告白が父親や家族にもたらした影響への罪悪感から、新たな虐待を打ち明けるのをためらうことがある。私たちがかかわった事例でも、もし性的虐待があれば子どもがセラピストに話すだろうという、まったく確実性を欠いた根拠にもとづいて監督なしの面会が許可される例は多々あった。性的虐待防止教育の追跡調査では教育の効果に限界があることが示されており、[238] 子どもが性的虐待から自分を守れると信じることの危険性を浮き彫りにしている。

次にジョンストンらは、[152] 離婚後に子どもが性的な行動をするのは、親と新しいパートナーの関係における性的な接触を目のあたりにするためである可能性を指摘し、こうした関係は「エロチックで露出的な雰囲気になることがしばしばである」としている（一三四頁）。これは、評定担当者が性的虐待の懸念を退けるさらなる理由となりかねない重大な見解だが、その根拠は何一つ示されていない。

以上に取り上げてきた四人の著者はそろって、子どもの性的虐待の訴えを信じる母親を明に暗に批判している。だが、母親が子どもの言うことを信じ、子どもを守ろうとすることこそ、性的虐待を受けた子どものすみやかな回復に欠かせない条件であることはすでに立証されている事実であり、四人の著者の批判は実に遺憾なことである。[164] さらに彼らは、近親姦を申し立てる女性には精神病理がみられる場合が少なくないとしているが、子どもへの性的虐待を知ったことが母親のトラウマになる可能性や、そうした症状が性的虐待がなくなることで軽減する傾向にあること、あるいは子どもを適切に保護しない法制度の不備がトラウマの原因になる可能性などについては、一顧だにしていない。[213]

コミュニケーションの改善による解決という考え方

ジョンストン、ローズビー、およびキャンベルの理論すべてに共通するのは、別居後の両親のコミュニケーションが改善すれば子どもの苦痛は軽減し、親権のない親との面会も容易になるという考え方である。この考え方が有効な状況もたしかにあるが、虐待の絡むケースに適用することは間違いである。たとえば、母親が子どもの言葉や行動をどの程度加害者に伝えるかを判断するときに慎重になるのは、当然のことである。というのも、子どもが父親に報復されたり、何らかの圧力や屈辱を受ける可能性があるからだ。加害者が比較的良好な態度をとっている間は、両親のコミュニケーションを密にすることが一時的に子どもにとってもプラスになる場合もあるが、やがては母親が言葉による虐待や心理操作、強制などで苦しむ結果になることが多い。第3章でみたように、虐待を受けた母親をふたたび加害者との不健全な人間関係に引き戻すことは、母親の精神的健康にとってマイナスであり、やがては子どもにも悪影響が及ぶ。またコミュニケーションを改善したからといって、自己中心的、子どもの面倒をみない、虐待的といった親としての加害者の態度を変えたり、有害な価値観を子どもに吹き込むのを防いだりすることはできない。こうした問題は加害者に特化した加害者プログラムでなければ解決することはできない。両親のコミュニケーションを増やすというアプローチには、母親の精神的回復と虐待からの長期的な解放が子どもの幸福を確保するうえで重要な役割をはたすという点が見落とされている。

DVの類型による子どものリスクの評価

ジョンストン、キャンベル、およびローズビー[149・150・152]は、DVをいくつかの類型に分類し、それによって子どもの長期的な幸福を予測できると主張している。ジョンストンとキャンベル[150]は、共同親権（あるいは加害者の単独親権）がふさわしいケースとそうでないケースを判別するためにもこの類型が利用できるとしており、これに同調する評定担当者も多い[263]。この類型について考察する前に、まず根本的な問題を指摘しておこう。それは、別居後に子どもの身に及ぶリスクとして、加害者の母親への暴力にさらされることしか想定されていないことである。だが実際には、子どもの被るリスクはそれにとどまらず、身体的・性的・心理的虐待や、子どもの回復にきわめて重要な母子関係への妨害など、数多く存在する。このような根本的な見落としがある以上、たとえそれ以外の欠点に目をつぶったとしても、彼らの理論は適切さを欠くといわざるをえない。

ジョンストン、キャンベル、およびローズビーによると、加害者は、タイプA「男性による継続的および散発的な虐待」、タイプB「女性から始めた暴力」、タイプC「男性にコントロールされた相互的暴力」、タイプD「別居および離婚後の暴力」、タイプE「精神病理的、被害妄想的反応」[149・150・152]の五つのカテゴリーに分類できるという。この五つの分類は、家庭調停裁判所連盟のリスク・アセスメント[195]に、タイプの呼び名に少々修正を加えた形でほぼ踏襲されている。タイプEのケースはめったにないのでここでは扱わないことにして、AからDまでの四つのタイプについて重要な問題点をみていくことにしよう。

タイプA「男性による継続的または散発的な虐待」

ジョンストンらの定義によると、第一のタイプは「生命を脅かすレベル」の暴力を伴い、「多くの研究文献で取り上げられている『虐待配偶者／バタード・ウーマン症候群』にきわめて近いもの」だという。虐待行為は加害者の内的問題から生じたもので、被害女性である女性は「通常、身体的虐待を挑発することも、自分から始めることも、エスカレートさせることもない」。ところが加害者と別れる能力については、「一部には虐待をがまんすることなく、最初の虐待が起きてまもなく夫婦関係を解消する女性たちもいる。彼女たちは高い自尊感情と適確な現実判断能力をもつ、自己主張のできる女性である」（一九三－一九四頁）[149]と述べ、もっぱら被害女性の自尊心と現実判断能力によって決まるとしている。だがこの見解には、被害女性に関する数多くの文献に対する無知がみてとれる。これらの文献によれば、加害者と別れるうえでの障害は、経済的制約、生活の不安をどの程度感じているか、親権を失うことへの不安、地域社会での評判、文化的・宗教的障害、外傷性の絆など数多くあり[55・165・239・283]、とくに子どもがいる場合には、きわめて困難な障害をいくつも乗り越えなければならない[252]。

ジョンストン、キャンベル、およびローズビーは、タイプAの加害者には監督なしの面会は危険だとしており、このことは評価できる。しかし私たちの経験や参照できる研究によれば、生命を脅かすほどの激烈な暴力が行われ、かつ女性の側に一切「挑発的な」要素がないという、このカテゴリーの非常に狭い基準にあてはまる例はごく少数である。私たちが扱った二〇〇〇件近いケースにはそうした例はほとんどないし、そこまで過激な暴力をふるう加害者はまれである。生命にかかわる脅しを次第にエスカレートさせていくものの実行には移すことは少ない、危険性の高い加害者は数多くいるが、彼らはこのカテゴリーにあてはまらないことになる。だがこうした加害者が実際に殺人に至った例を、私たちは何件か知っている。また加害者は、抵抗する、大声で叫ぶ、加害者の権威に盾突くなどの被害女性の行為を挑発とみなすため、「挑発」がまったくみられないケースというのはほとんど存在しない。したがって、ジョンストンらの基準では、**被害女性**の行為によって、きわめて危険な加害者がタイプAから除外されてしまう。専門家に言いたいのは、加害者がパートナー（または元パートナー）や子どもに対して及ぼす危険性の高さを評価する際、被害女性の行為を判断基準にすることは、その度合いにかかわらず避けるべきだということである。

タイプB「女性から始めた暴力」

ジョンストンらの類型による第二のタイプは、女性のほうが身体的暴力をふるい始め、何度も暴力をくり返しているというケースで、男性の側が暴力をふるう場合も含まれる。

なかには男性の側の抑制が――とくに別居中――きかなくなり、もはや女性の暴力を静めたり回避しようとせず、自分も暴力で応じるケースもある。こうした暴力の応酬の大半は、重度の暴力や激烈な暴力に発展していく。(一九五頁)(149)

一方でジョンストンらは、「女性が暴力によって相手にひどい傷を負わせるケースはわずかで、せいぜいコップを割る、服を引き裂く、顔に引っかき傷をつくるといった程度のものである」(一九五頁)とも述べている。女性が暴力をふるった場合は男性からの挑発の有無を問題にしないのに、男性がたとえ非常に激しい暴力をふるった場合でも女性の挑発について云々するジョンストンらの見解には、ジェンダー・バイアスが明白にみてとれる。

またジョンストンらは、タイプBの女性は恐怖を感じているとは言わないとしている。これが事実ならアセスメントのプロセスはいくらか単純化されるわけだが、私たちの経験では、女性が自分から手を出す場合が多い、またはほとんどであると認めるケースでも、実はパートナーの身体的暴力を恐れたり、心理的虐待に苦しんできたと告白する場合が多い。こうしたケースを扱う評定担当者は、過去の脅迫行為や心理的虐待、持続的な傷害など、ジョンストンらが見すごしている男女間の権力関係を十分見きわめる必要がある。

タイプC「男性にコントロールされた相互的暴力」

この第三のカテゴリーは非常に重要である。というのも、この類型を採用する専門家は、DVの大部分のケースをここに分類するからである。ジョンストンとキャンベル(149)によると、このタイプのDVはののしる、どなるなどの「言葉による相互の挑発」（一九五頁）から暴力に発展するという。

たいてい最後には女性が金切り声をあげたり、出て行こうとしたりする。すると男性は「ヒステリー」を収めようとして、相手を平手打ちするという誤った対応をする。ここで男性は女性を、「本人のために」しつけたり抑えたりする必要のある子どものようにみなしている。女性が出て行こうとしたり口をきこうとしないと、男性は女性を押さえつけるか出口をふさぐなどして、相手をコントロールしようとする。そして腕力にまさる男性が相手を支配し強制するのだが、傷を負わせる可能性も高いので、結果的に女性が被害者となるのである。（一九六頁）

上記のケースでは、女性が口論をやめて出て行こうとし、それを男性が暴力で阻止したのであり、はたして「言葉による相互の挑発」の結果といえるのかどうか疑問である。またジョンストンらはこの後、このカテゴリーでは女性はしばしば「［パートナーが］コントロールしようとすることに抵抗する」としている。この定義によれば、私たちがかかわってきたDV加害者の大部分はこのカテゴリーに入ることになる。

このタイプCと、タイプA「男性による継続的または散発的な虐待」（いわゆる「真の加害者」）との区別は曖昧である。ジョンストンらは、加害者がひたすら力と支配を追求するのがタイプAであり、相互対立に不適切な対応をしてしまうのがタイプCだと説明している。しかしこの定義は、タイプCの男性が女性を「しつけたり抑えたりする必要のある子ども」とみなしたり、押さえつけ殴り倒して「コントロール」するという記述と明らかに矛盾する。さらにジョンストンらによれば、タイプCの男性は「相手を服従させる」ために暴力をふるい、「男が力でコントロールするのは正当だと考え」[150]（一九五頁）、「夫や父親は必要なときには権威主義的、独裁的になるべきだ」（一九二頁）[150]と考えているという。これらはすべてタイプAにあてはまる特徴であるにもかかわらず、「互いの挑発による暴力」をふるうタイプCの男性を説明しているというのだから、そもそも概念が妥当性を欠いているといわざるをえない。

さらにこの類型によれば、母親が子どもを心配するあまり、加害者の暴力に強硬に抵抗するという場合も、「相互的暴力」に分類される可能性がきわめて高い。

またジョンストンとキャンベル[149]は、「興味深いことに、この［C］タイプでは互いに争っているうちに性的興奮が生まれることがある」と述べ、言葉による虐待に男女双方が「性的な快感」を感じたとされるケースを報告している（一九六頁）。だが何を根拠に、女性が言葉による虐待から性的興奮を感じたと結論したのか、またこのようなケースがどの程度の割合でみられるのかについては一切言及していない。虐待にはセックスの強要がしばしば伴い、虐待事件の二〇～四五％にレイプが起きていることを、ジョンストンらは知らないのだろうか[26,33]。経験からいうと、レイプより軽度の性的強要が行われる確率は、これよりさらに高い。暴力に性的興奮を感じる加害者がいることは事実だが、研究によれば、こうした加害者はもっとも危険な部類に入ることが示されている[35]。暴力行為の後でセックスをしたと主張する加害者は少なくないが、相手が暴力をふるうことを知り、しかも虐待の直後で傷ついている女性が、自由にセックスを拒否できるなどとはみなすべきではない。

また、子どもに関連して提示されている見解、とくにタイプAとタイプCの区別は、彼らの主張のなかでももっとも根拠に乏しいものだといえる。ジョンストンとキャンベル[150]はタイプCの場合、加害者の単独親権あるいは共同親権とするのが適切だとしているが、何ら根拠らしいものは見あたらない。またタイプCの加害者が別居後暴力をふるう可能性は低いという見解[149]にも、何の裏づけも示されていない。

タイプD「別居および離婚後の暴力」

第四のカテゴリーに入るのは、離婚のストレスの結果、暴力をふるう加害者である。ジョンストンとキャンベルによれば、「こうした暴力は継続もせず、くり返すこともなく、せいぜい一、二回から数回止まりである。ただし別居や離婚の直前直後には、激しい暴力がふるわれる可能性がある」（二九七頁）[149]という。さらに離婚後の親子関係も「予後は良好」であり（二九四頁）[150]、このタイプの加害者は子どもに対する危険性が低いとされている。

この結論にはいくつか問題がある。第一に、加害者が脅しをくり返し、ついに暴力に発展したために別居するというケースでは、別居は暴力の結果であって原因ではない。第二に、多くの加害者は妻子に対して強い特権意識や独占欲をもっており、別居によって多分に激しやすくなる傾向がある（第1章および第5章参照）。こうした別居がきっかけの暴力を、長期的にみて危険が低いと判断するのは妥当ではない。実際、加害者が相手を殺す危険性に関する複数の研究によると、男女関係の破綻によって暴力が激化した場合、別居直後の時期がとくに危険であることが一様に指摘されている[53・295]。また、子どもが加害者の暴力にさらされたり、直接の標的になる危険も高いという。[169]

その他の問題点

DVの五つの類型に関するジョンストン、キャンベル、およびローズビーによる考察には不十分なデータしか提示されておらず、分析することはきわめてむずかしい。初期の論文[149]には、表データがなくカテゴリー別の事例数も示されていない。次に発表された論文[150]には、各カテゴリーごとの子どもの予後に関する表データがあるものの、どれが統計的に有意な差であるかは明記されていない。著者らは「観察されたすべての差異が必ずしも統計的に有意なわけではないが、子どもの適応の程度と理論上の予測には、かなりの一致がみられた」（二九六頁）としている。だがデータをよく調べると、タイプAの家庭の女の子のほうがタイプCの家庭の女の子よりも良好に適応している結果になっており、ここにもこのモデルの限界が露呈している。

私たちの経験からいうと、実際のDVの事例の大部分はこの五つのカテゴリーのいずれの定義とも正確には一致しない。ほとんどの加害者はタイプAのように「日常的に広範囲にわたる支配力」を行使するが、暴力が「生命を脅かすような」レベルに達することは少ない。一方、ほとんどの被害女性は時おり暴力で反撃したり、相手をどなったりののしったりすることで、虐待によって引き起こされた力の不均衡を正そうとする。たとえ相手が非常に暴力的な加害者であっても、これは変わらない。ところが前述の分類法によると、これらの女性はタイプCの「相互の挑発」に分類され、被害女性の側も暴力をふるったとして責任を問われてしまうのである。

さらに、この理論はサンプル数が少なく、統計的に意味のない観察結果が含まれているだけでなく、提示されているデータのなかには著者らの解釈と矛盾するものまで含まれているため、これを臨床現場や裁判所の対応の基礎として用いることは断じて避けるべきである。興味深いことに、ジョンストンとキャンベル[150]は自分たちの観察結果が「予備的で試験的な」（二九六頁）ものだとしながら、一方ではその理論にもとづいて親権や面接交渉、治療的介入に関する具体的な助言を行っているが、これは矛盾というほかない。[149・150]また、「予備的で試験的な」データを根拠にして、加害者が将来暴力をふるうかどうかを予測するというのも一貫性を欠いている。しかもジョンストン[146]は、「将来また暴力を行う可能性や、どんな状況が再発を招きやすいかは、これらのタイプやパターンによって異なる」（九頁）と書いている。だが不幸なことに、この理論は親権や面接交渉に関する具体的な提案を作成する際に用いられ、親権決定に関する文献でも有効な理論としてたびたび紹介されてきたのである。[52・198・263]

ジョンストン、キャンベルおよびローズビーの観察で見落とされたもの

DVが家族機能に及ぼす影響に関するジョンストン、キャンベル、およびローズビーの観察結果は、そこから引き出される結論の違いを別にすれば、私たちのものと驚くほどよく似ている。ジョンストンとキャンベル[150]は以下のような家族関係の力学を指摘しているが、これらは私たちが本書であげたものと一致する。

（a）DVにさらされた男の子には攻撃的、反抗的な傾向がみられ、時に「相手——とくに母親——を操作し、コントロールしようとする」。だがその反面、母親の身の安全について困惑し、心配もして

いる。（b）思春期前期の男の子は、「怒りにまかせて母親を攻撃する」ことがあり、その姿は「少年がかつて目のあたりにした父親の姿を彷彿とさせる」が、母親はこのような息子を抑制できない。（c）こうした男の子は内心では母親と親密になりたいと思っているが、母親のように「無抵抗で無力な犠牲者」になるのを恐れている。（d）男の子は年齢に関係なく加害者を恐れ、加害者の前では「小さくなり、従順にふるまう」が、同時に「加害者のもつ力に憧れる」傾向がある。（e）父親は「自分のことで頭が一杯で、気の向いたときにしか息子の相手をしようとしない」。（f）父親は息子に、攻撃性について矛盾したメッセージを与える場合が多い（二九〇頁）。

類似点はそれ以外にもあり、おもなものは次のとおりである。（a）DVのみられる家庭では「家族間の離合集散が絶えない。……子どもは一方の親についたかと思うと、今度はもう片方の親につくという具合」で、きょうだい間にも暴力を伴うけんかが頻発する。（b）父親は息子と「仲間同士のような」関係を結ぼうとし、息子の側も『男同士』の連帯感を歓迎して自尊感情を高めるが、その一方で自分の要求を通すためには、相手——とくに母親や姉妹——を攻撃したり強要してもかまわないと思うようになる」。（c）年長の男の子は、権威——とくに母親の——に敬意を払おうとしない傾向がある。（d）父親は息子より娘に対して「支配的で懲罰的」な傾向がある（二九三頁）。

以上の観察結果は、タイプAの加害者（このセクションの第一段階）とタイプCの加害者（第二段階）の両方に、ほぼ均等に分かれる。言いかえればジョンストンとキャンベルは、どちらのカテゴリーの加害者にも、親として重大な問題があることを指摘していることになる。この分類法はもともと加害者の子どもに対する危険度を判断するために作成されたものであることを考えれば、彼らの理論が実践的意義を欠いていることは、ここからも明らかである。

また、ジョンストンとローズビー(152)が、「父親の強力で攻撃的な言動を目のあたりにした男の子は、父親への恐怖に対処するために父親と同化し、母親（および女性一般）を軽蔑する父親の見方を自分に取り込もうとする」（二〇〇―二〇一頁）と指摘していることも、私たちの観察結果と共通している。ジョンストンらは、DVにさらされた結果、母親から遠ざかっていた一〇代の少年ロバートのケースを取り上げ、この少年が治療を通して自分が目撃した暴力の影響を克服し、母親との絆を回復して母親の家に戻ろうと決心するまでのプロセスをくわしく述べている。

さらに、ジョンストンらの観察結果が、加害者が性的虐待を犯す危険性に関する私たちの結論を裏づけていることも、前述のとおりである。

このようにジョンストン、キャンベル、およびローズビーの観察結果は、親としての加害者のあり方と家族関係の力学に関する私たちの主要な結論のほとんどを裏づけるものである（第1〜3章を参照）。また実践的な問題に関しても、私たちと見解が一致する点はいくつかある。たとえばジョンストンとローズビー(152)が、「虐待やネグレクト、DVの申し立てに対して、しかるべき調査を実施しようとしない裁判所の怠慢や、虐待されている親や子どもに必要な保護対策がとられていないという現状にこそ、危険が存在する」（二四三頁）と述べていること。またジョンストン(145)が、被害女性の親としての適格性は虐待によって養育能力が低下している可能性のある別居直後に判断すべきではないと提言していることや、「フレンドリー・ペアレント条項」（第5章参照）は、意図的に子どもに暴力を目撃させないようにしている親には適用すべきでないと主張していることも、私たちと考えを同じくするところである。

さらにジョンストンとローズビー(152)は、過去にDVがあった事例における親権や面接交渉権の訴訟には、さまざまな分野の専門家で構成された評定チームをつくるべきだという有益な提言を行っている。

だがそこには、この問題についてもっとも豊富な専門知識をもつはずのＤＶ被害女性・ＤＶ加害者研究の専門家が含まれていない。

要　約

従来の離婚に関する理論や、親としての加害者の適格性を評価するアプローチには数多くの問題点があり、現場での間違った対応につながる恐れがある。問題の一部は、もともとＤＶとそれが引き起こす家族関係の力学を想定して構築されたものではない離婚と別居の一般的モデルを、ＤＶのかかわるケースに誤って適用していることに起因する。ジャネット・ジョンストン、リンダ・キャンベル、ビビアン・ローズビーの著作はこの誤りにおちいっているにもかかわらず、裁判所、監督つき面会センター、精神保健センターなどに広範な影響を与えてきた。リチャード・ガードナーの著作も、暴力や虐待が女性と子どもに及ぼす影響を見過ごし、明白なジェンダー・バイアスがあるにもかかわらず、裁判に大きな影響を及ぼしてきた。これらのモデルをＤＶに適用した際の影響を見きわめ、親としての加害者のあり方が生み出す家族関係の力学に対する高度な理解を取り入れた、新しいリスク・アセスメントのモデルとアプローチをつくることが何よりも急がれる。次章では、子どもが加害者から受けるリスクを評価し、対応するためのモデルを検証する。

第7章　回復への支援
——加害者が子どもに与えるリスクの評価と面会プランの設定

DVが子どもに与えるリスクへの認識が高まるにつれ、家庭裁判所や少年裁判所、児童保護機関には、きわめて数多くの複雑な問題に対処せざるをえない状況が生まれている。両方の親と子どもの絆をできるだけ強く保とうとすると、子どもを虐待にさらされることから守り、トラウマ体験からの回復を支援するという目的との衝突が起きかねない。そこで子どもが監督なしで加害者と接触する際のリスクを測定するために、加害者の態度や行動、それが子どもとのかかわり方に及ぼす影響についての最新の知見をふまえた高度なアプローチが必要になる。またこのアプローチは、加害者が子どもに及ぼす多様なリスクを評価できるものでなければならない。というのも、たとえば身体的暴力のレベルは「軽度」でも心理的にはきわめて有害な加害者もいるため、身体的暴力のリスクだけでは加害者の危険性を適確に判断できないからである。そして何よりも、子どもの情緒的回復を促す環境をつくるという長期的視野に立ってアセスメントに取り組むことが必要である。

本章ではおもに、別居後に加害者が子どもに与えるリスクの評価について述べる。ここで取り上げる問題の多くは、別居前のリスクの評価にも適用することができる。ただし加害者と被害女性がまだ同居している場合には、さらにいくつかの要素をアセスメントの対象に加える必要がある。たとえば母親が子どもを守る能力はどの程度か、母親と子どもが地域社会の資源や支援をどの程度利用できるか、過去に母親が支援を求めたことがあるか（その成否にかかわらず）、児童保護機関がその家庭の安全を十分に監視できるかどうか[301]などである。一方、別居後はそれまでまがりなりにも加害者の行動を監視してきた母親がその力を失ってしまうため、子どもへの危険性を軽減する能力はいっそう弱められる。

監督なしに加害者が子どもと接触する際のリスク

本章の後半で提示するリスク・アセスメントを使用するためには、まず評価の対象となるおもな問題を理解しておく必要がある。前述したように、加害者が子どもに与えるリスクは、暴力行為を目のあたりにしたトラウマだけにとどまらない。以下にそのおもなものをあげよう。

●**母親の権威をおとしめ、母子関係を損なう行為が引き続き行われ、激化する危険性**　加害者の問題行動にさらされてきた子どもの情緒的回復は、何よりも暴力をふるわない親との関係にかかっている（第5章参照）。暴力や虐待のないケースでも、離婚家庭の子どもの回復には良好な親子関係が不可欠である。[151] 加害者の行動はさまざまな形で母子関係をむしばむが、それは別居後も継続し、悪化する場合もある（第3章参照）。したがってこれは子どもの成長を長期にわたって脅かしかねない重大なリスクといえる。

●柔軟性のない権威主義的な態度で子どもにかかわる危険性　トラウマを負った子どもの回復をもっともよく促すのは、愛情と思いやりに満ちているだけでなく、適切な規律や制限、予測可能性のある環境である。多くの加害者に共通する頭ごなしの態度は、子ども、とくにDVによるトラウマを抱えた子どもの心を癒すことにはならない。柔軟性のない厳しい接し方は、暴力にさらされた経験のある子どもをおびえさせ、情緒的回復に不可欠な安心感を育ちにくくする。あらためて言葉の暴力や身体的威嚇を受けると、子どもはかつて目撃した暴力を思い出すこともある。さらに加害者の独裁的で有無を言わせない態度に頻繁にさらされていると、子どもが自分の意見や自尊感情を取り戻すことも、暴力に接することで身につけてしまった価値観（第2章参照）を絶つことも困難になる。

●子どもを放任または放置し、無責任な態度でかかわる危険性　加害者はその自己中心性ゆえに、長時間にわたって子どものニーズに配慮したり、一貫した態度をとることができない場合が多い(10・150)。とくに別居後は、元パートナーへの不満で頭が一杯になり、この傾向に拍車がかかりやすい。さらに親権や面会プランの決定の結果、加害者は別居前よりも長時間継続して子どもの世話をすることになる場合が多い。加害者のなかには子どもの機嫌をとろうとしてわざと放任し、子どもの身の安全や食事、就寝時間などに関して守るべきことをきちんと守らせず、子どもにずさんな生活をさせる者も少なくない。その結果、子どもの回復に必要な生活上の規律や、予測の可能性が父親といるときに欠如するばかりか、母親がそうした規律を課そうとしてもうまくいかなくなる場合がある。父親のもとで不適切な自由の味をしめた子どもは、母親の言うことを聞かなくなってしまうのである。

加害者が子どもを一人きりで放置したり、子どもの世話をするのに適格ではない人にまかせたりして、安全上の懸念が生じるケースもある。また恐怖や暴力、不適切な性描写が含まれた映画やTVゲームを無分別に子どもに見せる者もいる。そのため子どもが面会後、数日から数週間もおびえて落ち着かないと報告する母親もいる。DVにさらされた子どもは、メディアの暴力シーンに極度な動揺をみせることがあり[108]、同時に価値観に対する影響もきわめて受けやすい。

●母親に対する新たな脅しや暴力に子どもをさらす危険性　深刻なDVのかなりの部分は別居後に発生し[279]、それを子どもが目撃する確率は高い[221]。裁判所に保護命令を求めた母親がふたたび虐待される可能性は、加害者との間に子どもがいない女性の約四倍に上る[39]。また加害者による性的暴行のリスクも離婚係争中、または別居後に増大するとみられ[186]、子どもが目撃する場合もかなりある[307]。さらにこうした暴行の間に、故意にせよ偶然にせよ、子どもが直接危害を受けたり、時には殺害されることさえある[169]。DVによる殺人では、加害者のほぼ半数が暴力にかかわる犯罪歴がなく、多くの場合、子どもが殺害そのものや直後の現場を目撃している[169]。DVによる殺人のほぼ半数は別居後一カ月かそれ以上たってから発生し、何年もたってから起きることもある[169]。さらに面会が、加害者に母親と子どもの動静を知る機会を与え（たとえば母親が新しい男性とつきあいはじめたことを子どもから聞くなど）、母子のリスクを高めることもある。最近私たちがかかわった二つのケースでは、被害女性は子どもと一緒にシェルターに身を寄せていたが、裁判所に任命された親権評定の担当者が、加害者に居所をもらしてしまった。また、子どもと電話連絡する際に、母親を脅したり言葉の暴力を浴びせたりする加害者もいる。

新たな身体的暴力や言葉による虐待にさらされることによるトラウマは、子どもの回復にとって大きな障害となる。たとえば、暴力にまつわる悪夢を見なくなって一年以上たっていた子どもが、面会の際に加害者が浴びせた恐ろしい言葉をきっかけに、また悪夢をたびたび見るようになったという例もある。

●心理的虐待や操作を行う危険性　加害者が子どもを言葉で虐待したり（第2章参照）、子どもを母親を虐待するための「武器」にする（第3章参照）ことは、これまでみてきたとおりである。加害者の多くは、母親をコントロールしたり脅すための他の手段がなくなると、子どもを「武器」として使おうとするため、このリスクは別居後に明らかに増大する。(203・291)

面会の際に加害者が子どもに心理的虐待を行うという報告は、母親からしばしば聞かれる。あるケースでは、父親が三歳の娘との面会中に親権を要求していることを話したため、娘はその後二年間、父親や見知らぬ人、あるいは怪物によって母親のもとから連れ去られる悪夢に苦しみつづけた。また別のケースでは、加害者が娘との面会のたびに太ったと言い、その食生活をバカにして「おまえも母さんみたいな牛になるぞ」と言った。母親によると、娘は面会から帰ってくるたびに自分は太りすぎだという考えにとりつかれ、二、三日はあまり食事もとろうとしなかったという。

さらに、別居後も親子の役割逆転が継続することがある。加害者が自分は母親や家庭裁判所のせいで苦しんでいると子どもに訴えた結果、父親の苦痛や父親の言う法の不公平が子どもに心理的負担となってのしかかるのである。このように加害者にとって面会は、子どもを操作する重要な機会となりうる。(74)

●子どもに身体的・性的虐待を行う危険性　DVの加害者が子どもを身体的または性的に虐待する可能性は、そうでない親に比べて著しく高いことは多くの研究から明らかである（第2章および第4章参照）。この危険性が別居後に減少するという証拠は、今のところ存在しない。別居後は母親が加害者と子どもとのかかわりを監視あるいは介入できなくなることや、加害者には別居後しばしば報復的な行動パターンがみられることから、むしろ**増大する**とみるほうが妥当だろう。

家族が一緒に暮らしているときに子どもへの虐待がなかったとしても、別居後に虐待が始まる可能性がないわけではない。(199)ある研究によると、近親姦加害者のおよそ一〇％は母親への仕返しをその動機としており、臨床の現場でも同様の動機が観察されている。(183)私たちの経験では、子どもはDVにさらされた影響から回復する過程で父親に対して次第に反抗的になることがあり、かつて目撃した出来事について父親を非難することもある。これは、父親から身体的虐待を受ける危険性を高める結果となる。(152)

●加害者が一貫性のない行動をとる危険性　加害者のなかには、子どもの前に突然現れたり、いなくなったりをくり返す者がいる。たとえば何カ月もの間子どもと面会しようとしなかった加害者が、急に家庭裁判所に出頭して休日や誕生日の面会、あるいは隔週末四八時間の面会を要求するといった具合である。こうした行動は親権のある家庭を混乱させ、子どもの情緒を乱す。また別居前に引き続き、加害者のいいかげんな態度によって子どもの心が傷つくというパターンがくり返されかねない。加害者はそうした要求が裁判所に認められると、自分は他の親のように自己犠牲や一貫性を求められることのない地位と権利があるのだという独特の特権意識をますます強くする。裁判所の対応を見た子どもは、こうした父親の価値観を自分に取り込んでしまう危険がある。

●子どもが将来ＤＶにつながる態度を身につける危険性　加害者の息子は、成人後ＤＶを犯す比率が非常に高く[135・256・268]、加害者の娘はＤＶの被害者になるリスクが高いことが示唆されている[135]。したがって加害者が子どもの物の考え方に与える悪影響は、十分考慮する必要がある（第2章参照）。加えて専門家は、子どもが関係機関の対応からどんなメッセージを読み取るかについても十分考えるべきである。たとえば裁判所が一〇代の男の子の親権を加害者である父親に与える決断を下した場合、子どもは父親の行動が支持され、責任は母親にあると解釈してしまいかねない。私たちは八、九歳、時にはもっと幼い子どものなかに、ＤＶを支持する態度が形成されるのを見てきた。したがって、父子関係を促進することと、役割モデルとしての父親の影響力を抑える必要との兼ね合いを見きわめることが大切である。

●子どもが連れ去られる危険性　親による連れ去りの大部分はDVが背景にあり、加害者やその協力者によって実行される場合がほとんどで、子どもにはしばしば短期的あるいは長期的なトラウマティックな影響が残る[110]。親による連れ去りは主として父親またはその協力者によって行われ、一般に離婚直後ではなく、別居前や別居後二年以上たってから発生している。そのうちの半数は、法的に許可された面会のあと子どもを返さないというパターンである。連れ去りのリスクは、ヒスパニック系ではいくらか平均を下回ることを除けば、社会階層や人種による差異はほとんどみられない。家族による連れ去りは他人による誘拐のおよそ九〇倍である[83]。DVが絡んだ連れ去りの九〇％は加害者によるもので、うち半数は事前にその脅迫が行われている[110]。

●新しいパートナーに対する父親の暴力にさらされる危険性　加害者が新たな異性関係でも暴力的行為をくり返す可能性があることは、研究者にも臨床現場のカウンセラーにも認識されている[63・158・306]。新しいパートナーに暴力をふるう可能性の有無は、過去に犯した身体的暴力のレベルだけからは予測できない。親権評定の担当者は、加害者が自らの暴力行為の根本原因にどの程度取り組んでいるかを評価することが必要である（第8章参照）。新しいパートナーは加害者から暴力を受けていても、評定担当者や児童保護機関に打ち明ける可能性は低い。その理由は、加害者が変わると信じていたり、加害者の影響で元のパートナーに悪い印象をもっていたり、打ち明けた場合の加害者の報復を恐れている（とくに訴訟が絡んでいる場合には感情の揺れが激しくなる）などである。

加害者が子どもに与えるリスクをどう評価するか

　加害者が子どもに心理的・身体的危害を与える原因は多岐にわたるため、リスク・アセスメントには入念な調査と評価が不可欠である。私たちの経験からいうと、一般に子どもは加害者とある程度の接触があったほうが順調な経過をたどる。ただし監督つき面会でも危険が大きすぎる場合や、加害者に会うだけで子どもが怖がり動揺する場合は、この限りではない。加害者との面会を設定する際の最大のポイントは、いかにして子どもの心身の安全を守り、回復に必要な条件を考慮しつつ（第5章参照）、加害者が母子関係を損なう危険や子どもの価値観の発達に与える悪影響を最小限に抑えるかということである。

　以下に、リスク・アセスメントにおいて重要と考えられる要素についてくわしく述べたい。加害者が自分の行為や態度について行う説明は信頼できないため、アセスメントに必要な情報は本人から得たものだけに頼らず[2・85]、現在および元のパートナー、子ども、友人、親戚、裁判所や警察の記録、児童保護機関の記録、学校の教職員、その他の関係者から広く収集することが必要である。また、文書による記録がないからといって、DVの申し立てが虚偽だという証拠にはならない。被害にあった女性が警察に通報する割合は、パートナーによるレイプが約五分の一、親しい相手による身体的虐待が四分の一、ストーカー行為が二分の一にすぎないからである[279]。

1．子どもへの身体的虐待

加害者が子どもに身体的虐待を加えるリスクは統計的に高く、(27・268・273) 別居後、そのリスクは継続あるいは増大すると考えられる（第2章および第5章参照）。このリスクを評価するためには、父親はどんなしつけをしているか、子どもに腹を立てるとどんな態度をとるか、どんな罰やおしおきを与えるかなどについて、母親や子ども、その他の目撃者に聞くことが大切である。また児童保護記録も入念に調査する必要がある。その他の質問としては、次のようなものがある。加害者は子どものお尻をたたくか？　痕が残るほど強くたたいたことがあるか？　子どもを乱暴につかんだことがあるか？　自分の年長の子どもと暴力を伴うけんか（相互に攻撃しているように見えるものも含めて）をしたことがあるか？　自分が行った身体的虐待を大したことないと言ったり、正当化したりするか？

以下のすべての項目に共通することだが、評定担当者は調査の際、加害者が子どもに、母親や子どもへの虐待を**他人に話さないよう**圧力をかけたり操作したりしている様子がないか、十分注意すべきである。もしそうであれば、子どもが被るリスクは大幅に増大する。

●**事例**　面会時間の延長を申し立てているある加害者は評定担当者に、一二歳の息子の頭や顔をときどき平手打ちして言うことをきかせていると話した。また息子が九歳のときに罰として、天水桶の上で頭を押さえて何度も顔に水を浴びせかけ、子どもがせき込んだりあえいだりするまで続けたと話した。加害者は笑いながらこの話をし、妻が心配したことについては、あいつは物事を大げさに考えすぎると一蹴した。この父親が過去と現在の虐待を正当化し、大したことではないと片づけていることから、評定担当者は子どもへの身体的虐待が継続する危険性が高いと結論した（加害者が過去に妻に暴力をふるった回数は非常に少ないが、そのうちの一度は重傷を負わせている）。

2. ネグレクトや子育てへの無関心

過去に加害者が子どもをネグレクトしたり、危険にさらしたり、子育てにほとんど参加しなかった場合、監督なしの面会を認めるのには多くの懸念がある。たとえば、子どもの安全や健康を十分に守れるか、子どもの情緒面での必要に配慮できるか、親権や面接交渉権を求めるのはどんな動機からか、などである。また幼少期にほとんど子育てに参加しなかった父親は近親姦を犯す危険性が統計的に高いことが、いくつかの研究で明らかにされている。[205]

このリスクを調査する質問としては、次のようなものがある。加害者が数時間、数日あるいは数週間、行方がわからなくなったことがあるか？　子どもが病気のとき、病院に連れていく母親を車で送っていくのを断るなど、子どもの健康上の必要に応えなかったことがあるか？　家族の扶養を放棄すると脅したことがあるか？　子どもを無視したり、保護者としての責任を怠ることが日常的にあるか？

私たちの経験では、家庭裁判所の訴訟にかかわるほとんどの加害者は、積極的に子どもの養育に参加してきたと主張する。その真偽を試すには、子どもについての知識や配慮のレベルがわかるような具体的質問をするとよい。たとえば、子どもの現在の担任の先生の名前は？　これまでの担任の先生の名前は？　子どもが赤ちゃんだった頃の様子は？　トイレのしつけはうまくいったか？　子どもの現在の長所と短所は何か？　今、子どもが身につけようとしている技術や能力は何か？　など。証人に対しても、加害者が具体的にどんな子どもの世話をしていたかを質問する。

親権や面会時間の延長を求める加害者が、以前の婚姻関係では子どもを遺棄していたというケースもある。このような場合、子どもに対する責任能力や、現在、子どもとのかかわりを深めようとしている動機は何かが懸念される。また、現在許可されている面会時間を十分利用していないにもかかわらず、親権や面会時間の延長を求める加害者もいる。

●事例　加害者である父親が、一歳半の息子の親権を要求した。親権評定の担当者が、生まれたばかりの頃の子どもの睡眠について尋ねたところ、病院から退院したその日から毎晩一〇時間から一二時間ぐっすり眠っていたと答えた。ところが母親の話では、二時間から四時間おきにお腹をすかせて目覚め、泣いたという（さらに夫はその頃、別の女性と親しい関係にあり、夜は家にいなかったとのこと。新生児の睡眠パターンについて無知だったのは当然である）。またこの父親は現在、二四時間の泊まりがけの面会が許可されているにもかかわらず、週に四時間程度しか子どもと会っていなかった。本人によれば、元妻を怒らせないために長く面会しないようにしているのだという。評定担当者は父親が子どもといるときにその家を訪問した際、育児能力を評価しようとしてオムツを替えてみるように言った。すると父親は見るからに不快そうに家にオムツは置いていないと答えた。

3．子どもへの性的虐待または性的境界の侵犯

加害者が過去に子どもを性的に虐待したことが立証されている場合、これを重大な問題として扱うのは当然だといえる。ところが現場の専門家の間には、性的虐待は一度明るみに出ると再発する可能

性が低い（加害者がそれ以上の発覚を恐れるため）とか、たとえ過去の行為を認めていなくても加害者は更生できる、などといった考え方もある。しかし、子どもへの性的虐待の加害者に関する研究には、そうした見解は見あたらない。[172・248]

性的虐待のレベルには達していない性的境界の侵犯が疑われる場合も、入念な調査が必要である。近親姦のリスクが高いことが、その理由の一つだ。[199・219・258] 性的な境界が不明確であること自体、心理的に有害であるし、将来の性的虐待の下地になることもある。また、まだ発覚していない性的虐待のサインである可能性もある。[249] 調査の際の質問としては、次のようなものがある。加害者は子どものプライバシーを尊重しているか？　加害者自身は適切なプライバシーを保っているか？　子どもにポルノを見せたり、子どもがポルノを見るのを許容したりしていないか？　加害者と子どもの間に恋愛に似た、あるいは性的な関係はないか？　子どもが嫌がるのに、身体的な愛情表現を強制していないか？　子どもに適切でない性的な会話をさせていないか？　秘密を守るよう圧力をかけている様子はないか？

●事例　加害者である義父の男性とパートナーが別居した後、一〇代の娘（実父は別の男性）は義父から深刻な性的境界の侵犯を被っていたことを打ち明けた。証言は具体的で信憑性が高く、その行為は法的には性的虐待にほぼ等しいレベルに達していた。また、別の一〇代の証人の信憑性の高い証言によっても、この告白は裏づけられた。この夫婦の五歳になる息子（親権訴訟の対象になっていた）はさまざまな性的行動をしたり、自分の性器について奇妙なことを口にしたりした。この子は専門家による評定では性的虐待を否定したが、訴訟後見人は、父親との面会は宿泊を伴わない短時間のものにすること、子どもがセラピーを受けること、父親が加害者プログラムに参加することなどの予防策をとるよう勧告した（母親は二件の身体的暴力を申し立てたが、父親は否定。しかし父親本人の発言には、きわめて残虐な心理的虐待を行っていたことが含まれていた）。

4. パートナーや元パートナーに対する身体的危害のレベル

同居中および別居後に加害者がパートナーに加えた身体的暴力のレベルは、子どもに対するリスクを測るうえで重要な手がかりとなる。母親への暴力が激しいほど、子どもに身体的虐待を加える危険性も高い[268]。また、それまでの暴力のレベルから、将来子どもが目撃する可能性のある母親への暴力のレベルを予測することができる[298]。さらに暴力のレベルは、加害者が母親の殺害を試みる可能性（子どもも殺人に巻き込まれる可能性を含む）を予測するうえでの目安にもなる[169・295]。一方で母親への性的暴力は、全般的な暴力の頻度[26]や、子どもへの身体的虐待[27]とも相関関係がある。暴力がくり返される可能性について母親自身がどう考えているかは、注意深く考慮する必要がある。最近の研究では、それが将来の暴力を予測するためのもっとも有効な目安となることがつきとめられている[298]。また、虐待をほのめかす脅迫も、別居後の暴力など[84]の身体的暴力が将来ふるわれる可能性と密接に関連している[85]。殺人の脅迫や実際の殺人未遂はともに、それまでの暴力が主として軽度のものだったケースでも起きる可能性がある[199]。加えて妊娠中の暴力も、母親に対して頻繁な、あるいは激しい暴力がふるわれる可能性を全般的に予測するための判断材料であり、人種や経済的階層による差異はほとんどみられない[35・76]。

リスクを評価する際には、以下のような質問が有効である。身体的虐待の程度と頻度はどのくらいか？　母親の首を絞め、窒息させようとしたことがあるか？　母親がこれまでに負ったけがはどのようなものか？　母親は保護命令の必要性を感じているか？　加害者は保護命令を破ったことがあるか？

母親や子どもを殺すと脅したことがあるか？　ペットを殺す、虐待する、脅すなどの行為をしたことがあるか？　加害者には極端に嫉妬深い面や独占欲が強い面があるか？　加害者は武器を所有していたことがあるか？　現在、武器が手近にあるか？　母親に性的暴力をふるったことがあるか？　加害者はひどい抑うつ状態にあるか、または落ち込んでいるか？　被害妄想の傾向はあるか？　ストーカー行為をしたことがあるか？　暴力はエスカレートしているか？　妊娠中に暴力をふるったことがあるか？　別居後に暴力が激しくなったか？　どんな犯罪歴があるか？　アルコール・薬物を常習しているか？　暴力全般に関して問題があるか？　子どもに暴力をふるったことがあるか？　反社会性パーソナリティ障害の兆候があるか？　ポルノを利用するか？(35・56・76・133・167・187・298)

●**事例**　最近、刑務所（DVで有罪判決を受け収監）を出所した父親が、四歳から九歳までの三人の子どもたちの面接交渉権を要求した。犯罪歴は、武器の不法所持一件、一〇代の頃の事件を含めて逮捕歴四〇回以上、有罪判決二〇件以上である。親権評定の担当者がかつてのパートナー三人と連絡をとったところ、全員が身体的暴力を受けたと告白した。職歴を調べたところ、虚言や横領によって何度も職を失っていることが判明した。評定担当者はこのことや他の調査結果にもとづき、反社会性パーソナリティ障害かどうかを診断するための徹底的な精神鑑定を勧告。加害者が集中的な精神保健面での支援とDV加害者向けの教育的介入を受けないかぎり、監督つき面会であっても安全には行えないとの結論を下した。

5. パートナーや元パートナー、子どもへの心理的虐待のレベル

加害者がパートナーである母親や子どもに対して加える心理的残虐の程度は、子どもが加害者のもとにいて安全かどうかや、母親への復讐心がどのくらい強いかを知るための重要な手がかりとなる。評定担当者は次のような質問をするとよい。加害者が母親の感情をもっとも傷つけたのはどんな行為か？加害者はその行為を正当化しているか？　もしそうなら、どのように正当化しているか？　加害者が子どもの感情をもっとも傷つけたのはどんな行為か？　加害者が過去にもっとも子どもに苦痛を与えた行動は何か？　加害者は子どもの感情を故意に傷つけようとしたことがあるか？

●事例　私たちが受けもったある加害者クライアントは、身体的暴力の程度は比較的軽度だが、パートナーの持ち物を勝手に調べたことや、彼女の子ども時代の写真や日記など思い出の品をすべて捨てたことがある。ある時はパートナーを裸のまま家から閉め出して、人前で恥をかかせたこともある。また別の加害者は別居後、交際を始めた頃にパートナーが打ち明けた秘密を暴露し、幼いときに彼女が性的虐待を受けたことを事細かに言いふらした。どちらのケースでも、被害女性はどんな身体的虐待よりもはるかに残酷な仕打ちだったと語っている。二番目のケースでは離婚が成立したが、別居後も加害者は子どもに心理的虐待を加えつづけ、子どもは大きな情緒的ダメージを被っている。

6. 子どもを「武器」として利用し、母子関係を妨害する

私たちの経験では、加害者が過去に子どもを「武器」として利用したり、母親の子育てを妨害した

ことがあるかどうかは、別居後の親としての態度を予測するのに有効な手がかりとなる。実際、家族が一緒に暮らしていた頃にこうした行為をくり返していた加害者が、別居後、ほとんどしなくなるというケースには一度として出会ったことがない。

このリスクを評価するための質問には、たとえば次のようなものがある。加害者はパートナーに腹を立てたとき、子どもに対する態度が変わることが多いか？　子どもが母親を否定的にみるように仕向けたことがあるか？　母親に子どもの世話をさせなかったり、やめさせたことがあるか？　母親の権威を傷つけるような言動をくり返していないか？　子どもを傷つける、連れ去る、親権を奪うなど、子どもにかかわる脅しをしたことがあるか？　過去に子どもに対してしたことを母親に非難されて、その行為をもっと激しい形でくり返したことがあるか？　えこひいきをしたり、家族を分裂させるような行為をしたことがあるか？　母親に対して怒ったとき、子どもを使って恐怖を与えようとしたこと（子どもを車に乗せて無謀な運転をするなど）はあるか？　養育費を払わないですむよう、仕事をやめると脅したことはあるか？　子どもと面会した際、母親に禁止されているとわかっていることを子どもにさせることはあるか？

●事例　別居中の加害者が、子どもに家でトラブルを起こすよう具体的に指示するケースを、私たちはいくつもみてきた。幼い子どもが父親にそそのかされて母親に暴力をふるった例もある。メディアでも広く報じられたあるケースでは、加害者がプラスチックのナイフで母親を刺すよう子どもに指図していたことが、上告裁判所の審理で明らかになった。加害者が「武器」として子どもを利用したり、母子関係を妨害するケースは、第3章で多数紹介した。

7. 母親に虐待を加えた際、子どもの心身が傷つくことを意に介さない

意図的ではなくても結果的に子どもを傷つけ、危険にさらすような加害者の行為は、将来も同様の無分別な行為をくり返す可能性を予測するうえで重要な手がかりとなる。これは被害女性を虐待したいという欲求が、子どもへの配慮よりも優先していることの表れである。その多くは、母親への仕返しに夢中になるあまり、子どもにも危害が及ぶという場合で、別居後にはさらにエスカレートする可能性が高い。

調査では次のような質問をするとよい。被害女性の妊娠中に暴力をふるったり、心理的な虐待をしたことがあるか？　加害者は子どもの見ている前で暴力をふるったことがあるか？　そのとき子どもはどのくらい近くにいたか？　被害女性が子どもを抱いているときに暴力をふるったことがあるか？　子どもに危険が及ぶ可能性があるのに、母親やその周辺に物を投げつけたことがあるか？　母親に近づこうとして、子どもを押しのけたことがあるか？　子どもの前で母親の下劣な悪口を言ったり、屈辱的なことを言ったことはあるか？　母親に腹を立てると子どもの面倒をみなくなることがあるか？

●**事例**　ある加害者は別居後、別れた妻が新しい交際相手と暮らしていると聞きつけると、家に押しかけて「あいつがここに住んでいることがわかったら、誰かが痛い目にあうぞ」などと叫んだ。そのとき二歳の息子は母親に抱かれていたが、父親が去ってから二〇分もの間、黙ったまま体を丸めて横になり、動こうとしなかったという。同居していた頃も、この加害者は母親を痛めつける目的で物を投げたり、無謀な運転をしたりして、子どもをさんざん危険な目にあわせていた。

8. パートナーに対する強制や心理操作のレベル

パートナーをコントロールしようとする度合いが強い加害者ほど、子どもを虐待に巻き込んだり、権威主義的な親子関係をもとうとする傾向が強くなる。また親として横暴にふるまう者ほど、子どもに身体的虐待[206]や性的虐待[128・172・188]を加える危険性が高い。リスク評価の際には以下のような質問をするとよい。パートナーの人づきあいや仕事上のつきあいを妨害したこと（特定の友人や親類に会うことや学校に通うこと、家に客を招くことを禁じるなど）があるか？　家計管理を自分の思いどおりにしようとしたり、パートナーに相談せずに大きな金銭的決断をすることがあるか？　口論になったときや何かを決めるとき、パートナーをやりこめる傾向があるか？　パートナーの意見をバカにしたり無視したりすることが多いか？　いつも居場所を知らせるよう求めるなど、パートナーの行動を監視しようとするか？　傲慢か？　子どもに一方的に命令したり、細かいことまで指図しようとするか？

コントロールといっても、加害者は必ずしもあからさまに強制したり、押しつけたりするわけではない。これまでみてきたように、加害者の多くは心理操作にたけている。そのため子どもに虐待の原因は母親や子ども自身にあるかのように思わせ、心理的にひどいダメージを与える者もいる。こうした点を調べるには、次のような質問が有効である。加害者は周囲の人に、自分のほうが被害者であるかのように思わせているか？　パートナーの発言や行動を歪曲することがたびたびあるか？　急にやさしくなったり残酷になったりするなど、感情の起伏が激しいか？　家族に亀裂を生じさせたことがあるか？　日頃から不正直で、平然ともっともらしい嘘をついている様子はないか？　パートナーや子ども、その他周囲の人から「頭にくる」と言われていないか？

親権評定の担当者が入念に調査した結果、加害者が常習的にひどい嘘をついていることが明らかになる場合もある。こうしたケースでは、監督なしの面会をさせると子どもに良い影響は出ない。加害者は自分の親としての態度を隠そうとしてしばしば嘘をつくし、子どもに対してもいつも嘘をついて混乱させたり、母親との関係を悪化させてしまうからである。

9．特権意識の強さ、自己中心性、身勝手さのレベル

第1章で述べたように、自分にはそれ以外の家族にはない特権があると思う傾向は、加害者にほぼ例外なくみられるものであり、これが虐待行為の推進力となる。(2・70・224・256) 特権意識は、自分の要求ばかりを押し通す身勝手さ、二重基準の押しつけ、家族を自分の所有物とみなすといった形で表れる。暴力をふるう可能性のある男性を見分けるには、伝統的役割分業にもとづく男女観の有無より、特権的な態度の有無のほうが有効な判断材料となる。(2) 臨床経験からいうと、特権意識が強ければ強いほど加害者の更生は困難で、しかもこうした加害者は子どもにかかわる無分別な行動に走りやすい。また、子どもが自分の要求に応えることを期待するという、子どもとの役割逆転もしばしばみられる（第1章参照）。数は少ないが、自己愛性格によってこの問題がさらに悪化することがある。自己愛性格は暴力が始まる前から存在し、家庭以外の場所でも表れる。自己愛は、暴力の再発率を高める要因であることが明らかにされている。(280)

特権意識の強い加害者は、自分の要求より子どものニーズを優先することに消極的で、子どもを「武器」として使うことに何のためらいも感じないことが多い。こうした男性は自分以外の人間の必要に配慮することなど頭になく、誰かと共同で意思決定を下すことは不可能に近い。したがって法的な親権や監護権を共同にした場合、子どもを長期にわたって両親の緊張関係にさらすことになりかねない。

またこうした加害者は、子どもの幸せは自分との関係にかかっているとの思い込みが極端なほどに強く、母親の重要性を軽視する傾向にある。

さらに、家族は自分の要求に応え、世話をすることが当然だという思い込みの強さは、近親姦を犯しやすい傾向と相関関係があることが示されている（第4章参照）。グロス[11]によれば、多くの加害者が「一家の主としての自己愛的な特権意識から、娘に性的な接触をする」という（二二二頁）。

調査では、このリスクを評価するためには、次のような質問をするとよい。加害者は理不尽な要求をしばしばするか？　自分の要求が満たされないときや何か不便を感じるとき、どのくらい腹を立てたり、叱りつけたりするか？　パートナーが妊娠や乳幼児の世話などの理由で十分加害者の世話ができないとき、不機嫌になるか？　パートナーが自分や子どもにとって必要なことをさしおいても加害者の世話をしようとしないとき、ひどく怒るか？　被害女性が身を守ろうとする行為を、自分への不当な仕打ちだととらえるか？　自分の行動に、あからさまな二重基準をあてはめるか？　自分の必要を満たし感情を安定させるのは、子どもの責任だと考えているか？　子どもを自分の所有物だとみなしている節があるか？

●事例　虐待を申し立てられたある父親（親権者）は、子どもを定期的にセラピーに参加させるという裁判所の命令に従っていない。親権評定の担当者が学校の教師から聞いた話では、七歳と九歳の子どもたちは家庭で身体的虐待を受け、食事の買い物や準備、家の掃除をさせられていると言ったという。父親は子どもが友達を家に連れてくることを許さず、まるで独裁者のようだった。またセラピストによると、子どもたちは出席した数少ないセッションでも非常に用心深く、セッションが終わると父親に根掘り葉掘り質問されると話したという。評定担当者がそのことを伝えると、父親はむきになって「自分の子どもなんだから、セラピーでどんな話をしているのか知る権利がある」と主張した。このため評定担当者は、父親の支配欲や特権意識、子どもの自主性を認めない態度に懸念を抱いた（不幸にも母親の家庭は引き取り先としてふさわしくなかったため、評定担当者は児童保護機関による警戒の強化と、子どもを親戚に預ける可能性の検討を勧告した）。

10. 加害者のアルコール・薬物乱用の前歴

アルコールや薬物の乱用が虐待の原因になることはなく、身体的虐待の七五％以上は加害者がしらふのときに起きている。[162] しかし加害者にはアルコール・薬物の乱用が高い比率でみられることは事実であり、[19] 加害者の激しやすさや更生の困難さにつながる場合もある。たとえばマリファナを吸う加害者はそうでない加害者に比べて、将来暴力をふるわなくなる可能性が低く、[306] アルコールや薬物を乱用する加害者は、子どもに身体的虐待を行う比率が他の加害者より高い。[273] またアルコール・薬物の乱用は加害者が殺人を犯すリスクや、[32・295] 性的虐待のリスクの増大とも関係する。[17・128] アルコール依存の加害者は、加害者プログラム参加後にふたたび暴力をふるう割合が、他の加害者よりもかなり高い。[102] 評定担当者は、加害者のアルコール・薬物乱用の問題がすでに解決したとされている場合も、回復の経過や嗜癖に対する本人の認識、今後の治療計画や自助グループへの参加の計画などを入念に調査することが必要である。

●**事例**　過去に相当のアルコール依存の前歴があることを認めている（暴力については多くの証拠が

あるにもかかわらず認めようとしない）加害者は、ＡＡ（アルコール依存者の自助グループ）と病院の治療グループに参加して完全に回復し、ほぼ一年間断酒していると主張した。だが評定担当者が治療プログラムを通してどんなことがわかったかと尋ねると、自分が依存症になったのは元妻が娘との面会を拒んだからだと答えた。彼は別居前も含めてこの数年間に飲酒運転で一〇回も逮捕されており、そのうち三件では有罪判決を受けている（娘との面会を拒否された最大の理由は、別居後の飲酒運転による逮捕だったが、彼は原因と結果を逆転させていた）。評定担当者は、加害者が飲酒を自分の責任としてとらえず、その影響を軽視していると判断し、病院の治療グループへの参加を増やして加害者プログラムに参加しないかぎり、監督なしの面会は許可しないことを勧告した。

11．元パートナーとの別れや、元パートナーの新しい異性関係を受け入れない

被害女性と別れることを受け入れない加害者は、被害女性にとっての危険度が高く[1]、子どもをコントロールや虐待の「武器」として使うリスクも高い。嫉妬心や独占欲が著しく強く、関係を終わらせることを拒否する加害者は、他の加害者に比べてさらに暴力をふるう危険性が高く[298]、なかには相手を殺害するケースもある[53・295]。こうした状況では、子どもが母親への暴力にさらされる可能性が高くなる。ちなみにＤＶ関連の殺人事件の大半は、被害女性が別れようとしたときか、別れた後で起きている[7・295]。

評定担当者は、被害女性が以前に行ったことを加害者がどのくらい根にもち、仕返しをしたがっているかを見きわめる必要がある。多くの加害者は認知に歪みがあるため、被害女性が自分や子どもを守ろうとしたことを自分への不当な仕打ちととらえ、報復しようとすることがある。これは、加害者

本人が別居を切り出した場合でも変わらない。

元パートナーが新しい異性関係を結ぶ権利をどのくらい肯定的に受け入れられるかは、加害者の親としての態度にも影響する。たとえば子どもを自分の所有物だとみなしている加害者は、子どもが別の男性になつくことを考えただけで激しい怒りを感じる。評定担当者は次のような質問をするとよい。加害者は、パートナーが二度とよりを戻すつもりがない、または新しい恋人ができたとわかった後、突然親権や面会時間の延長を要求したか？　元パートナーに、他の男性とつきあわないように言ったり落ち込んだりしていないか？　加害者はパートナーと別れたことで、抑うつになったことがあるか？　元パートナーの交際相手を脅したり暴力をふるったことがあるか？　被害女性に新しいパートナーがいる場合、その男性は怖いやつだと子どもに吹き込もうとしたことがあるか？　母親の新しいパートナーになつくのは悪いことだと、子どもに思わせようとしていないか？

●**事例**　ある加害者はパートナーとの関係の終わりをそれなりに受け入れていたにもかかわらず、「俺の子のまわりに他の男がうろつくのは許さない」とセッションで発言していた。実際、元パートナーには新しい交際相手がいて、加害者は子どもからそのことを聞いていた。元パートナーによれば、子どもたちは面会から戻ると、その男性には家にいてほしくないと言うという。理由を尋ねると、「パパが嫌だって言うし、パパの気分が悪くなるから」と答えたという。加害者はその後まもなく、家の様子を窓からのぞいているところをみつかり、保護命令違反で逮捕された。

12. 連れ去りの危険性

親が子どもを連れ去る事件の半数以上にはＤＶが関係しており、(110) 父親かその協力者が実行するケースがほとんどである。(83) 過去に連れ去りをほのめかす脅しがない場合でも、評定担当者は、突然パスポートを更新する、子どものパスポートを母親から取り上げようとする、目的のはっきりしない旅行を計画するといった疑わしい事前の動きがあるなど、連れ去りの可能性を示すサインを十分警戒する必要がある。

●**事例**　あるとき加害者が突然学校に現れ、娘たちを迎えにきたと言った。スクールバスの責任者は母親から何の連絡も受けていないと言って、子どもたちをバスから降ろすことを拒否した。すると加害者は「私は共同親権者だから母親の許可は必要ないし、これまで何度も迎えにきていることは校長も知っている」と主張。そこで責任者は、一緒に職員室に行って校長から許可をとってほしいと求めた。ところが職員室に向かって歩きはじめると、父親は突然反対方向に走り出し、急いで車に乗り去っていった。学校関係者から報告を受けた評定担当者が調べたところ、加害者がその日、子どもを州外へ連れ去る計画だったことを示す証拠がみつかった。

13. 過去に起こした暴力や虐待行動に対する責任を認めない

虐待したことをおおかた認めはしても、自分は変わったと主張して譲らない加害者が時に見受けられる。こうした加害者は、パートナーや元パートナーが挑発的な行動をとったと主張し、虐待の責任が相手にもあると評定担当者を説得しようとする。また加害者のなかには、アルコール・薬物乱用の問題は克服した、あるいは幼児期の問題を解決するためのセラピーに通っているなどを理由に、自分は変わったと主張する者もいる。だが虐待性そのものに取り組まずに加害者が更生することは、まずありえない（第8章参照）。虐待行動の責任を相変わらず被害女性のせいにする、すでに立証された虐待を否定または軽視しようとする、自分の行動を飲酒や幼児期の問題のせいにする、自分の行動がパートナーや子どもに及ぼした影響に責任をとろうとしない、などの兆候があれば、加害者は本当に変わったとはいえない。

14. 加害者の精神疾患の病歴

一般に精神疾患とＤＶには因果関係はないが、精神疾患が暴力の問題をいっそう不安定で扱いにくくする要因になることはある。[70・295] したがって精神疾患をもつ加害者の場合、複数の問題への対処に時間がかかるため、子どもとの面会には長期にわたって（あるいは恒久的に）監視が必要になろう。また心理療法と加害者プログラムが同時進行する場合には、双方が緊密な連絡と協力を行うことが重要である。

重大な精神疾患がない場合、心理療法は逆効果にもなりかねない。加害者は心理療法に気をとられて自分の虐待的な態度と向き合うことを怠り、場合によってはさらなる口実をみつけてしまうこともあるからだ。したがって過去に重大な精神疾患の病歴をもたない加害者の場合、加害者プログラムだけに参加するか、必要に応じてアルコール・薬物乱用の治療を同時に行うかするのがよい。

一般に心理テストや精神鑑定は、とくに複雑な問題が他にない場合でも、親としての加害者の能力を判断する材料としては不十分であることを、[7] 評定担当者は承知しておくべきである。[29・311] こうしたテストや鑑定は、きわめて危険度の高い加害者の判別や、近親姦の危険性の有無、[113・205・210] 暴力をふるう者とそうでない者の判別といった目的に使うことも適切ではない。(215) したがって、虐待が申し立てられたり立証されていたりする者への心理テストや精神鑑定は、精神医学上の問題がないことを確認する目的でのみ行うべきである。

これまでみてきたようなリスク要因をもとにして加害者が子どもに与える身体的・性的・心理的リスクを評価するのは、決して単純な作業ではない。しかし、それなりの時間をかければ実行可能であることはすでに経験ずみである（親権や面接交渉権の調査は、およそ七週間に二〇～三〇時間かけて行うのが一般的）。読者は十分ご承知のように、加害者のリスクをはじき出す公式などは存在しないので、それぞれのリスクの度合いも全体的な傾向も、個々のケースごとに評価しなければならない。だがすべてのケースに共通するのは、加害者が子どもに及ぼすリスクを母親がどうとらえているかを入念に考慮する必要があるということだ。母親からの情報は、過去における親としての加害者の態度にどんな問題があり、将来どんな問題が起きる可能性があるかを知るうえで欠かせない手がかりとなる。

ここで、評定に際して留意すべきその他の点について、いくつか簡単にふれておこう。（a）自分で警察に連絡する、第三者にDVの話を打ち明ける、自分が虐待を受けたことを打ち明ける、などをしたことがある子どもは、加害者に報復されたり心理的に操作される危険性がとくに高い。（b）加害者（あるいはそう申し立てられた者）が子どもと一緒にいるところを観察することには、あまり意味がない。ほとんどの加害者は人に見られているときには問題行動はとらないし、子どものほうもたまに愛情をかけられることから外傷性の絆が生じ、加害者に強い愛着を示すことがあるからである（第2章参照）。（c）加害者は暴力をふるわない者に比べて、親権を求める傾向が強い。(7・180・291) 加害者が親権や面会時間の延長を求める場合には、その動機をよく見きわめる必要がある。[7]（d）面会時間の延長や共同親権が認められれば、加害者はある程度満足して、その後は子どもを争いに巻き込まなくなると考える専門家もいる。だが、この方法が功を奏した例を私たちは知らない。（e）専門家の間には、対立の激しい離婚ではどちらの親も子どもを「武器」として利用するという見方もあるが、実際には加害者は被害女性に比べてはるかに多くこうした手口を使う。

最後に一言つけ加えると、評定担当者は加害者の社会階層や人種に対する先入観にもとづく憶測によって、子どものリスクを評価しないよう留意しなければならない。高学歴で社会的に成功している白人の加害者の危険性が、評定担当者によって過小評価されるケースは枚挙にいとまがない。

親権の決定と面会プランの設定

DVのかかわるケースで親権を決定し、面会プランを設定する際の主要な目的は、子どものおもな生活の場となる家庭を安全で安心できる環境にすることと、子どもがきょうだいや暴力をふるわない親との間に健全な人間関係を育めるよう支援することにある。加害者である父親との絆を強めることも大切だが、これを第一の目的よりも優先してはならない。ウォラースタインとタンキー[294]は離婚に関する一般論として次のように述べている。

両親の離婚後、親権をもつ親と子どもの関係が良好に機能することが、子どもを守るうえでいかに重要であるかは、私たちの取り組みのすべてが示すところである。裁判所が子どもと親権者

との関係を分裂させるような介入を行うと、子どもだけでなく親も深刻な心理的ダメージを受けかねない。（三二一頁）

DVのあるケースでは、こうした懸念はいっそう大きくなる。

暴力をふるう父親に親権を委ねることが子どものためになることは、まずないといってよい。[4・7・212] こうした裁定を下すことは、合衆国のほぼすべての州で法律によって制限されている。[174] 共同親権や頻繁な面会は、両親がそれに賛成している場合を除き、離婚後の子どもの環境への適応にプラスにならないことが明らかにされている。[147・151・293] それどころか両親の間に強い緊張関係がある場合には、それより悪い結果を招くことにもなりかねない。DVの絡むケースではとくにその危険が大きい。

DVにさらされた子どもの回復には、安心感がもっとも重要な要素であることが示されている。[48] 親権の決定や面会プランの作成にあたっては、子どもの安全と安心を最優先にして考えるべきである。たとえDVがなくても、「離婚家庭の子どもは円満な家庭の子どもに比べて、自分が行き場を失ったり、親や家族と引き離されたり、思いがけない不幸が起きるのではないかという不安が強い」（三三一－三三二頁）。[294] DVがかかわるケースでは、とくに別居後一、二年は監督つき面会を標準とすべきであろう。[4] たとえばルイジアナ州では、加害者と子どもとの面会は、いくつかの条件が満たされるまでは監督つきで行うとの規定がある。[254]

父親との関係を保つという子どもにとっての必要性は、ほとんどの場合、監督つき面会を行うことで適切に満たすことができ、先に述べたようなリスクを招くこともない。ただし別居前、加害者がおもに子どもの世話をしていたり、子どもの養育に並外れたかかわり方をしていた場合はこの限りではない。だがこのようなケースでも、さしあたり心配がないことがすでに評定によって明らかである場合を除いて、まず慎重な評定をへてから監督なしの面会を開始することが望ましい。通常は、加害者が加害者プログラムを修了するまで、面会には監督をつけることを標準とすべきであり[7]、そのプログラムは行動面と態度面の両方を扱うものでなければならない[140]。加害者プログラムの質にはばらつきがあるものの、その多くはDVの再発を減らし、被害女性の安心感を高めるのに貢献していることが示されている[102]。

面会が面会センターで行われ、母親や子どもへの身体的暴力が行われたり、子どもが連れ去られたりする危険性が低い場合には、必ずしも監督は必要ない。だが他の場所で行う場合は、専門的な監督者をつけるほうが望ましい。監督者はDVの力学やそれが家族機能に及ぼす影響、親としての加害者の態度をめぐるさまざまな問題点（巧妙な心理操作や境界侵犯の可能性など）を熟知した者であることが不可欠である。

なかには加害者の危険度が高く、センター内での監督つき面会ですら安全を保障できないケースも少数だがある。こうした場合は、子どもとの接触を一時中断すべきである[271]。加害者の危険度が比較的低い場合でも、しばらく休止期間を設けて面会に伴うストレスから子どもを解放するほうが、子どもの益になることもある[163]。こうした休止期間の後、父親との何らかの接触が子どものプラスになるケースは非常に多い[271]。しかし後述するような理由から、子どもが嫌がるのに父親との面会を強いることはすべきではない。

面会は段階的に進めることが望ましい。そうすることで、適切な行動を心がけ、まじめに加害者プログラムに参加している加害者は、徐々に子どもとノーマルな接触ができるようになる。私たちが勧めるのは、次のようなステップである。

（a）面会センターでの監督つき面会
（b）専門知識をもつ監督者つきの地域社会での面会
（c）友人や親族による監督（逃走防止を目的とする）つきの面会
（d）監督なしの二～四時間の面会
（e）監督なしの日帰りの面会
（f）泊まりがけの面会（DVのある大部分のケースでは勧められない）

（c）の友人や親族による監督はもっぱら連れ去りを防ぐ目的で行うこととし、他の懸念事項に対処するには不適切である。(4)

通常、泊まりがけの面会を勧めないのは、次のような理由による。(4・212) まず加害者の暴力にさらされた子どもは、父親のもとで安心して床につき、朝まで眠ることがむずかしい。第二に、泊まりがけの面会は長時間になるため、親としての加害者の問題点が表に出てくる可能性が高い。また加害者が子どもの認識や価値観に影響を与えたり、母親との関係を阻害する機会が増える。第三にDVにさらされた子どもの回復には、家族以外の人からの支援も重要であることが明らかだが、(142) 泊まりがけの面会はそうした人たちと過ごす時間を大幅に減らしてしまう。また一般に、泊まりがけの面会が認められるのは、子どもではなく父親の要望に応えるためであることが多い。

泊まりがけの面会は、次の条件をすべて満たした場合に限るべきだと私たちは考える。（a）別居から二年以上経過している。（b）子どもの年齢が一〇歳以上。（c）加害者が母親の子育てを阻害、もしくは子どもを虐待する危険性が低いことが、評定で確認されている。（d）加害者が加害者プログラムを修了しているか、一年以上まじめに参加している。（e）子どもが泊まりがけの面会を望んでいる。距離的に日帰りの面会が無理な場合や、おもに加害者が子どもの世話を担当していた場合には（a）（b）の条件を除外することもある。

加害者との面会、とりわけ泊まりがけの面会は、子どもが嫌がっているときには決して強制すべきではない。DVにさらされた子どもは、父親の行動や権威を疑い、ただ無批判に父親のまねをしたり指示に従ったりしない強さを養う必要がある。子どもが嫌がるのに面会を強制することは、加害者への服従を促し、父親の権威は絶対的なものだというメッセージを伝えることにもなる。また、はからずも加害者の行為が社会的に容認されることにもなりかねない。さらに問題なのは、面会の強要は母子間に亀裂を生じさせかねないことである。子どもは面会で被った心の傷を母親のせいにしたり、面会に行きなさいと言われると見捨てられたような気持ちになることもある。裁判所の命令に従わなければ母親が法的に不利になることなど、子どもには理解できないのである。

先に示した面会のステップを次の段階に進めるのは、加害者が加害者プログラムにまじめに参加し[4]、虐待はもちろん支配的な行動や特権意識にもとづいた行動をとっていないことが明らかな場合にかぎる。ほとんどの加害者は、監視されているときにはそれなりに適切な行動をとるので、**監督つき面会での行動だけを**基準に判断することは禁物である。

加害者は電話を使って心理操作を行ったり、脅迫することもある。したがって監督つき面会の実施期間中は、加害者から子どもにかかってきた電話は録音するか（録音することは本人にも知らせておく）、母親も通話を聞けるようにするなどして監視することが望ましい[291]。

面会のステップを進めることと並行して、子どもが虐待にさらされた経験（と両親の別居）からどのくらい回復したかを観察することも必要である。もし子どもの心身の健康の回復に滞りがみられるときは、面会プランに原因がないかどうかを検討し、必要に応じて調整をすべきである。子どもが面会に大きな苦痛を感じているようなら、プランの変更あるいは一時中断をする必要がある[271]。たとえDVがなくても、二つの家庭を行き来することは子どもにとってストレスになりやすく、DVが背景にあればストレスはさらに倍加する可能性がある[271]。

現在の面会プランを評価するには、次のような質問をするとよい。子どもと母親の絆は強くなっているか？　母親のことを心配したり、過剰にまとわりつくこと（それが問題になっている場合）は減ったか？　トラウマに関連するその他の症状（寝つきが悪い、怖い夢を見る、注意散漫、過剰な警戒心）はどのぐらい改善したか？　自分が目撃したり標的になった暴力を批判的にとらえる能力が養われているか？　全般的に精神的な強さが増しているか？　父親に対抗したり反対意見を言えるようになってきたか？　父親の顔色をうかがうことが減ってきたか？　父親は子どもがセラピーを受けること（該当する場合）や、それ以外の方法で子どもが回復することを後押ししているか？　父親は子どもと母親の関係を支援する姿勢があるか？

子どもにとって何より必要なのは、情緒的回復をはかること、もし虐待されてもそれを我慢したり、秘密にしたりしないための能力を育てること、認識や価値観の面で加害者からマイナスの影響を受けないための分析能力を育てることなどであり、これらを常に念頭におくことが大切である。そのためには、DVにさらされた子どものためのグループに参加させるのが望ましい。こうしたグループは子どもの回復に著しい効果があることがわかっている。[223] 近くにこうしたグループがない場合や、子どもの行動面・情緒面の問題が非常に深刻でグループに参加できない場合は、DVが家族関係の力学に及ぼす影響に精通した専門家のセラピーを受けるという方法もある（第9章参照）。また裁判所が加害者の責任を認めたことを親子とも認識するために、セラピーの費用は可能なかぎり父親に負担させることが望ましい。[4]

監督なしの面会を認めるときには、たとえ短時間であっても、加害者の行動に明確な条件をつける必要がある。条件の中身は加害者の過去の行動によって異なるが、たとえば母親（またはその新しいパートナー）の悪口を言わない、食事、安全な環境、就寝時間などについて適切な規律を守る、子どもが家に帰りたいと言ったらいつでも家に戻す、などである。私たちの経験では、加害者はどう行動すべきかが明確にされ、約束を破ったときのペナルティがはっきりしている場合に、もっとも良好に行動する。たとえば約束を破ったら、その都度面会の段階を一つかそれ以上後退させるというのもよい方法である。最初は子どもの送り迎えの時間を守らないことなどから始まり、徐々に違反を重ねていって、罰則を課せられるまで続くこともしばしばあるので、たとえ小さな違反でも大目に見ないことが大切である。[291]

面会の間、加害者には、子どもと母親が電話で連絡をとることを一切制限しないよう求めることが望ましい。そのほうが子どもは安心できるし、加害者も行動が監視されていることをより強く意識するからである。母親と頻繁に電話で話すことで母親が恋しくなる子どももいるが、全体からみればメリットのほうが大きい。

加害者に飲酒を制限することは、それが適切である場合には効果があるが、**全面的**に禁じることが必要である。面会規定によっては、子どもと一緒にいるときの飲酒のみを禁じるものもあるが、面会の前に飲酒してしまうこともあるため、有効な制限とはいえない。さらにアルコール依存の人は飲酒を自制できないので、面会時間以外の飲酒を認めれば、面会中に飲酒する可能性が出てくる。アルコール・薬物乱用の懸念がある加害者には、嗜癖の克服に取り組むことを求める必要がある（アルコールや薬物を完全に断たないかぎり、嗜癖は克服できないことは大方の専門家の一致した見解である）。

　加害者の子育てのスキルに問題が認められる場合には、親教育プログラムへの参加を面会の条件に加えてもよい。とはいえ私たちの経験では、同時に加害者プログラムへの参加も条件にしないと、大きな効果は期待できない。親としての加害者の問題は、根底にある虐待的な性格と切り離すことはできないからである。

　別居後の子どもの安心感は、母親も安全であると感じられたときにいっそう高まる。したがって面会を設定する際には[254]、母親の安全も考慮に入れるべきである。子どもの受け渡しは母子両方にとって危険を伴うため、監視をつけたり、人通りの多い明るい場所で行うことが重要である。監督つき面会センターや警察を受け渡し場所として利用するのもよい。また、受け渡しの際の安全に懸念があるという事実自体、まだ監督なしの面会に進むには早すぎるというサインでもある。

　最後に、親権評定の担当者が裁判所への報告を作成するときに注意すべき点をあげておく。報告書に引用した子どもの発言に対し[171]、親（とくに加害者である親）が子どもに報復する危険性があることは十分意識しておかなければならない。

要約

加害者が子どもに及ぼす危険は多岐にわたり、DVの行為にさらすことはそのうちの一つにすぎない。子どもに対して加害者が及ぼす危険性の大小は個人差が大きく、過去の身体的暴力の回数や程度だけでは判断できない。別居後は子どもに対する危険性が低下すると思われがちだが、むしろさまざまな形で増大するとみたほうがよい。したがって、監視の目がないところで加害者に接触する際の子どもの情緒的・身体的・性的な安全性を適切に評価するには、多くの要素の検討を必要とする。評定担当者は、子どもが加害者から被るさまざまなトラウマの原因や、別居後に加害者が子どもに対してとる行動に特徴的な力学に精通していなければならない。リスクを評価するには、多岐にわたる要素の検討が必要である。子どもの情緒的回復や発達をできるだけ助長する安全な面会プランを設定するには、監督の有無や面会時間の長短を吟味し、加害者と子どもを必要に応じて適切なプログラムに参加させることが必要である。

第8章　変化は本物か？
――親としての加害者の変化を評価し促進する

ＤＶの問題にさまざまな立場でかかわる専門家は、加害者が更生して安全で責任能力のある親になったかどうかについて、評価を求められることも少なくない。子どもに対する行動の問題点と、パートナーに対する行動の問題点の原因はほぼ同じであるため（第1章参照）、親としてのあり方を改善することは、パートナーへの暴力を克服する過程と切り離すことはできない。親としての変化の評価は、通常、まず暴力のパターンの根底にある行動と態度を評価し、さらに後述のような他のいくつかの重要な点を検討するという順序を踏んで行われる。

加害者は時に親権評定の担当者に向かって、「前はすぐキレていたが、もうずっと昔のことだ。あんなことは卒業した」と言うことがある。また被害女性が児童保護担当者に、「以前はよく殴られたが、ここ数年はすっかり落ち着いている。まるで別人のようだ」と報告することもある。あるいは加害者が加害者プログラムのカウンセラーに、「このプログラムのおかげで目が覚めた。もう二度とあんなことはしない」と言うこともある。しかしいくら本人が自分は変わったと主張しても、実質を伴わないことも多い。したがって専門家は、加害者が本当に変化したのかどうかを慎重に判断する必要がある。最近は暴力をふるわなくなったという理由だけで、変化が起きたと判断するのは正しくない。たとえばフェルドとストラウス(81)によれば、激しい暴力をふるう加害者であっても、一年以上まったく暴力をふるわないことがめずらしくないし、ウォフォードとミハリックとメナードも(306)、二年以上たってからふたたび暴力がくり返されることがあると指摘している。またゲルズとストラウスは(96)、加害者は平均して年に三回パートナーに暴力をふるうと述べるとともに、暴力は長期間をおいた後にも再発する可能性があると示唆している。また加害者の虐待的な態度は、次のパートナーとの関係にもち越される場合が多い(63・158・306)。

加害者が暴力をやめようとする(あるいはやめたように装う)動機は、パートナーとのよりを戻すため、児童保護機関に手を引かせるため、親権を獲得するためなど、さまざまある。だがもともとの動機は何であれ、加害者を継続的に加害者プログラムに参加させるなど、更生のための真剣な努力をさせるには、周囲からの圧力がなくてはならない(1)。

加害者のなかには、福祉関係の専門家の心を動かす言葉を心得ている者が少なくなく、変化の評価は一筋縄ではいかない。加害者は自分の幼児期を分析してみせたり、暴力の否認から自己との対峙に至るプロセスのつらさを語ったり、感情的な言葉で罪悪感や不安感を表現したりして、信頼や共感を得ようとする。

加害者は多かれ少なかれ、虐待することが自分に「利益をもたらす」と感じている。暴力をふるうことで自己中心的な要求を満たし、自分に都合のよい二重基準を押しつけ、相手を支配できるからだ。虐待を続けることへの執着は、身体的暴力が減る期間には代わりに心理的な脅しが増えることが多いという事実にもよく表れている。[69] 加害者プログラムに参加している間に、言葉による虐待や心理的虐待がひどくなることもある。[101] このように、加害者が本当に変化するというのは長く困難なプロセスである。自分が変わったと主張する加害者のなかには、自分がいかに虐待を克服したかを、あたかも宗教的改心や人生観の突然の変化のように、聞こえはいいが具体性を欠く言葉で語る者がいる。しかし深いところで本物の変化を遂げた加害者は誰しも、たゆまぬ努力と痛みを伴う自己反省、そして生涯をかけて自分を変えていくという強い決意があったからこそ更生できたのだと語っている。

加害者の変化のステップ

私たちが加害者介入の実践を積むなかで、責任能力のある安全な親になるために不可欠な12のステップがあることが明らかになった。この12のステップは時系列の順序ではなく（ある程度の論理的順序はあるが）、加害者は決まった順序を踏んで回復するわけでもない。また、12という数は嗜癖からの回復の12のステップと一致しているが、両者には何ら関係はない。虐待と嗜癖には共通した特徴があるものの、むしろ相違点のほうが大きい。[12]

1．パートナーや子どもに対して行った身体的・心理的虐待をすべて告白する

加害者は自分の行為の否認や軽視という、虐待問題につきものの態度を乗り越えなければならない。自分のしたことの大部分を否定したり、「覚えていない」などと言っているかぎり、虐待をやめることはできない（子どもに性的虐待を行った者についても、同様の指摘がある）。[172] 事実を告白することと責任を引

き受けることとは不可分であり、自分の問題と真剣に向き合うようになった加害者は、次第に多くの事実を明かすようになる。

2．自分の行為が容認されるものではないことを認める

加害者は自分の行為が間違ったもので、二度とくり返してはならないことを認めなければならない。[260]とくに、パートナーのほうが挑発したと言って被害女性に責任を押しつけるなど、自分を正当化するのをやめることが必要である。また身体的暴力だけではなく、パートナーや子どもに対する他の形の虐待や心理操作も正当化できないことを認識しなければならない。

3．暴力を自ら選択した行為として認識する

加害者は自分の行為の責任を引き受けなければならない。[260]これは、自制心を失っていた、酔っていた、幼児期に虐待を受けた、ストレスがたまっていたなどという弁解をやめ、自分が故意に目的をもって暴力をふるった事実を受け入れることを意味する。[224]

4．自分の行為がパートナーや子どもに与えた影響を認識し、相手の気持ちを思いやる

「あいつを傷つけた」「怖がらせた」といった曖昧な言葉ではなく、自分の行為がパートナーや子どもに具体的にどんな有害な影響を与えたか認識しなければならない。[224]またこれらの影響を自分の**感情と結びつけて**理解し、パートナーや子どもの気持ちを思いやることが必要である[70・197]（この点も性犯罪者の治療と共通する）。[227]またパートナーと子どもの不信感が簡単には消えないことを含め、暴力行為の**長期的**影響を受け入れることも必要である。(224・260) 加害者は過去に自分が行った虐待について、自分の感情が傷ついたことや不満、弁解などをむし返すことなく、話せるようにならなければならない。

5. 支配的な行動パターンや特権的な態度を認識する

加害者は、暴力行為は自分の行動や態度全体の表れにすぎないことを認識しなければならない。(224) 自分が日常生活で、具体的にどのような虐待や支配のパターンをくり返していたか、(70) その根底にはどんな物の見方や口実があったかを認識し、子どもを目撃者や標的、あるいは人質として巻き込んでいたか、またそれをどのように正当化していたかを自覚することが必要である。暴力はやめても心理的虐待は続けている場合、虐待の原因となる態度は温存されているため、いずれはまた身体的暴力をふるうようになることが多い。またたとえ暴力が再発しなくても、すでに家族は虐待のトラウマに苦しんできたため、心理的虐待によって深刻な悪影響が及ぶこともある。(139)

6. 相手を尊重する行動や態度を身につける

加害者はパートナーに不平不満があるときには耳を傾け、経済的責任や子どもの養育義務を一貫してはたし、パートナーを対等な人間として扱う能力を身につけなければならない。自分の要求だけを追求する自己中心的態度を改め、常に子どものニーズを最優先し、自分がサービスを受けるのは当然といった特権意識を克服することが必要である。さらにパートナーにも怒る権利があることを認め、(260) パートナーや子どもを尊重する態度を身につけるなど、虐待的ではない人間関係にふさわしい思考法を会得しなければならない。加害者プログラムで態度面に変化がみられる参加者は、行動面でもより根本的な変化が起きることが明らかであり、(105) 加害者の信念体系を変えることが虐待性の克服の鍵になることは、多くの研究者が指摘している。(246) たとえ一定期間暴力をやめることができても、態度面と行動面での変化がなければ、結局、元の木阿弥になってしまう。

7．パートナーに対する歪んだイメージを見直す

加害者は、パートナーに対して自分が過度に否定的な見方を抱いてきたのは、パートナー（または元パートナー）が虐待や支配に抵抗したことに由来する部分が大きいことを認識しなければならない。パートナーに対してつくり上げたイメージを見直すことができない加害者は、たとえ他の面で改善があっても、虐待に戻ってしまう。加害者、とくに子どもに身体的・性的・心理的虐待を加える加害者には、子どもに対しても歪んだ見方をしている者が少なくない。この問題にも同様の取り組みが必要である。

8．短期的・長期的な償いをする

過ちを犯し、その責任を認めた人であれば誰でもそうであるように、パートナーや子どもに与えたダメージを十分認識した加害者は、心苦しさや負い目を感じるようになる。この自覚をもった加害者は、虐待によってパートナーや子どもに及ぼした悪影響を埋め合わせようとする。たとえば別居後、母親と子どもの関係を責任をもって支援することもこれに含まれる。

9．自分の行為の結果責任を受け入れる

自分は当然の報いを受けている、あるいは受けるべきだと認識しているかどうかは、加害者がどのくらい自分の行為を真剣に受けとめているかを判断する一つの手がかりになる。[260] 加害者プログラムの費用についてパートナーを責めたり、元パートナーは自分に「もう一度やり直すチャンス」を与えるべきだと主張する加害者、あるいは子どもと監督なしに泊まりがけの面会をするのに、暴力の前歴は関係ないと言い張る加害者は、結果責任を受け入れていないといえよう。

10．虐待をくり返さないことに全力をあげて取り組む

加害者が一時的ではない本物の変化を遂げるためには、パートナーや子どもに対する身体的・心理的な脅しや強制を二度と行わないよう無条件で努力することが必要である。加害者のなかには、暴力をふるわない期間がある程度続けば、「こんなに長い間おとなしくしてきたんだから」、たまの暴力や虐待は許されると考える者も残念ながらいる。同じように「一晩で変われといったって無理だ」などという発言をするのは、後退の赤信号である可能性がある。

11．更生には長い年月（おそらく一生涯）がかかることを受け入れる

特権的な意識とも関係するが、一般に加害者は自らの虐待性を克服するのに時間や労力をかけたがらない。だが持続的な変化がみられる加害者は、この先もずっとこの問題に取り組まなければならないことを自覚し、自分自身をよく観察もしている。これは嗜癖からの回復過程ともよく似ている。こうした加害者は二年以上も加害者プログラムに参加することがあり、しかもプログラムが終わっても

努力はやめてはいけないことを認識している。

12. 説明責任を積極的にはたそうとする

本当に変わることのできた加害者は、過去と将来を問わず自分の行動に責任をもつべきであることを理解し、説明責任をはたすための枠組を設定することを受け入れる。[224] また、パートナーや元パートナー、子どもが今後も自分の過去や現在の行動について批判しつづけるかもしれないことを了解し、受け入れている。さらにもし今後、暴力行為をしてしまった場合、友人や親戚、保護観察官その他報告義務のある人に、正直にそのことを報告する責任があると考えている。

加害者の変化をめぐる誤解

以上の12のステップが虐待を克服するために不可欠であるのに対し、必要な条件だとされることはあっても、実際にはまったく必要のないものもある。たとえば情緒的洞察力、穏やかな「ジェントルマン」タイプの人柄、加害者グループで他のＤＶ加害者を支援する能力、などがそれである。これらは、ある特定の文化や階層（とくに白人上中流社会）で男性はこうあるべきとされる理想像の影響を受けたものであり、相手を尊重し暴力のない人間関係を築き、親としての責任をはたす能力とはほとんど関係がない。だがこれらの点で加害者に「進歩」がみられると、本質的問題は何ら解決されていないのにもかかわらず、あたかも更生したかのような誤った印象を与えることがある。

また怒りのコントロール・プログラムも、ＤＶの加害者には適切ではない。一般にこの種のプログラムには前述の12のステップのいずれも盛り込まれておらず、これによって加害者の更生の度合いを測ることはできない。第1章でも述べたように、暴力行為において怒りはさほど重要な要素ではない。また怒りのコントロール・プログラムは親しいパートナーへの暴力を想定したものではなく、親しいパートナーに対する暴力の力学と、それ以外の暴力の力学はまったく異質のものである。さらにこうしたプログラムは一般に子どもの養育については取り上げず、被害女性との接触も行わない。また、暴力の周辺にある言語的・心理的・経済的・性的虐待の問題と取り組むこともない。(194)

親としての加害者の変化を評価する

加害者が親としてどれだけ変化したかを評価するには、まず前述の12のステップをくわしく検証することから始める。自分は変わったと主張していた加害者の多くがふたたび暴力に走り、子どもを虐待に巻き込んでいた加害者はまた同じことをくり返す傾向があるため、評定担当者は加害者が本当に虐待性を克服し、親としての責任をはたせる状態になったかどうかを慎重に見きわめることが必要である。「自分のやったことの責任はよくわかっている」とか「恥ずかしいことをした」などと言葉のうえでは反省したそぶりをみせても、本当の意味での更生とは無関係であることが多い。

12のステップについての評価は、まずパートナーや元パートナー、子どもに対する加害者の現在の行動を検証することから始める。もうパートナーや子どもを侮辱したり罵倒したりしないか、自分が不便な思いをしたり、やるべきことをするよう求められても腹を立てなくなったか、母親が何を必要としているかやその感情に思いやりを示すようになったか、子どもの様子に気を配り、自分の要求よりも子どものニーズを優先させ、子どもの感情を理解するようになったか、などがそのポイントである。なかでも重要なのは、一貫して相手を尊重し、責任ある行動をとっているか、ということである(一時的、または断続的に改善がみられる場合も多いが、これは本当の変化とはいえない)。

とくに重要なのは、怒りや動揺、ストレスを抱えているときの加害者の行動である。ほとんどの加害者は、大きな問題がないときには冷静で思慮分別があるため、改善したという誤った印象を与えかねない。したがって次のような点に注目することが必要である。現在、加害者はパートナー(あるいは元パートナー)と言い合いになったとき、たとえ腹が立っても相手の立場になって話を聞き、相手を尊重する態度をとっているか。それとも以前のようにどなりちらして黙らせたり、会話の主導権を独占してはいないか。怒っているときでも、親として適切な態度をとることができるか。あるいは怒りを口実にして、以前のように子どもを母親に逆らわせたり、パートナーとの対立に巻き込んだりしていないか。評定担当者のなかには、たとえ加害者に退行がみられても、ストレスや欲求不満が高まったときに起きたことだからと問題にしない者もいるが、これは誤りである。そうしたときこそ、真に更生した加害者とそうでない者の違いがもっとも明白に表れるのである。

私たちの経験では、大部分の加害者は何か動機づけがある間は、パートナーや子どもに対する態度を大きく変えることができる。たとえば裁判の始まる前や親権や面接交渉権の訴訟中、児童保護機関が介入してきたときなどは、別人のようになることもめずらしくない。子どもに対する態度もがらりと変わり、子どもに関心を寄せ、積極的にかかわろうとし、忍耐を示す。だがこうした改善は、他にも広範囲にわたって変化がみられるのでないかぎり、一時的なものにすぎないことが多い。

加害者の子どもへのかかわり方が根本的に変化したかどうかを見きわめるには、次のような具体的な点について検討するとよい。（a）親としての加害者の態度は、何年間か（何週間や何カ月ではなく）にわたって改善してきているか。（b）親としての加害者の態度が改善したようにみえるのは、実は元パートナーを支配し、もしくは罰したい（たとえば子どもを母親に逆らわせるなど）という動機からではないのか。（c）親教育のクラスに積極的に参加し、それ以外の方法でもより賢明な親になろうと努力しているか。（d）これまでの親としての態度の問題点を全面的に自分の責任として受け入れ、何がその原因だったかを理解し、子どもに与えた悪影響について、子どもへの思いやりをもって話し合えるようになったか。

評価を行う際には、加害者本人の発言だけではなく、加害者のパートナーや元パートナーをはじめ複数の情報源から得た情報にもとづくことが不可欠である。加害者プログラムからの報告も参考になるが、真の変化を見きわめるのに必要な要素をきちんと押さえているかどうかを確かめることが大切である。

暴力をふるわない父親の場合、別居後に子どもへのかかわり方が改善されることはめずらしくない。自分ひとりで子どもの面倒をみるには、以前のような人任せの態度や過保護なやり方では通用しなくなるためである。だがDV加害者の場合には、こうした自発的な改善はまずみられない。親としての加害者の欠点ははるかに複雑であり、外部からの介入なしには克服できないことがほとんどだからである。

更生のための環境づくり

親としての加害者のあり方やその根底にある虐待の問題を改善するには、適切な環境を整備することがもっとも有効であることは、私たちの経験から明らかである。加害者の更生率が低い大きな理由の一つは、彼らが真剣に自分の問題と取り組むのに必要な環境についての誤解が、社会に広くみられることにある。専門家は加害者の変化を促す環境づくりにあたって、以下の点を考慮し、取り入れていただきたい。

(a) 加害者に求められる行動と受け入れられない行動は何か、さらに受け入れられない行動をしたときにはどのような結果を甘受しなければならないかを、具体的かつ明確な言葉で表すこと。[139]

(b) 不適切な行動があったときはその都度、警告なしに適切なペナルティを与え、どんなささいな違反も大目に見ないこと。ただし厳しいペナルティにする必要はない。大切なのは、不適切な行動をすれば必ず罰があり、どんな言い訳や約束をしても逃れられないということである。違反のたびに、罰を徐々に重くするという方法をとる（飲酒運転に適用される「段階的」罰則のように）。これは、とりわけ裁判——刑事であれ家庭裁判所であれ——において重要である。

(c) 加害者の行動をできるだけ細かく監視し、自分の行動に対する説明責任があることを本人に自覚させる。[139] どんなにまじめそうに見えても、本人の報告に依存することは禁物である。

(d) 教育と問題への直面化の両方を行うこと。加害者は長年かけて形成された複雑な信念体系をもっており、教育することなく単に問題に直面させるだけでは、信念体系を変えることはできない。反対に、問題に直面させることなく教育だけしようとしても、学んだことを自分以外の加害者にあてはめ、自分の問題としてとらえようとしない。またカウンセリングの方法は、加害者の人種的・文化的背景を考慮して決める必要がある[41]（思春期の加害者を扱う場合も、多少の修正が必要である[261]）。

(e) 加害者に対して、どんな弁解も通用しないこと、こちらがすべての話をそのまま信じるわけではなく、操作しようとしても無駄であることを伝え、態度で示すこと。その際、友好的だがきっぱりした態度で伝え、敵対的な雰囲気をつくらないように注意する。

(f) 加害者が有色人種や移民の場合には文化面・言語面で適切なサービスを提供し、可能であれば同じ条件の人だけのグループへの参加を選択肢に加える[300]。

(g) 加害者のパートナー（または元パートナー）や子どもには、無条件で人的・物的支援を提供すること。加害者が今後も虐待を続けても何とか逃げられると思っているかぎり、更生は望めない。私たちの経験では、友人や親戚、そして法的機関から強力な支援とサービスを受けていればいるほど、被害女性は加害者に真剣な取り組みを要求することができる。また、個別の機関がばらばらに対応するのではなく、地域が一体となって対応することで再犯率を低く抑えられるようになることが、研究によって示されている[12・115]。

暴力をふるう男性を対象にして開発された親教育プログラムは、加害者の更生を促すうえで重要な役割をはたす。こうしたプログラムがもし利用できるならば、ぜひ活用すべきである。(197)

要約

親としての加害者の態度が変化するかどうかは、その背後にある虐待の問題を克服することと不可分の関係にある。したがって、加害者のための介入プログラムに参加するだけでなく、一定の約束事のなかでの行動、監視、そして約束に違反したときの罰がセットにならなければ、親としての加害者のあり方の改善はほとんど期待できない。パートナーとして、そして親としての問題点を加害者がどの程度克服したかを評価するには、本章で提唱した12のステップが不可欠だが、それ以外にも親としての態度や行動の具体的な変化を見きわめるための指標がいくつかある。加害者が本質的な変化を遂げるには、パートナーや親としての役割に焦点をあてた教育、問題への直面化、約束違反に対する罰、説明責任などをシステムとして整備し、地域に適切な環境をつくることが必要である。

第9章　親としての加害者のあり方について専門家の対応を改善する

これまで本書で検証してきた親としての加害者のあり方についての知見は、現場での対応に広範囲に及ぶ影響を与える。加害者への介入のあり方が改善されれば、被害女性と子ども双方の情緒的安定や身体的な安全を促進する助けとなり、長期的には加害者本人の生活の質も改善されることにもつながる。本章では、セラピスト、児童保護担当者、家庭裁判所、少年裁判所、DVプログラム、親権評定担当者、面会センターの監督者といった専門家それぞれに向けた具体的な助言を行いたい。これらの助言は、文化的背景の異なる集団や移民など、個別の必要に合わせて修正する必要が生じてくるし、集団によってはまったく適用できない場合もあることをお断りしておく。[41]

DVの影響を受けた家庭に介入する際、すべての専門家にあてはまる共通の原則がいくつかある。まず第一に、もっとも重要な原則として、DVが家族の相互関係のパターンに与える影響について認識しなければならないということがある。これには母子関係、きょうだい関係、および家族と外の社会との関係が含まれる（第3章参照）。その際、加害者、あるいはその家族の言葉を額面どおり受け入れてはいけない。調べていくうちに、家族関係の力学が最初の印象とはまったく異なることが明らかになる場合もある。DVの影響を受けた家庭では、子どもが加害者を好ましく愉快な人物ととらえ、母親を疎遠で元気のない、疑い深い人物だとみなしていることもある。また、きょうだいの間にかなりの緊張関係や不和が生じていることもある。一方、同じような加害者のいる家庭でも、母子関係、きょうだい関係ともに良好な結びつきがあり、加害者による虐待が内面化されている形跡はほとんど認められない場合もある。こうした一見して対照的な家族関係の力学を表面的にとらえるだけでは、根本にある類似性を見逃すことになりかねない。

家族関係の力学のより高度な分析を可能にするためには、幅広い分野の専門家が、虐待に関連したトラウマ[129・285]や外傷性の絆[63〜65・129]に関する文献に通じることが必要である。私たちが現場で目にする誤りの多くは、これらの重要な概念についての理解が不十分であることに起因している。

第二の原則は、加害者のパートナーに対する行動**それ自体**に、親としての加害者のあり方についての重要な情報が含まれているということである。母親への暴力は、たとえ子どもがそれを一度も目撃したり聞いたりしなくても、母子関係や母親の養育能力に影響を及ぼす（第3章参照）。したがって母親への暴力は、**親としての加害者の行動**の一環として理解する必要がある。これによって、加害者が子どもの安全や幸福についてどれだけ考えることができるかや、ひいては加害者が将来、親としてどんな判断を下すかを知る手がかりが得られるからである[140]。

これら二つの基本原則以外にも、あらゆる分野の専門家が注意を向けるべき点は数多くある。まず、DV加害者のなかには他の加害者に比べて、子どもに対する身体的・心理的な危険度が高い者がいるということである。ただし身体的な危険と心理的な危険は必ずしも相関関係にはない。これまで私たちが扱ってきた加害者のなかには、暴力の度合いはさほどでもないのに、子どもに対する心理的な虐待が並外れている者が何人かいた。したがって、加害者が子どもに及ぼす危険については、第7章にあげた指標に従って慎重に評定されなければならない。

ＤＶのケースに携わる専門家のなかには、加害者について、あるいは加害者が子どもに与える危険についての被害女性の知識を十分に利用しない者が時おり見受けられる。被害女性は、加害者が過去に子どもに対してとった行動をもとに、将来加害者が親としてどんな問題を起こすかを正確に予測できる場合が少なくない。また被害女性は、将来の加害者の行動を予見する全般的な能力が発達していることが多い[298]が、これは生き延びるための必要からきたものであろう。

加害者が子どもに及ぼすリスクが、両親の関係の終了によって減ることは期待できず、それどころかむしろ増大する可能性がある（第7章参照）。加害者が子どもに与える心理的・身体的危険は、離婚後や別居後長年にわたって続くことがある。したがってすべての分野の専門家は、加害者が家にいなくなった後も被害女性と子どもの安全を守り、心の癒しが促進される環境を整える方法を探らなければならない。そのためには、加害者が親権を獲得することを防ぎ、監督なしで子どもと接触する回数を減らすための方策を考えることも必要になってこよう。

ジェンダー・バイアスは今なお、ＤＶのケースにおける現場での誤りを助長する問題である。具体的には、（a）親としての態度を評価する際、父親と母親で異なる基準を用いる、（b）母親の子どもに対する心配は大げさであるという思い込み、（c）加害者と同居中は子どもを十分に守っていないと母親を責め、別居後に母親が適切な保護手段を求めると厳しく非難される（たとえば、片方の親への「不当な嫌悪感情の植えつけ」）という二重基準、（d）母親よりも父親の怒りに対する許容度が高い、といった偏見である。

児童保護サービスと被害女性プログラムの協力によって明らかになった有効な原則に、子どもの安全を確保する最善の方法は、母親自身の安全を増大させることにあるというものがある。[301] そのためには、母親が虐待の痛手から回復するのを助け、子どもをより効果的に守ることができるよう手助けし、母親を家族の安全と安心の実現を図るチームの一員として位置づけることが必要である。これらの努力が実を結ぶためには、専門家が被害女性に敬意をもって接することが大きな意味をもつ。専門家にありがちな相手を見下したような態度や、忍耐力の欠如は禁物である。また、さまざまな分野の専門家が力を結集し、被害女性のための子育て支援グループをつくることも有益であり、こうしたグループの効果はすでに研究で立証されている。[156] 被害女性プログラムと児童保護機関の協力によって、加害者からの暴力にさらされた子どもに対する効果的な対応が可能になるなか、母親を対象にした活動と子どもを対象にしたそれとの間に古くから存在する緊張関係は、いまだに消えていない。これは克服すべき課題である。[18] また、ルーベンスタインとレーマン[245]が提唱する母親と子どものための合同グループ活動もきわめて有効であり、導入が勧められる。

さらに強調しておきたいのは、どの分野の専門家も、「DVにさらされた子ども」ではなく「加害者にさらされた子ども」という表現を使うべきだということである。これは、被害女性の子どもが被るトラウマティックな影響が、単に加害者による身体的暴力ではなく、加害者の行動のあらゆる側面に根ざしているという知見にもとづく。さらにこの表現には、子どもが抱える問題の原因は被害女性ではなく、加害者にあることを明白に示せるという利点もある。

以下にあげる提言は、網羅的ではないことをお断りしておく。DVのケースの扱い方に関しては、各専門分野ごとに丸一冊の手引書が書けてしまうほどである。したがってここにあげるのは、私たちがとくに強調したい点であるとお考えいただきたい。

子ども専門のセラピスト、家族療法家、DVにさらされた子どものためのプログラム

加害者にさらされた子どもに直接、接する場合には、以下のことが不可欠である。（a）現時点および長期的な子どもの心身の安全を守ること。（b）DVを目撃したことによって子どもが受けたトラウマティックな影響を癒す手助けをすること。（c）母親やきょうだいとの間にできた溝を埋める手助けをすること。（d）子どもが自分の内面に取り込んだ破壊的な価値観を明確にし除去するための教育を行い[222]、暴力の責任は被害女性や子どもではなく、暴力をふるった本人にあることを理解させること[287]。ほとんどの子どもの場合、これらの目標を達成するには心理教育のグループに参加させ[4・222]、必要に応じて個人セラピーや家族療法を並行して行うことが最良の方法となる。心理教育グループが子どもの情緒面の回復や自責の念の緩和、何が虐待にあたるかを正しく認識する能力の強化に有効であることは、すでに研究によって示されている[223・272]。だが私たちの知るかぎり、母親への非難を和らげる効果の有無についてはまだ検証されていない。子どもの苦痛があまりにも大きいときや周囲を混乱させる恐れのある場合、あるいはこうしたグループが存在しない地域では、個人セラピーが必要である。

セラピストやプログラムの責任者に対する具体的な助言は、以下のとおりである。

1. DVにさらされた子どもには、加害者に対する恐れや怒り、悲しみ、愛情といったさまざまな感情を表に出してもいいという安心感を与えること。[221・222] セラピストやプログラムの責任者は、加害者の**行為**は批判しても（「そんなふうにお母さんを怖がらせたのは、お父さんが悪かったんだよ」）、加害者の**人格**を攻撃するような言葉（「君のお父さんは悪い人だ」）を使わないよう配慮する。加害者への愛情を捨てなければならないというプレッシャーを子どもに与えないと同時に、暴力があったことを話したり、それによってどんな影響を受けたかを話しても、加害者への裏切りにはならないことを理解させることが大切である。

2. 子どもは、母親が耐えてきた過去の暴力や、その他の形の虐待についての情報を必要としている。しかしすべてを知らせるのではなく、年齢に即した量に限って伝えることが必要である。とくに子どもを怖がらせたり、苦痛を感じさせるような事柄を伝えることは避ける。セラピストやプログラムの責任者（そして被害女性）は、どこまで子どもに伝えるかを決める際、次の二点を考慮し、両者のバランスをとるようにする。ひとつには、情報が少なすぎると子どもは混乱し、自分を責めることになりかねないうえ、母親にはどうしようもなかった状況を母親のせいだと考え、母子間の溝を深めてしまう恐れもある。だが他方、情報を与えすぎると子どもの恐怖心をあおり、母親の身の安全や精神的苦痛に対する責任は自分にあるという重荷を、さらに増すことになりかねない。

　また、子どもが加害者の暴力についてすでに知っていること（時として、子どもはどちらの親が認識しているよりも多くを知っている）を慎重に聞き出し、知っているのは自分だけだという重荷から解放し、そのことについて自由に話してもいいという気持ちにしてやることも重要である。

3．加害者は、さまざまな手口——子どもの母親に対するイメージを操作する、過去の虐待について誤った情報を与える、母親と親密なことや依存していることを恥ずかしいと思わせる、母親の権威を軽視するように仕向ける、など——を使って母子関係を阻害しようとする。子どもがこれまでのそうした加害者のやり方に気づくことができるよう、手助けすることが必要である。

4．子どものカウンセリングには、可能なかぎり、母子あるいはきょうだいがともに参加できる場を設ける。傷ついた家族関係を修復し、母親の親としての権威を取り戻すこと[245]は、子どもの将来の情緒的健全さを約束する鍵となる。暴力をふるわない親との関係が、子どもの長期的な幸福にとってもっとも重要な要因であることを認識するべきである。また家族カウンセリングにおいては、加害者がいかに家族間に緊張をもたらしてきたかに気づかせることも必要である。

5．子どもへのカウンセリングが効果をあげるかどうかは、関係者の母親との接触の仕方に負う部分が大きい。何より敬意と思いやりのある態度をもち、子どもを一番よく知るのは母親だという気持ちで接すること。母親自身のトラウマや、母親が自分や子どもの心身の安全を求めようとするときに直面する複雑な障害を理解するため、担当者はＤＶの力学について幅広い研修を受けるようにしたい[55]。

6．加害者にさらされた子どもを扱う際には、秘密の保持がきわめて重要である。子どもが暴力の事実を明らかにしたことが加害者に知れた場合、加害者が子どもに危害を加える恐れがある。しかし、子ども自身が暴力の危険にさらされたり、実際に虐待されている場合、担当者は児童虐待の報告義務を負うため、秘密の保持との衝突が起きる。報告するかどうか、またどのように報告するかについての決定は、報告自体が子どもに与えるリスクを十分認識したうえで行うこと。

7. 心理教育グループによるカウンセリングは、DVにさらされた子どもにとってとくに有益な手段である。グループカウンセリングは、子どもにとって必要な情緒面と認知面両方の取り組みが可能となる。こうしたグループカウンセリングの指針となる書籍もあるが、(222・305) 本書で取り上げた具体的な問題がすべて網羅されているわけではないので、担当者は本書や他の資料も参考にしながらカリキュラムを策定すること。

8. 情緒面あるいは行動面での問題が大きいため、グループへの参加が適切と思われない子ども(222)については、個人セラピーに教育的要素を盛り込む形で対応すること。

9. 子どもの態度や考え方にみられる問題に注意を向けること。第2章で述べたように、暴力にさらされた子どもは以下のような誤った考え方や歪んだ価値観を自らに取り込んでしまう場合が多い。(a)暴力を引き起こしたのは、「挑発」や別の形でそれを誘った被害女性の側の責任である。(b)暴力をふるう人には、その行動の責任はない。(c)他者に対して権力をもつことで、自らの心身の安全と自尊心が得られる。(d)男性が攻撃的になったり相手に物事を要求するのは当然であり、女性は男性の要求に従うべきである。(e)女性は受動的な存在であり、被害者となる運命にある。(f)虐待を受けたと訴えれば世間の笑い物になる、など。これらの問題に直接取り組まない心理療法では、子どもが加害者から受けたマイナスの社会化の影響を克服するのに十分とはいえない。

子どもが過去の虐待についての理解を見直し、虐待の責任は母親や自分ではなく加害者にあるという正当な認識を得ることは重要だが、その過程には感情的な葛藤が伴う。したがって、子どもが複雑な感情に直面した際のサポートも忘れてはならない。[223]

10. 子ども向けのグループカウンセリングの効果は、母親向けに同様のカリキュラムのグループを設置したり、[222]合同のグループで母子が一緒に問題に取り組むようにすることで、[245]より高めることができる。こうした試みの一つとして、それぞれのグループセッションを行った翌週に、それと類似したテーマを母子合同のグループで取り上げるという方法をとるプログラムもある。

11. 心理教育グループのリーダーには、経験豊かなＤＶの専門家とＤＶについての教育を受けた精神保健の専門家のペアをすえると、きわめて効果的である。男女のペアであればなお望ましい。

12. 暴力にさらされた子どもを担当するセラピストは、必要に応じて子どもの擁護を行わなければならない（通常はこうした活動を行わないセラピストも多い）。具体的には、児童保護機関、家庭裁判所、学校および母親と協力して子どもの心身の安全を守り、母子関係を強化するために活動することが中心になる。

13. 加害者が家族とまだ同居しているか、子どもが監視なしで父親と接触している場合、子どもへのカウンセリングは子どもを危険にさらすことになりかねない。セラピーで新たな考えや情報を得た子どもが父親と対立し、その結果父親から報復される危険があるからだ。[223] したがって、プログラムを策定する際にはこのリスクを考慮し、とくに危険とみなされたケースではグループではなく個人セラピーを行うなどの措置を講じること。

14. 暴力にさらされた子どもへのカウンセリングでは、外傷性の絆（第2章参照）や加害者への同一化（トラウマティックな影響として、または生き延びる術として）についても、十分注意を払う。

15. 加害者が家庭内に引き起こす不和のために、母子ともに長年続く緊張関係に疲れはててしまうことがままある。こうした場合、被害女性と子どもの合同カウンセリングを行い、母子が互いに良いところをほめあい、楽しかった思い出について語り合ったり、人間として互いをよりよく理解できるような場を設けることは効果的である。ただ単に問題点を明らかにして解決しようとするだけではかえって逆効果であり、こうしたより前向きな活動と組み合わせることが大切である。

16. 被害女性も子どもも、虐待の被害を最小限にするために極力加害者の機嫌を損ねないようにしてきた結果、自分が本当にしたいことを抑え、自分本来の性格を歪めてきた部分が大きい。[244] したがって、セラピストは母親と子どもが本来の自分を取り戻すことを目標に、それぞれが自分自身の願望やアイデンティティを探ることができるよう導くことを心がける。

17. 加害者の家族にとって、自分たちには加害者の行為をコントロールできないという無力さを受け入れるのは恐ろしいことである。加害者をコントロールできるという幻想は、時にそれがうまくいっているように思えることから強化され、心に傷を負った被害女性や子どもにとって心の慰めともなりうる。だが現実には、加害者を十分にコントロールすることは不可能であり、こうした幻想は母子にとっての危険を増大させかねない。さらには、家族が互いを責めることにもつながる。加害者が暴力をふるうたびに、家族は誰かが加害者をうまくコントロールできなかったせいだと考え、スケープゴートを求めるからである。したがって家族関係を修復するためには、家族の誰にも加害者の行為をコントロールすることはできず、誰にも責任はないことを受け入れさせる必要がある。

18. 被害女性の子どもの多くが、加害者が断続的にしか関心を向けないことによる影響を克服する手助けを必要としている。加害者には、自分のことにかまけたり物理的に不在である時期と、子どもに大きな関心を向け、子どもを喜ばせようとする時期とが交互にみられることがある（これと似たパターンは、自己愛傾向の強い親にもみられる）。子どもは、こうした加害者の気まぐれによって怒りを蓄積することがあるが、多くの場合、この感情は無意識下にとどまるか、母親やきょうだいに向けられる。こうしたケースでは、子どもは意識のうえでは加害者を理想化し、加害者の関心を引いたり加害者から認めてもらおうと懸命になり、少しでも肯定的な関心が得られれば喜びを感じる場合が多い。

19. セラピストは子どもと接する際、加害者の暴力や残酷性に関して中立的な立場をとってはならない。一般に子どもは、これらの暴力行為が受け入れられるものかどうかで混乱しており、セラピストがどっちつかずの態度をとることで、さらにこの混乱が増幅されかねない。不適切な行動は不適切だとはっきり言い、その後、その行為が子どもの情緒に与えた影響について探るようにする。

同様に、両親の間で完全に中立の立場をとることは、被害女性の子どもを担当するセラピストとして適切な判断とはいえない。セラピストは、被害女性が自分の受けられるサービスを探すのを（弁護士探しを含む）手助けするなど、さまざまな形で被害女性を支援することが望ましい。

20. 他の虐待を受けたりトラウマを抱える人々と同様、母親が暴力をふるわれるのを目のあたりにした子どもにも、回復力《レジリエンス》があると考えられる[140]。子どものレジリエンスは、子ども自身の力量や関心の強さ、プラスになる友達関係、母親との良好な関係、親戚など親以外の信頼できる大人との関係、内的な対処メカニズムなどさまざまな要因によって促進される。これらの要因を強化する方法を探り、子どもがそこから強さと明晰さを引き出せるよう手助けするのがセラピストの役割である。

21. 子どもにみられるPTSD（心的外傷後ストレス障害）の症状は、大人の場合とはいくらか異なる[242]。DVにさらされた子どもには、かなり高い割合で注意欠陥や多動性[100]、あるいは抑うつがみられ、そのため誤診を招くこともある[242]。したがってこれらの症状がみられる場合、診断を下す前にトラウマが原因にないかどうかを十分見きわめることが重要である。

22. DVにさらされた子どもを対象にしたプログラムを運営する際の手引きとして、『暴力被害女性の子どものためのグループワーク（Groupwork With Children of Battered Women）』[222]が非常に参考になる。だがカリキュラムには、本書で提起した重要なテーマ（とくに母子関係の回復と母親を非難する態度の克服）を併せて盛り込むことが望ましい。

23. 暴力にさらされた子どもにとって、「メンタリング・プログラム」[訳注1]は、有益な手段となりうる。とくに男の子の場合、男性の役割モデルを強く求めており、そうしたモデルが身近にいればその人物に引きつけられることが多い。

24. DVを目撃した子どもは、ある感情を表に出すことや、その感情をもつことにさえ恐れを抱く場合があり、これが回復を阻害する要因になりかねない。たとえば、怒りの感情を暴力と結びつけたり、泣いたことを加害者に侮辱された経験をもつ子どももいる（とくに男の子に多い）。したがって、どんな感情も表に出してよいのだと教え、わからせることが重要である。[223]

25. DVにさらされた子どもが家庭の内外で性的虐待にあう可能性はかなり高い。[199] したがって被害女性の子どもは全員、性的虐待防止教育を受けさせるのがよい。

親権評定の担当者

DVあるいは身体的威嚇をはじめとする威圧的コントロール行動が被害女性から申し立てられている場合、親権評定はDVや加害者に特有の子どもとのかかわり方に精通した評定担当者により、特別な配慮をもって行われる必要がある。具体的な助言は以下のとおりである。

1. 親権評定担当者は何より徹底的な**調査**を行うことを最優先にする。調査は、臨床的な評定だけでは不十分なため、[6] 次のような多岐にわたる関係者や機関から集めた情報にもとづいて行う。（a）両当事者との面談および必要な場合には子どもとの面談。（b）友人、親族、学校関係者その他の参考人との面談。（c）警察、児童保護機関、裁判所および医療機関から入手

［訳注1］経験豊かな指導者が未熟な者に対して一定期間継続して行う支援。

した記録。（d）両親の前のパートナー、とくに加害者側のパートナーとの面談。（e）両親の犯罪歴。（f）録音テープ、手紙、日記その他の資料。（g）調査の過程で評定担当者の注意を引いたその他の情報。

2．調査にあたって、両当事者の発言の信憑性を見きわめることはきわめて重要。当事者が評定担当者に話す内容の信憑性や正確さには大きなばらつきがあり、入念な調査によって、二人が真実を語る度合いが著しく異なることが明らかになる場合もある。加害者側に重大な不誠実があったり、恒常的に不誠実であることが判明した場合には、暴力被害の申し立ての信憑性は高まる。

3．警察や医療機関の記録がないからといって、それだけで暴力被害の主張がでっち上げ、または誇張であるということにはならない。徹底的な調査を行うことで、それ以外の重要な証拠が得られる場合が多い。

4．DVの申し立てがなされているケースでは、どちらの当事者が信頼できそうかという評定担当者の個人的な印象は、間違った結論を導く危険がある。徹底的な調査を行えば、評定担当者の印象にもとづいて勧告を出す必要はほとんどない（第5章参照）。

5．心理テストや精神鑑定では、どちらの親がDVの申し立てについて真実を語っているのか立証はできないし、本当にその男性（女性）が加害者（被害者）なのかも立証できない。精神鑑定は、重大な精神疾患が存在するケースで治療計画を立てる目的でのみ用いること。精神鑑定の結果は慎重に解釈されなければならず、[6] 加害者の危険度や養育能力を判定する材料にはすべきでない（第5章および第7章参照）。

6. 子どもが評定担当者に語ったことは、慎重に解釈する。評定担当者は親による強制や操作、あるいは事前の「練習」が行われていないか、注意深く見きわめること。たとえ客観的な証拠が十分にあっても、子どもが暴力行為の存在を否定することはめずらしくない。さらに、母親の抱えるトラウマやその他の原因から、子どもが被害女性よりも加害者を肯定する発言をすることもある。子どもの発言は、DVのある家庭に典型的にみられる力学（第3章参照）や外傷性の絆（第2章参照）を理解したうえで解釈する必要がある。それと同時に、子どもの発言は慎重に検討すべきであり、親の意見の単なる反映だと決め込むのは禁物である（第6章参照）。

7. 評定者が家庭に出向き、子どもとそれぞれの親とのやりとりを観察する際にも、解釈には慎重を期すこと。一時間の観察で家族関係の力学が明らかになることはほとんどなく、大部分の加害者は観察されているときには問題なくふるまう。評定担当者は親子の観察から何を知りたいのか具体的な目標を定め、行き過ぎた一般化は避ける。また外傷性の絆など、加害者が家族間の関係に与えうる影響を十分念頭に置くこと。

8. DVの申し立てに十分な信憑性があると確信した場合、評定担当者は監督なしの加害者との接触が子どもに与えるリスクについて、注意深く見きわめること（第7章参照）。その際、加害者の身体的暴力の危険性の度合いや、評定担当者に対する加害者の発言だけにもとづいて判断してはならない。

9. 離婚や別居に関する有力な理論のなかには、加害者が当事者であるケースには適用できないものも少なくない。評定担当者は、両親の間に存在する緊張の原因が双方にあるとの前提に立たないこと。同様に、被害女性が加害者をもっと許したり信用することや、加害者とのコミュニケーションを改善することによって、あるいは加害者と子どもの関係をもっと支援することによって、子どもの状況が改善できるとも考えないこと（第6章参照）。私たちの経験では、被害女性が子どものニーズや利益を十分に満たしてやろうとすればするほど、別居後の被害女性と加害者の関係は悪化する可能性が高くなる。

10. 被害女性が、加害者が自分にしたのと同様のやり方で子どもを虐待するのではないかと心配しても、非難してはならない。これまでみてきたように、加害者の相当数が、パートナーに対する虐待的な接し方のおもな特徴を子どもとの関係にももち込むことが、研究と臨床経験の両方で強く示唆されている。

11. 虐待を申し立てられた者が子どもの必要にどれだけ関心を向け、自分の要求より優先して考えられるかについては、慎重に評価する。この親としての資質が不足している加害者は、かなりの高率でみられる。この点を評定する際には、加害者の過去と現在の両方について調査すること。

12. 加害者が専門家に自分自身や自分の考えについて語ったことを真に受けると、事実誤認を招く危険性がある。(1) 虐待を申し立てられている者が一見したところ沈着冷静で、明瞭な話し方をし、洞察力があり、離婚や面接交渉の却下によって傷ついているように見えても、DVの有無やその程度を見きわめる際にそのことを重視すべきでない。また、虐待を疑われる者が人間相互の思いやりや平等主義、子どものニーズを最優先させることの重要性といった考えを述べ立てるときにも、やはり注意が必要である。とくに過去と現在の行為に一貫性が認められない場合にはなおさらである。

13. 親権と面接交渉についての勧告は、子どもと母親の心身の安全を確保し、子どものトラウマからの回復を支援する生活環境を整えることを考慮して行う（第5章参照）。加害者とどのように接触するのが子どもにとって一番望ましいかについて、被害女性の考えを聞き、それを面会のプランづくりの際に重視する。別居後の加害者と子どもの面会の長さや頻度、監視の必要の有無などを決める際には、第7章で示したガイドラインを用いることを勧める。DVのケースで何より優先すべきなのは、子どもと暴力をふるわない親との間に可能なかぎり強力な絆を築くことである。

14. 評定担当者はDVのケースについての報告書を提出する前に、それぞれの勧告が母子関係およびきょうだい関係に与える可能性のある影響について、十分考慮すること。

15. DVのプログラムにかかわった経験のない評定担当者は、虐待の申し立てを伴う親権評定を行う際には必ずDVの専門家の意見を仰ぐようにする。(6)

16. 親の養育能力を評価する際には、子育てに関する**価値観**の評価も行うこと。(6) 第1～3章で述べた理由により、DVのケースでは親の価値観を調査することの重要性が増している。

17. 両親の関係にかなりの緊張がみられる場合、共同親権を認めたり面会のために頻繁に子どもを行き来させることは、子どもにとって良くない結果を招く。(147) これはDVが絡んだ親権争い全般にもいえる。こうした場合には、暴力をふるわない親に単独親権を与え、面会も頻繁な行き来のないように組み立てることが望ましい（第7章参照）。

以上に述べた親権評定の担当者に対する助言のほとんどは、一般に家庭裁判所で判定が下されるまでの過程や、その背後にすえるべき基本的な考え方にもあてはまる。裁判所関係者にはさらに以下の助言も参照していただきたい。

1. 親権評定の担当者には、専門研修と資格認定プログラムの受講を義務づけること。親権評定の担当者には、次のような領域での幅広い知識が求められる。(a) 徹底的かつ効果的な調査の方法。(b) 子育てスキルの評価。(c) 親子関係および親子の絆(外傷性の絆を含む)の深さの評価。(d) 子どもへの虐待やネグレクトの申し立ての評価。(e) DVの申し立ての評価、およびその申し立てと親権や面会プランとの関連の評価。(f) アルコールおよび薬物乱用の申し立ての評価。(g) 精神疾患に関する評価。(h) 離婚の力学(DVがある場合とない場合)。(i) 親権および面接交渉権訴訟にかかわる法律や訴訟手続。これらの領域をすべて扱う学問分野は存在せず、大部分の専門研修プログラムにも以上の領域はほとんど含まれていないのが現状である。裁判所によっては、親権評定担当者に資格をもつ精神保健の専門家を好んで登用するところもあるが、こうした専門家が対応できるのは、上記のうち二つか三つがせいぜいである。他方、たとえば児童保護の専門知識をもつ者であれば、通常五〜六つの領域に対応できると思われる。親権評定担当者は、DV、精神疾患、アルコールおよび薬物依存、親教育、保護監察など幅広い専門分野から選び、親権評定担当者養成のための研修プログラムの受講を義務づけること。すでにいくつかの州では、そうした規定がある。

DVの申し立てがなされているケースを扱う親権評定の担当者は、専門研修プログラムを通じて、DVの結果生じうる家族関係の力学（第3章参照）や加害者との監視なしの接触が子どもに与えるさまざまなリスク、適切なリスク・アセスメントの方法、DVが伴うケースでの適切な面会プランの組み方などについて理解しておくこと（第7章参照）。

2. DVのケースでは、法的な親権や監護権を共同にすることは、両親双方の合意がないかぎり勧められない。ほとんどの加害者が、引き続きもめごとを起こして子どもに悪影響を及ぼすからである。

3. 入念かつ徹底的な調査を行う以前に、暴力被害の申し立てをでっち上げや誇張だとみなすべきではない。

4. 一般に両親の別居後ある程度の期間（一年以上）が経過するまでは、子どもと加害者との監督なしの接触は行わないほうがよい。[4] 一定期間経過後であっても、次の条件がすべて満たされている場合にのみ認めるべきである。（a）加害者が加害者プログラムを終えている。（b）加害者が現在、子どもに身体的・性的虐待を行う心配がない。（c）加害者は過去に母子関係をひどく傷つけたことがない。（d）子どもが加害者との面会を望んでいる。加害者が以前に子どもの主たる保護者だった場合、あるいは両親が遠く離れて暮らしている場合には、監督なしの面会を多少早めに開始する必要があろう。ただし、子どもにとっての危険性が高くないと判断された場合にかぎる。

5. DVのケースでは一般に、宿泊を伴う面会は許可しないこと。その理由は第7章で延べたと

おりである。(4・212)

6. DVのケースでは、子どもが希望しない面会は行うべきではない。ただし例外として、子どもがトラウマティックな影響を被ることなく面会に耐えられる場合には、専門家による監督つき面会を回数を限定して認めることはありうる。だが一般には、暴力をふるう父親との関係で子どもに長期的な悪影響が及ぶリスクのほうが、面会によって得られるメリットより大きい。

7. 加害者には子どもの親権を与えるべきではないが、母親が子どもを安全な環境で世話することができず、代わりとなる適切な引き取り先もなく、しかも加害者が子どもにとって危険ではないとみなされる場合、まれに例外が認められることがある。こうしたケースでは、母親が一定の期間内に親としてふさわしい態度を身につけられること、あるいは子どもが加害者の家で危険にさらされることが判明した場合、親権決定を再考する。

8. 判事をはじめとする裁判所関係者が、被害女性に対して忍耐と礼儀と敬意をもって接すれば、子どもにとっても良い結果になると私たちは考える。母親の希望と一致しない判定が下される場合には、その重要性はいっそう増す。

9. 親権や面接交渉権、養育費をめぐる対立が起きた場合、被害女性が調停による解決を自発的に選択しないかぎり、被害女性と加害者による調停は行わない。(4・121)加害者はしばしば調停を巧みに操作し、被害女性はさまざまな理由から、子どもにとって良くないと思う条件にも同意してしまう可能性がある（第5章参照）。母親の自発的選択にもとづいて調停を行う場合には、具体的で制限的なガイドラインに従うことが必要であり、(184)判事は合意内容を両当事者とともに注意深く吟味し、それが両者の自由意思にもとづき、子どもの利益にもっともかなうものであることを確認する。いずれにせよ、DVのかかわるケースでは、保護監察官も含めた裁判所所属の調停人は調停にあたらず、判事の補助として事実の収集に専念することが望ましい。(97)

10. 養育費の負担を決めるにあたっては、親の収入やその他の資産に関する証拠をさらに集めることが必要である。これは、加害者が子どもの養育に関する尋問や関連書類で、不誠実な申告をする比率がかなり高いためである。加害者が資産に関して虚偽の申告をしたため、母子に金銭面での多大な損失が生じたという報告は、多くの被害女性から聞かれる。加害者が経済状況の申告書に虚偽の記入を行った場合には相応のペナルティを課し、それを承知していた弁護士も同様に責任を負わせるべきである。(98) DVのケースを扱う訴訟では、養育費の問題が十分に検討されないこともしばしばだが、(204) 金銭面の問題は、被害女性の心身の安全を守り、ふたたび加害者とのいざこざに巻き込まれないために欠かせない重大な問題だ、との認識が必要である。

11. 裁判所は被害女性の子どもに、DV家庭の子どもを対象にした心理教育的グループへの参加を積極的に促すこと。こうしたプログラムに参加することが子どもの回復にきわめて有効であることは明らかであり、裁判所は加害者が子どもの参加を妨害しないよう十分に注意するべきである。

12. 児童虐待の申し立てについて、児童保護機関がそれを裏づける十分な証拠がないと判断した場合でも、虚偽の申し立てとして扱うことは禁物。(82) 次の（a）～（c）の可能性を考えるべきである。（a）申し立ての内容に間違いはないが、子どもの側に専門家に打ち明ける心の準備がなかった。(b) 申し立ての内容に間違いはないが、児童保護機関は介入に踏み切るほど深刻だとは考えなかった。(c) 申し立ての内容は事実ではないが意図的な嘘ではなく、親の単純な誤解によるものか、虐待以外の気がかりな行動に対する適正な対応だった。故意に虚偽の申し立てがされることは、親権や面接交渉権の訴訟中でも一般に考えられているほど多くない（第4章参照）。

13. DVのケースでは、子どもにとっての最大の利益は被害女性の最大の利益と不可分である[301]。したがって親権や面接交渉権について判断を下す際には、母親の心身の安全と幸福を考慮に入れることが重要である。

14. 監督つきの面会[212]と子どものセラピー[4]にかかる費用は、可能なかぎり加害者に負担させる。さらに、親権や面接交渉権訴訟の最中にDVの存在が発覚した場合、裁判所は被害女性の訴訟費用を加害者側に一部負担させる措置を拡充する必要がある[98]。

15. 被害女性による引っ越しの要望は通常、子どもの最善の利益に合致するものであり、証拠が提出され、それが受理された場合に反証がなされなければ、裁判所は引っ越すことが子どもの最善の利益に合致すると推定し、そのように指示する[212]。離婚にあたっての引っ越しは子どもにとって最大の利益となることが多く[294]、とくにそれによって親権をもつ親の生活が大きく改善される場合には、なおさらである。

16. DVのケースでは、一般に加害者と被害女性を対象にしたカップル・カウンセリング（あるいは他のセラピーや調停を同席で行うこと）は行わないこと[252]。

17. 怒りのコントロール・プログラムは、パートナーないしは親としての加害者特有の問題に取り組むのに必要なものとはまったく異なる事柄に焦点をあてるものであり、加害者プログラムの代わりに用いてはならない（第8章参照）。

18．裁判所関係者には、『ドメスティック・バイオレンスおよび家庭内暴力に関する模範法典（Model Code on Domestic and Family Violence）』[212]、およびシーランとハンプトンの共著[254]の付録Aに収められたDVのケースにおける面接交渉についての詳細にわたる助言を参照することを勧めたい。

19．家庭裁判所は、DVが申し立てられているケースにおける親権評定の基準を設定することが望ましい。そこには、評定担当者が収集し考慮すべき証拠の種類や、調査・評定を適切に行うための手順を明確に規定し、心理テストの無条件での使用は不必要であることや、心理テストの結果の適正な利用方法も明記しておくこと。

児童保護機関や裁判所

児童が保護されるケースの六〇％以上に、DVが伴う[301]。母親の親としての態度や行動（改善する余地も含めて）を評価する際には、加害者が母親の養育能力や親としての権威の確立に及ぼす影響について考慮しなければならない（第3章参照）。加害者が子どもに及ぼすリスクについては、複数の要素を吟味する必要がある（第7章参照）。さらに、子どもがDVにさらされた経験からどの程度マイナスの影響を受けるかは、個々のケースによって大きく異なり[142]、暴力の度合いや加害者による操作の程度、母親がどの程度子どもの支えとなり、マイナスの影響から守ることができたか、子どもの回復を助ける地域社会の資源（情報やサービス、施設など）をどのくらい利用できたか（第3章参照）など、いくつかの要因によって左右される。

以上の原則に加え、以下にあげる具体的な助言も参考にしていただきたい。

1. 母親が子どもの保護者としてふさわしくない場合や、子どもの行動が母親の手に負えなくなった場合には、加害者に子どもを託すこと以外の可能性を探るようにする。私たちの経験によると、年少の子どもは加害者への恐怖心によって心に傷を負いやすく、一方、年長の子どもはDVを是認する考え方が助長されるなど、加害者の価値観に影響を受けやすい（第2章参照）。

2. 親権および面接交渉権訴訟の最中に児童虐待の通告があった場合も、それ以外の時期と同等の注意をもって扱い、適切な調査を行う。

3. 被害女性が親としての権威を取り戻すよう支援するには、母親の心身の安全を図るための法的手段をとること、加害者に自らの行動に対する責任をとらせること、子どもをDV家庭の子どもを対象にしたプログラムに参加させること、母親自身を被害女性を対象にしたプログラムに参加させることなど、いくつもの要素が必要である。[301] 児童保護機関と少年裁判所は、これらのすべてが実現されるよう努力すべきである。また、これらの支援は個々の状況に合わせて調整すること。たとえば、親としての権威を恒常的におとしめられてきた母親と、もともと子どもに規律を守らせることが困難、あるいはそのスキルが欠如している母親とでは、おのずから必要な支援は異なる。

4. 被害女性は親権を失う（州、あるいは加害者に親権を託す）ことに大きな恐怖心をもっている。これは、児童保護機関が被害女性から過去のDVに関する正確な情報を得ようとする際の大ききな妨げとなる。したがって担当者は、被害女性に支援的で威圧的でない接し方をすることによって信頼関係を築き、子どもの利益を守るために効果的なチームを組むことを目標に努力するべきである。

5. 児童保護機関の説得によって被害女性が加害者と別れる決断をした場合、加害者が家庭裁判所に子どもの親権を求める訴訟を起こす（場合によっては親権を獲得する）ことはめずらしくない。したがって児童保護機関は子どもの安全確保のため、親権訴訟を手続継続の状態にし、訴訟手続で女性を擁護する準備をしておく必要がある。

6. 児童福祉の調査担当者は対象となったすべての家庭について、家族関係の力学を十分調査すること。たとえば冷蔵庫が空だったり、子どもが必要な医療を受けていないことが判明した場合には、父親が金銭の使い道や自動車の利用に関する権限を独占していないか、あるいは母親に恐怖心を植えつけて行動をコントロールしていないかを確かめる。

7. DVのケースのなかでも加害者の危険度が高い場合や、母親のアルコール・薬物乱用や一方の親による子どもへの身体的虐待などのために、子どもを家庭外に保護する必要がある場合、児童保護機関は被害女性が適切なサービスを確実に受けられるように努める。具体的には、被害女性を対象にしたプログラム、アルコール・薬物乱用の治療、トラウマに関する教育を受けた専門家による心理カウンセリングなど。こうしたサービスを提供することで、母親からの長期的な引き離しや母親の親権の永久的剥奪は避けられることが多い。

8. 加害者が自分の問題を克服したかどうかの判定は、慎重に行う（第8章参照）。

9. 暴力の影響を受けた家族における児童保護の問題に対応する児童保護機関や裁判所関係者に

は、『ドメスティック・バイオレンスと児童虐待に対する効果的介入――政策と実践のガイドライン（Effective Intervention in Domestic Violence and Child Maltreatment Cases : Guidelines for Policy and Practice）』[252]が、大変参考になる。

10. 加害者プログラムは、とくに親としての加害者のあり方が取り上げられている場合、加害者にとって大きな効果が期待できる。[252]

11. 一般にDVのケースでは、加害者と被害女性が同席するカップル・カウンセリングへの参加命令は出すべきではない。[252]

親教育の担当者

親教育を行うにあたっては、DVについての理解が十分であることが不可欠である。[252] DVのケースに標準的な親教育カリキュラムを採用すると、思わぬ結果を招きかねないため、被害女性と加害者を対象にしたプログラムを受けさせることが大切である。こうしたプログラムで取り上げるべきテーマには、暴力が家族の機能に与える影響、母親が親としての権威を保つうえでの障害などがあるが、事前にすべてのテーマを吟味し、参加する被害女性や加害者に好ましくない影響が及ばないよう注意しなければならない。また親教育の担当者は、加害者が親教育プログラムで学んだ事柄を、自分の都合のいいように解釈する傾向があることを認識しておくこと。私たちの経験でも、親教育プログラムで学んだことを使って、自分ではなく母親の子育てについて批判する加害者は少なくない。

そのほかの助言は以下のとおりである。

1. 被害女性に、加害者とのコミュニケーションを増やしたり改善することによって、子どもの状況を改善することができると教えることは禁物。これは本来の意図とは正反対の結果を招き、母親自身の暴力被害によるトラウマからの回復の妨げとなる場合がある。その結果、子どもにも悪影響が及びかねない。

2. 親教育の担当者は、参加の要件として加害者プログラムへの参加を義務づけることも検討してほしい。加害者は親教育で学んだことを本来とは異なる目的で利用して、子どもやパートナー（または元パートナー）を傷つけたり、親教育プログラムの修了証明を親権や面接交渉権の拡大を勝ち取るための手段として使おうとする傾向がある。

3. 親教育の担当者は、被害女性が長年にわたって加害者にもたせようとしてきた健全な子育ての姿勢と基本的に同じことを、加害者に理解させなければならない場合が多い。こうした場合、パートナーに対して優越感をもつ加害者は、パートナーが正しかったことを認めるのを嫌う。したがって親教育担当者は、加害者がたとえ表面上は同意しているようなそぶりを示しても、本心では提示された考え方を受け入れるのに強い抵抗を感じている可能性があることを承知しておく必要がある。

4. どんな親教育プログラムにも、被害女性や加害者が（場合よってはそのことを隠して）参加している可能性があるため、すべての親教育プログラムに、以下に示すようなDVに関連する内容を組み入れることが望ましい。（a）両親がそろった家庭での子育ての成否は、一方の親がもう一方の親をどう扱うかに大きく依存する。どんな形であれ暴力や虐待など、パートナーに不当な仕打ちをすることは責任ある親の姿とはいえない。（b）両親は子どもに、互いに敬意を抱き、家事や育児を対等に分担し、非暴力の基本を守ることの手本を示す必要がある。(c)両親は子どもに、自分の行動に責任をもち、他人のせいにしない生き方の手本を示す必要がある。(d)両親は子どもに、たとえ腹が立っても互いに相手の話をよく聞き、怒りを口実にして相手を侮辱したり、おとしめたり、威嚇したりしないという手本を示す必要がある。(e)子どもを暴力にさらすことは、子どもの心にとって有害であり、その責任は暴力をふるう側にあってふるわれる側にはない。

5. 加害者を対象にした親教育プログラムでは、上記の点に加え、暴力の問題とそれに対する責任、暴力が子どもに与える影響、相手の挑発は暴力の口実にはならないこと、そして暴力の根底にある権力と支配の問題[197]について明確な取り組みを行う必要がある。さらに暴力の影響や、加害者が母と子の関係を支援する必要性にも取り組むべきである。

6. 未成年者の加害者は成人の加害者に比べ、親教育で学んだ事柄を誠実に自分の生活に取り入れ、思いやりのある効果的な子育てのスタイルを身につけていくことが多い。親教育の担当者は、若い父親を積極的にプログラムに参加させるよう努めてほしい。

7. 親教育の担当者は加害者プログラムの専門家と協力して、親としての加害者の態度や行動をどのように改善するかや、暴力の根底にある虐待的な態度や考え方への直面化を親教育のなかにどう組み入れるかを探ってほしい。

心理テストや精神鑑定の担当者

1. 心理テストや精神鑑定の担当者は、鑑定によってその人物が加害者あるいは被害者であるかどうかや、特定の加害者または加害者とされる者が子どもに及ぼす危険の度合いについて結論を下すべきではない。心理テストや精神鑑定は、こうした結論を導くための十分な根拠にはならない。
2. 心理テストや精神鑑定の担当者は報告を行う際、観察結果およびテストや鑑定の結果の適正な利用法（例／精神疾患の診断、治療計画など）と、適正ではない利用法（例／養育能力の評価、当人がDVの加害者あるいは被害者かどうかの判定、どちらの親が子どもの親権を得るべきかの判断など）を明確にするよう努める。報告書ではさらに、トラウマに関連する症状とそれ以外の症状を区別するのに、心理テストには限界があることを説明すること。また、被害女性や親権・面接交渉権訴訟の当事者に心理テストを行うと、どんな結果が予測されるかについて書かれた文献にも、よく目を通しておくことを勧めたい（第5章参照）。

加害者プログラム

加害者プログラムは、子どもの問題（とくに親としての加害者のあり方）にいっそうの重点をおき、カウンセリングやそれに付随する取り組み、方針など全領域にわたってこのことを反映させる必要がある。[252] 具体的な助言は以下のとおりである。

1. 加害者プログラムのカリキュラムには、次の（a）～（e）を組み入れること。（a）放任的子育て、権威をもった子育て、権威主義的子育てはそれぞれどう違うかをはじめ、適切な子育てとは何かについての教育。（b）ＤＶにさらされた子どもにはどんな影響が及ぶかについての教育。（c）母親の権威を傷つける行動や母子関係を阻害する行動を認識し、自分の問題として直面化すること。（d）子どもを武器にして利用する行為を認識し、直面化すること。（e）子どもへの性的虐待が及ぼす影響と、子どもとの性的境界を適正に守ることについての教育。

2. 加害者プログラムの担当者は、加害者との間に子どもがいる現在および過去のパートナーと連絡をとり[224]、親としての加害者のふるまいについてや、現在親権や面接交渉権の訴訟に関与しているかどうかを尋ねること。担当者はまた、加害者のＤＶ容疑での逮捕歴を、被害女性が知らないものも含めてすべて被害女性に知らせる。さらに加害者のプログラムへの参加や、他の女性に対する犯罪歴などに関して、被害女性が求めてきた情報はすべて提供すること（ただし被害女性以外の、加害者の現在または過去のパートナーから得た極秘情報は例外とする）。

3. 加害者プログラムは、ＤＶにさらされた子どもを対象にしたプログラム、子どものカウンセリングを行うセラピスト、その他のグループまたは個人のプログラムや支援サービスを提供する担当者や機関などと緊密な連携をとること。

4. 加害者プログラム担当者は、必要に応じて児童保護機関や家庭裁判所、親権評定担当者などと協力し、子どもの心身の安全を守ることに努める。

被害女性プログラム

被害女性を対象にしたプログラムは、子どもの権利を擁護する者をスタッフに加えるなど、最近では子どものニーズを重視するようになっている。こうした好ましい傾向をさらに促進するために、以下のように助言したい。

1. 被害女性のためのサポートグループのカリキュラムには、加害者に対する親教育や、暴力が母子関係に与える影響などを組み入れること。私たちの経験では、加害者が被害女性と子どもに対し、自分は良い親であり、母親が子どもとの関係で困難を感じているのは、すべて母親のせいだと巧妙に信じ込ませるケースがしばしばみられる。
2. 被害女性プログラムの担当者は親教育プログラムの担当者と協力し、被害女性に対する親教育の実施に向けて努力する。被害女性の子育てに関する有益な取り組みはすでにいくつか存在するので、参考にするとよい（本書一七五頁参照）。
3. 被害女性プログラムは、地域でどんなセラピーや教育、支援活動が子どもを対象に行われるかについて助言し、可能であれば関係する精神医療の専門家との連携を図ること。セラピストや、DVにさらされた子ども対象のプログラム、警察や学校、家庭裁判所、少年裁判所、児童保護機関など、子どもの問題にかかわる地域の諸機関の担当者は、被害女性プログラム実施団体による研修を受講し、DVの力学（なぜ母親は加害者のもとをなかなか離れられないか、など）や加害者の危険にさらされた子どもが受ける影響、その結果生じうる家族関係の力学などについての理解を深めるようにする。

4. 親権あるいは面接交渉権の訴訟中の被害女性には、子どもの心身の安全をしっかり守り、訴訟によってふたたび負った心の傷に対処する能力を高めるための専門的なサービスが必要である。[275] 具体的には、こうした女性を支援するサポートグループ、法的な支援、別居後の問題に関する資料の配布など。

監督つき面会センター

1. 監督つき面会センターが裁判所に報告書を提出する際には、加害者が子どもに及ぼすリスクの程度（あるいはそのリスクが減少する可能性）は、監督つき面会での加害者の行動からは予測できないことを強調すること。
2. 面会センターのスタッフが加害者に巧みに操作されないために、手続規定を設けるなどの措置を講じること。[43]
3. 面会センターのスタッフに、加害者に特徴的な子どもへのかかわり方（微妙なふるまいによって子どもにリスクを及ぼす可能性を含む）についての研修を徹底すること。
4. 面会センターで加害者が子どもと一緒に過ごす間は、片時もスタッフの目の届かないところや声の聞こえないところに行かせないこと。子どもへのプレゼントや本など加害者がセンターに持ち込んだ物は、すべてスタッフが適切で安全なものかをチェックし、子どもへのメッセージが書かれていないかを調べる。ひそひそ話や筆談は許さず、すべての会話を監視すること。[309]

5. 物を買い与えることで子どもを操作するのを防ぐため、加害者からのプレゼントはクリスマスと誕生日に限って許可すること。[43]
6. DVにさらされた子どもには暴力にかかわる、あるいは暴力を表現するおもちゃを使わせないこと。また加害者がそうしたおもちゃを子どもにプレゼントしないようにすること。[43]
7. 面会センターの役割は、面会の監督とその様子を文書に記録することに限定し、今後の親子の接触について裁判所に提言することなどは行わない。役割分担を徹底しないと、かえって効果が薄められることがある。[271]
8. 監督つき面会センターは、裁判所による別段の指示がないかぎり、監督にかかる費用はすべて加害者に払わせる方針をとる。これは、親権家庭に金銭的負担をかけず、そもそも監督が必要になったのは誰の責任かを当事者に明白にするためにも重要である。[212]

家事事件専門の弁護士および弁護士会

1. DVの力学や加害者が子どもに及ぼすリスクに関して、家事事件専門の弁護士が受けられる研修を増やす。親権や面接交渉権、子どもの養育についての訴訟で被害女性を適切かつ強力に代弁できるよう、弁護士に専門的な研修を行うことが必要である。
2. 弁護士会は、親権あるいは面接交渉権の訴訟中の被害女性が、無料あるいは低額の法的サービスを受けられるように努力する。
3. 親権または面接交渉権の訴訟における、加害者の法定代理人の行動基準を設ける。これは弁護士の活動を適切な法的サービスの提供にとどめ、加害者の手先になって被害女性への虐待に加担しないようにするためのものである。

要約

親としての加害者の態度や行動についての理解を深めることは、さまざまな分野の専門家による介入のあり方を改善し、現場での対応の誤りをなくすことに貢献しうる。また、ＤＶへの対応方針を文書化すれば、複雑でリスクの多いＤＶのケースの担当者にとって有益な指針となる。専門家の対応が改善されれば、子どもと被害女性双方に大きなメリットをもたらす。さらに、加害者にさらされた子どもへの専門家の対応が改善されたことが明らかになれば、ＤＶが存在しつづける背後にある有害な社会的・文化的概念を変革する契機ともなり、地域社会でのより幅広い教育的効果が期待できる。

新訳版への訳者あとがき

ランディ・バンクロフト、ジェイ・G・シルバーマン共著による *The Batterer as Parent — Addressing the Impact of Domestic Violence on Family Dynamics*（二〇〇二）は、二〇〇四年に日本語版（旧版）が出版され、以後二〇年近くにわたって数多くの人びとに読まれてきた。このたび、横書き・ハードカバーのいかにも専門書といった体裁から、縦書き・ソフトカバーという誰にでも手に取りやすい形に改め、新訳版として出版されることになり、それに伴って翻訳もより読みやすくするために全面的に手を入れた（なお、二〇一二年に原著の第二版が出版されているが、そのことに気づいたのがすでに本書の校正中だったため、第二版を参照することはできなかったことをお断りしておく。目次を見比べた範囲では、最終章に何節か追加されている以外に大きな変更はない模様である。）。

日米両国で本書が長く読まれてきたというのは喜ばしいことであると同時に、社会からDVがなくならないという悲しい現実を物語ってもいる。虐待を受けている直接の被害者である女性をサポートする必要があるのはいうまでもないが、そうした家庭で育った子どもへの理解や配慮がまだまだ足りないという現実もまた変わっていない。本書で著者たちが強調するのは、DVのある家庭に育つ子どもは、単に加害者の暴力行為だけでなく、加害者がいることによって作られる家庭内の雰囲気や家族関係の力学に、情緒面・発達面で大きな影響を受けるということだ。したがって、個々の暴力行為が子どもに及ぼす影響を臨床的な見地から取り上げる従来の狭いアプローチでは不十分であり、家族関係・親子関係を全体的にとらえることが必要だというのである。またこうした立場から、加害者が虐待したのは母親だけで、子どもは虐待していないのだから、父親としての適格性は認めるべきだという考え方も誤りであると著者たちは指摘している。

もうひとつ特筆すべきなのは、被害女性に対する視点だろう。著者たちは一貫して、被害女性に対して敬意をもつことの重要性を強調している。DVの被害に遭った女性は加害者によって人格を否定されたり貶められたりして、親としての権威を失わされている。DV家庭の子どもの情緒的回復を図るには、そうした女性の立ち直りとエンパワーメントが不可欠であり、そのためには専門家をはじめとする周囲の人間が、被害女性に対して忍耐と礼儀と敬意をもって接することが不可欠だという。被害女性を上から目線ではなく、対等な人間として扱うというのは、ジェンダーの視点からもきわめて重要なポイントだと思われる。

なお日本語のタイトルについて一点、補足しておきたい。本書のなかで著者たちは「DVにさらされた子ども」ではなく「加害者にさらされた子ども」という表現のほうが適切だと強調している。だが、日本語版のタイトルは原著のタイトル『*The Batterer as Parent*』の直訳「親としての加害者」ではなく、『DVにさらされる子どもたち』とした。これは、あくまでタイトルとしてのわかりやすさを第一に考えた結果であることをご理解いただきたい。

本書は主としてDVの専門家や学生、児童保護機関の担当者や訴訟に関わる人びとに向けて書かれたものではあるが、研究者であるとともに臨床家でもある著者たちの豊富な経験に基づく知見が縦横に展開され、臨場感たっぷりの具体例が豊富にあげられている。この新訳版が専門家にとどまらず、DVに関わりや関心のある読者に一人でも多く手に取っていただけることを願っている。

最後に、今回の新訳版作成にあたっては金剛出版の鷹野原美奈さんに大変お世話になった。旧版の原稿を丁寧に読み込んで、貴重な指摘や助言を多々していただいたことに心よりの感謝を表したい。

二〇二一年一一月

幾島 幸子

〈旧版〉日本語版あとがき

“The Batterer as Parent”の日本語版である本書は、ジャパン・ソサエティ(注)が主催した「日米女性リーダー交流プロジェクト」の成果として、(財)アジア女性交流・研究フォーラム、(財)せんだい男女共同参画財団、(財)福島県青少年育成・男女共生推進機構、(財)横浜市女性協会の四つの組織が共同で企画したものです。

本書は、著者の臨床経験にもとづいたDV加害者の親としての行動についての論考です。DV加害者の行動にスポットライトを当てることにより、DVが起きている家族という「多面体」にこれまでとは違う角度から光が射しこみ、DV加害者が家族のなかで有害な波紋を広げていく様子が浮き彫りになります。第3章で紹介されているエピソードは、著者が実際にかかわった複数の事例を組み合わせて構成されたものですが、DV加害者が直接的な暴力だけでなく、母親の権威をないがしろにする、特定の子どもを自分の味方につけて家族のなかに分裂の種をまくといった行動を通して、日常生活のすみずみにまで影響を及ぼす様子が描き出されています。あたかもその場に居合わせたかのように感

[注] ニューヨークに本拠をおき、日米の相互理解、知的交流を目的とする非営利活動団体。

じた読者も多いのではないでしょうか。このエピソードから、不安と緊張にさらされて体の不調を訴えたり、学校で不適応を起こす子どもたちの問題の原因が、実はＤＶ加害者の行動にあることが読み取れます。ＤＶと子どもへの虐待を別個の問題としてではなく、「加害者としての親が家族機能に与える影響」という包括的な視点から論じている点が、本書の新しさと言えるでしょう。

本書のもう一つの特色は、両親が別れればＤＶにさらされた子どものトラウマは解消するという誤解を解くために、別居後の問題も取り上げていることです。親権、面接交渉権、養育費をめぐる訴訟に、親権評定者や訴訟のための後見人としてかかわった経験から、著者は離婚のプロセス自体のなかに、加害者による力と支配がもち込まれがちであると指摘しています。日本には「監督つき面会」という制度がなく、面接交渉権のあり方も合衆国とは異なる面があります。しかし、加害者が子どもに与えるリスクの評価や親権決定において考慮すべき事柄など、両国の制度の違いを越えて参考になる点は多いと考えられます。

本書の企画を進めている折しも、日本では「児童虐待の防止等に関する法律（児童虐待防止法）」と「配偶者からの暴力の防止及び被害者の保護に関する法律（ＤＶ防止法）」が改正され、子どもへの虐待とＤＶが重なり合う領域に対する法的対応が整えられようとしています。改正児童虐待防止法では子どもの目の前での配偶者に対する暴力は子どもへの心理的虐待にあたると定義され、一方、改正ＤＶ防止法では保護命令の範囲が被害者と同居する子どもに拡げられました。児童虐待防止とＤＶ防止という両方のアプローチが同じ問題に行き着いたと言えるでしょう。このような状況のなかで、日本語版出版はまさに時宜にかなったものと考えています。

日本語版は幾島幸子さんの卓越した翻訳により、読みやすくわかりやすい文章となりました。ＤＶ

にさらされた子どもと被害女性の支援の現場で、ぜひ本書を活用して欲しいと願っています。

二〇〇四年五月

【翻訳企画】
（財）アジア女性交流・研究フォーラム
（財）せんだい男女共同参画財団
（財）福島県青少年育成・男女共生推進機構
（財）横浜市女性協会
翻訳企画の事務局は、（財）横浜市女性協会が担いました。
（納米恵美子、白藤香織）

索 引

人名索引

事項索引

アルファベット

あ

か

さ

た

な

は

ま

や

ら

文 献

1. Adams, D. (1989, July/August). Identifying the abusive husband in court: You be the judge. *Boston Bar Journal*, 23-25.
2. Adams, D. (1991). *Empathy and entitlement: A comparison of battering and non-battering husbands.* Unpublished doctoral dissertation, Northeastern University, Boston, MA. (Available from Emerge, 2380 Massachusetts Ave., Cambridge, MA, 02140.)
3. Adamson, J., & Thompson, R. (1998). Coping with interparental verbal conflict by children exposed to spouse abuse and children from nonviolent homes. *Journal of Family Violence,* 13(3), 213-232.
4. American Bar Association Center on Children and the Law. (1994). *The impact of domestic violence on children: A report to the president of the American Bar Association.* Washington, DC: American Bar Association.
5. American Psychiatric Association. (1994). *Diagnostic and statistical manual of mental disorders* (4th ed.). Washington, DC: Author.
6. American Psychological Association. (1994). Guidelines for child custody evaluations in divorce proceedings. *American Psychologist,* 49(7), 677-680.
7. American Psychological Association Presidential Task Force on Violence and the Family. (1996). *Violence and the family.* Washington, DC: American Psychological Association.
8. Arroyo, W, & Eth, S. (1995). Assessment following violence-witnessing trauma. In E. Peled, P. Jaffe, & J. Edleson (Eds.), *Ending the cycle of violence: Community responses to children of battered women* (pp. 27-42). Thousand Oaks, CA: Sage.
9. Augustyn, M., Parker, S., McAlister Groves, B., & Zuckerman, B. (1995). Silent victims: Children who witness violence. *Contemporary Pediatrics,* 12(8), 35-57.
10. Ayoub, C., Grace, P., Paradise, J., & Newberger, E. (1991). Alleging psychological impairment of the accuser to defend oneself against a child abuse allegation: A manifestation of wife battering and false accusation. In M. Robin (Ed.), *Assessing child maltreatment reports: The problem of false allegations* (pp. 191-207). New York: Haworth Press.
11. Bachman, R. (2000). A comparison of annual incidence rates and contextual characteristics of intimate-partner violence against women from the National Crime Victimization Survey (NCVS) and the National Violence Against Women Survey (NVAWS). *Violence Against Women,* 6(8), 839-867.
12. Bancroft, L. (forthcoming, Sept. 2002). *Why does he do that? Inside the minds of angry*

and controlling men. New York: Putnam.

13. Bandura, A. (1978, Summer). Social learning theory of aggression. *Journal of Communication,* 12-29.
14. Banyard, V. (2000). Trauma and memory. *PTSD Research Quarterly,* 11(4), 1-7.
15. Barbaree, H. E., & Marshall, W.L. (1989). Erectile responses among heterosexual child molesters, father-daughter incest offenders, and matched non-offenders: Five distinct age preference profiles. *Canadian Journal of Behavioral Science,* 21(1), 70-82.
16. Bathurst, K., Gottfried, A. W, & Gottfried, A. E. (1997). Normative date for the MMPI-2 in child custody litigation. *Psychological Assessment,* 9(3), 205-211.
17. Becker, J., & Quinsey, V. (1993). Assessing suspected child molesters. *Child Abuse and Neglect,* 17, 169-174.
18. Beeman, S., Hagemeister, A., & Edleson, J. (1999). Child protection and battered women's services: From conflict to collaboration. *Child Maltreatment,* 4(2), 116-126.
19. Bennett, L. (1995). Substance abuse and the domestic assault of women. *Social Work,* 40(6), 760-771.
20. Bennett, L., Goodman, L., & Dutton, M. A. (2000). Risk assessment among batterers arrested for domestic assault: The salience of psychological abuse. *Violence Against Women,* 6(11), 1190-1203.
21. Bergen, R. K. (1996). *Wife rape: Understanding the response of survivors and service providers.* Thousand Oaks, CA: Sage.
22. Berk, R., Fernstermaker Berk, S., Loseke, D., & Rauma, D. (1983). Mutual combat and other family violence myths. In D. Finkelhor, R. Gelles, G. Hotaling, & M. Straus (Eds.), *The dark side of families: Current family violence research* (pp. 197-212). Beverly Hills, CA: Sage.
23. Berlin, P, & Vondra, J. (1999). Psychological maltreatment of children. In R. Ammerman & M. Herson (Eds.), *Assessment of family violence: A clinical and legal sourcebook* (pp. 287-321). New York: Wiley.
24. Bilinkoff, J. (1995). Empowering battered women as mothers. In E. Peled, P. Jaffe, & J. Edleson (Eds.), *Ending the cycle of violence: Community responses to children of battered women* (pp. 97-105). Thousand Oaks, CA: Sage.
25. Bonilla-Santiago, G. (1996). Latina battered women: Barriers to service delivery and cultural considerations. In A. R. Roberts (Ed.), *Helping battered women: New perspectives and remedies* (pp. 229-234). New York: Oxford University Press.
26. Bowker, L. (1983, June). Marital rape: A distinct syndrome. *Social Casework: The Journal of Contemporary Social Work,* 347-352.
27. Bowker, L., Arbitell, M., & McFerron, R. (1988). On the relationship between wife beating and child abuse. In K. Yllo & M. Bograd (Eds.), *Feminist perspectives on wife abuse* (pp. 159-174). Newbury Park, CA: Sage.
28. Bresee, P., Stearns, G., Bess, B., & Packer, L. (1986). Allegations of child sexual abuse in child custody disputes: A therapeutic assessment model. *American Journal of*

Orthopsychiatry, 56(4), 560-569.
29. Brodzinsky, D. (1994). On the use and misuse of psychological testing in child custody evaluations. *Professional Psychology: Research and Practice,* 24(2), 213-219.
30. Bukatko, D., & Daehler, M. (2001). *Child development: A thematic approach* (4th ed.). Boston: Houghton Mifflin.
31. Bureau of Justice Statistics. (1996). *Female victims of violent crime* (Report No. NCJ-162602). Washington, DC: U.S. Department of Justice.
32. Campbell, J. (1995a). Prediction of homicide of and by battered women. In J. Campbell (Ed.), *Assessing dangerousness* (pp. 96-113). Thousand Oaks, CA: Sage.
33. Campbell, J. (1995b). Addressing battering during pregnancy: Reducing low birth weight and ongoing abuse. *Seminars in Perinatology,* 19(4), 301-306.
34. Campbell, J., Oliver, C., & Bullock, L. (1998). The dynamics of battering during pregnancy. In J. Campbell (Ed.), *Empowering survivors of abuse: Health care for battered women and their children* (pp. 81-89). Thousand Oaks, CA: Sage.
35. Campbell, J., Soeken, K., McFarlane, J., & Parker, B. (1998). Risk factors for femicide among pregnant and non-pregnant battered women. In J. Campbell (Ed.), *Empowering survivors of abuse: Health care for battered women and their children* (pp. 90-97). Thousand Oaks, CA: Sage.
36. Caplan, P., & Wilson, J. (1990). Assessing the child custody assessors. *Reports of Family Law,* 27(2), 121-134.
37. Carlson, B. (1984). Children's observations of interparental violence. In A. R. Roberts (Ed.), *Battered women and their families* (pp. 147-167). New York: Springer.
38. Carlson, B. (1990). Adolescent observers of marital violence. *Journal of Family Violence,* S(4), 285-299.
39. Carlson, M., Harris, S., & Holden, G. (1999). Protective orders and domestic violence: Risk factors for re-abuse. *Journal of Family Violence,* 14(2), 205-226.
40. Carnes, C. N., Nelson-Garden, D., Wilson, C., & Orgassa, U. C. (2001). Extended forensic evaluation when sexual abuse is suspected: A multisite field study. *Child Maltreatment,* 6(3), 230-242.
41. Carrillo, R., & Tello, J. (Eds.). (1998). *Family violence and men of color: Healing the wounded male spirit.* New York: Springer.
42. Cayouette, S. (1999). Running batterers groups for lesbians. In B. Leventhal & S. Lundy (Eds.), *Same-sex domestic violence: Strategies for change* (pp. 233-242). Thousand Oaks, CA: Sage.
43. Children's Visitation Program. (1998). *Program criteria and intake packet.* Greenfield, MA: Author.
44. Choice, P., Lamke, L., & Pittman, J. (1995). Conflict resolution strategies and marital distress as mediating factors in the link between witnessing interparental violence and wife battering. *Violence and Victims,* 10(2), 107-119.
45. Clark, A., & Foy, D. (2000). Trauma exposure and alcohol use in battered women.

Violence Against Women, 6(1), 37-48.
46. Courtois, C. (1999). *Recollections of sexual abuse: Treatment principles and guidelines.* New York: Norton.
47. Crites, L., & Coker, D. (1988, Spring). What therapists see that judges may miss. *The Judges' Journal,* 40-42.
48. Cummings, E. M. (1998). Children exposed to marital conflict and violence: Conceptual and theoretical directions. In G. Holden, R. Geffner, & E. Jouriles (Eds.), *Children exposed to marital violence: Theory, research, and applied issues* (pp. 55-93). Washington, DC: American Psychological Association.
49. Cummings, J., Peplar, D., & Moore, T. (1999). Behavior problems in children exposed to wife abuse: Gender differences. *Journal of Family Violence,* 14(2), 133-156.
50. Curry, M. A., & Harvey, S. M. (1998). Stress related to domestic violence during pregnancy and infant birth weight. In J. Campbell (Ed.), *Empowering survivors of abuse: Health care for battered women and their children* (pp. 98-108). Thousand Oaks, CA: Sage.
51. Dallam, S. (2000). The Parental Alienation Syndrome: Is it scientific? In E. St. Charles & L. Crook (Eds.), *Expose: The failure of family courts to protect children from abuse in custody disputes* (pp. 67-93). Los Gatos, CA: Our Children Our Future Charitable Foundation. (Available from OCOFCF, P.O. Box 1111, Los Gatos, CA 95031-1111.)
52. Dalton, C. (1999). When paradigms collide: Protecting battered parents and their children in the family court system. *Family and Conciliation Courts Review,* 37(3), 273-296.
53. Daly, M., & Wilson, M. (1988). *Homicide.* New York: Aldene de Gruyter.
54. Davidson, T. (1978). *Conjugal crime: Understanding and changing the wife-beating pattern.* New York: Hawthorn Books.
55. Davies, J., Lyon, E., & Monti-Catania, D. (1998). *Safety planning with battered women: Complex lives/difficult choices.* Thousand Oaks, CA: Sage.
56. Demare, D., Briere, J., & Lips, H. (1988). Violent pornography and self-reported likelihood of sexual aggression. *Journal of Research in Personality,* 22, 140-153.
57. DeVoe, E., & Faller, K. (1999). The characteristics of disclosure among children who may have been sexually abused. Child Maltreatment, 4(3), 217-227.
58. de Young, M. (1986). A conceptual model for judging the truthfulness of a young child's allegation of sexual abuse. *American Journal of Orthopsychiatry,* 56(4), 550-559.
59. Dobash, E., & Dobash, R. (1983). Patterns of violence in Scotland. In R. Gelles & C. P. Cornell (Eds.), *International perspectives on family violence* (pp. 147-162). Lexington, MA: Lexington Books.
60. Doris, J. (Ed.). (1991). *The suggestibility of children's recollections.* Washington, DC: American Psychological Association.
61. Douglas, M. A. (1987). The battered woman syndrome. In D. J. Sonkin (Ed.), *Domestic violence on trial: Psychological and legal dimensions of family violence* (pp. 39-54). New York: Springer.

62. Doyne, S., Bowermaster, J., Meloy, R., Dutton, D., Jaffe, P., Temko, S., & Mones, P. (1999). Custody disputes involving domestic violence: Making children's needs a priority. *Juvenile and Family Court Journal,* 50(2), 1-12.
63. Dutton, D. (1995). *The domestic assault of women: Psychological and criminal justice perspectives.* Vancouver, British Columbia: UBC Press.
64. Dutton, D., & Painter, S. (1983). Traumatic bonding: The development of emotional attachments in battered women and other relationships of intermittent abuse. *Victimology: An International Journal,* 6(1-4), 139-155.
65. Dutton, D., & Painter, S. (1993). The battered woman syndrome: Effects of severity and intermittency of abuse. *American Journal of Orthopsychiatry,* 63(4), 614-622.
66. Dutton, M. A. (1992). *Empowering and healing the battered woman.* New York: Springer.
67. Echlin, C., & Marshall, L. (1995). Child protection services for children of battered women: Practice and controversy. In E. Peled, P. Jaffe, & J. Edleson (Eds.), *Ending the cycle of violence: Community responses to children of battered women* (pp. 170-185). Thousand Oaks, CA: Sage.
68. Edleson, J. (1998). Responsible mothers and invisible men: Child protection in the case of adult domestic violence. *Journal of Interpersonal Violence,* 13(2), 294-298.
69. Edleson, J., & Brygger, M. P. (1986). Gender differences in reporting of battering incidences. *Family Relations,* 35, 377-382.
70. Edleson, J., & Tolman, R. (1992). *Intervention for men who batter: An ecological approach.* Newbury Park, CA: Sage.
71. Eisenstat, S., & Bancroft, L. (1999). Domestic violence. *New England Journal of Medicine,* 341(12), 886-892.
72. Elbow, M. (1982, October). Children of violent marriages: The forgotten victims. *Social Casework: The Journal of Contemporary Social Work,* 465-471.
73. Ellis, D., & Stuckless, N. (1996). *Mediating and negotiating marital conflicts.* Thousand Oaks, CA: Sage.
74. Erickson, J., & Henderson, A. (1998). Diverging realities: Abused women and their children. In J. Campbell (Ed.), *Empowering survivors of abuse: Health care for battered women and their children* (pp. 138-155). Thousand Oaks, CA: Sage.
75. Eriksson, M., & Hester, M. (2001). Violent men as good-enough fathers?-A look at England and Sweden. *Violence Against Women,* 7(7), 779-798.
76. Fagan, J., Stewart, D., & Hansen, K. (1983). Violent men or violent husbands: Background factors and situational correlates. In D. Finkelhor, R. Gelles, G. Hotaling, & M. Straus (Eds.), *The dark side of families: Current family violence research* (pp. 49-67). Beverly Hills, CA: Sage.
77. Faller, K. (1988). Criteria for judging the credibility of children's statements about their sexual abuse. *Child Welfare,* 67(S), 389-401.
78. Faller, K. (1991). Possible explanations for child sexual abuse allegations in divorce.

American Journal of Orthopsychiatry, 61(1), 86-91.

79. Family Violence Project of the National Council of Juvenile and Family Court Judges. (1995). Family violence in child custody statutes: An analysis of state codes and legal practice. *Family Law Quarterly,* 29(2), 197-227.
80. Fantuzzo, J., & Mohr, W. (1999). Prevalence and effects of child exposure to domestic violence. *The Future of Children,* 9(2), 21-32.
81. Feld, S., & Straus, M. (1990). Escalating and desisting from wife assault in marriage. In M. Straus & R. Gelles (Eds.), *Physical violence in American families* (pp. 489-505). New Brunswick, NJ: Transition.
82. Finkelhor, D. (1994). Current information on the scope and nature of child sexual abuse. *The Future of Children,* 4(2), 31-53.
83. Finkelhor, D., Hotaling, G., & Sedlak, A. (1990). *Missing, abducted, runaway, and thrownaway children in America: First report: Numbers and characteristics, national incidence studies.* Washington, DC: U.S. Department of Justice.
84. Fleury, R., Sullivan, C., & Bybee, D. (2000). When ending the relationship does not end violence: Women's experiences of violence by former partners. *Violence Against Women,* 6(12), 1363-1383.
85. Follingstad, D., Rutledge, L., Berg, B., Hause, E., & Polek, D. (1990). The role of emotional abuse in physically abusive relationships. *Journal of Family Violence,* S(2), 107-120.
86. Fray-Witzer, E. (1999). Twice abused: Same-sex domestic violence and the law. In B. Leventhal and S. Lundy (Eds.), *Same-sex domestic violence: Strategies for change* (pp. 19-41). Thousand Oaks, CA: Sage.
87. Furstenberg, E, & Cherlin, A. (1991). *Divided ,families: What happens to children when parents part.* Cambridge, MA: Harvard University Press.
88. Gardner, R. A. (1987). *The parental alienation syndrome and the differentiation between fabricated and genuine child sex abuse.* Cresskill, NJ: Creative Therapeutics.
89. Gardner, R. A. (1991). *Sex abuse hysteria: Salem witch trials revisited.* Cresskill, NJ: Creative Therapeutics.
90. Garrity, C., & Baris, M. (1994). *Caught in the middle: Protecting the children of high-conflict divorce.* New York: Lexington Books.
91. Gazmarian, J., Lazorick, S., Spitz, A., Ballard, T., Saltzman, L., & Marks, J. (1996, June 26). Prevalence of violence against pregnant women. *Journal of the American Medical Association (JAMA),* 275(24), 1915-1920.
92. Gazmarian, J., Petersen, R., Spitz, A., Goodwin, M., Saltzman, L., & Marks, J. (2000). Violence and reproductive health: Current knowledge and future research directions. *Maternal and Child Health Journal,* 4(2), 79-84.
93. Geddie, L., Beer, J., Bartosik, S., & Wuensch, K. (2001). The relationship between interview characteristics and accuracy of recall in young children: Do individual differences matter? *Child Maltreatment,* 6(1), 59-68.

94. Gelles, R. (1990). Violence and pregnancy: Are pregnant women at greater risk of abuse? In M. Straus & R. Gelles (Eds.), *Physical violence in American families* (pp. 279-286). New Brunswick, NJ: Transition.
95. Gelles, R. (1993). Alcohol and other drugs are associated with violence-they are not its cause. In R. Gelles & D. Loseke (Eds.), *Current controversies on family violence* (pp. 182-196). Newbury Park, CA: Sage.
96. Gelles, R., & Straus, M. (1988). *Intimate violence.* New York: Simon & Schuster.
97. Gender Bias Study Committee. (1989). Report of the Gender Bias Study of the Supreme Judicial Court. *Suffolk University Law Review,* 23(3), 575-683.
98. Gender Bias Study Committee. (1990). Gender Bias Study of the court system in Massachusetts. *New England Law Review,* 24(3), 745-856.
99. Giaretto, H. (1980). Humanistic treatment of father-daughter incest. In National Center on Child Abuse and Neglect (Ed.), *Sexual abuse of children: Selected readings* (Publication No. OHDS 78-30161, pp. 39-46). Washington, DC: U.S. Department of Health and Human Services.
100. Gleason, W. (1995). Children of battered women: Developmental delays and behavioral dysfunction. *Violence and Victims,* 10(2), 153-160.
101. Gondolf, E. (1988). *Research on men who batter: An overview, bibliography, and resource guide.* Bradenton, FL: Human Services Institute.
102. Gondolf, E. (1998a). Do batterer programs work? A 15 month follow-up of multi-site evaluation. *Domestic Violence Report,* 3(5), 65-66, 78-79.
103. Gondolf, E. (1998b). *Assessing woman battering in mental health services.* Thousand Oaks, CA: Sage.
104. Gondolf, E. (1999). MCMI-III results for batterer program participants in four cities: Less "pathological" than expected. *Journal of Family Violence,* 14(1), 1-17.
105. Gondolf, E. (2000). How batterer program participants avoid reassault. *Violence Against Women,* 6(11), 1204-1222.
106. Goodwin, M., Gazmarian, J., Johnson, C., Gilbert, B. C., Saltzman, L., & the PRAMS Working Group. (2000). Pregnancy intendedness and physical abuse around the time of pregnancy: Findings from the Pregnancy Risk Assessment Monitoring System, 1996-1997. *Maternal and Child Health Journal,* 4(2), 85-92.
107. Graham, D., Rawlings, E., Ihms, K., Latimer, D., Foliano, J., Thompson, A., Suttman, K., Farrington, M., & Hacker, R. (2001). A scale for identifying "Stockholm Syndrome" reactions in young dating women: Factor structure, reliability, and validity. In D. O'Leary & R. Maiuro (Eds.), *Psychological abuse in violent domestic relations* (pp. 77-100). New York: Springer.
108. Graham-Bermann, S. (1998). The impact of woman abuse on children's social development: Research and theoretical perspectives. In G. Holden, R. Geffner, & E. Jouriles (Eds.), *Children exposed to marital violence: Theory, research, and applied issues* (pp. 21-54). Washington, DC: American Psychological Association.

109. Green, A. (1991). Factors contributing to false allegations of child sexual abuse in custody disputes. In M. Robin (Ed.), *Assessing child maltreatment reports: The problem of false allegations* (pp. 177-189). New York: Haworth Press.
110. Greif, G., & Hegar, R. (1993). *When parents kidnap.* New York: Free Press.
111. Groth, N. (1982). The incest offender. In S. Sgroi (Ed.), *Handbook of clinical intervention in child sexual abuse* (pp. 215-239). Lexington, MA: Lexington Books.
112. Haj-Yahia, M. (1996). Wife abuse in the Arab society in Israel: Challenges for future change. In J. Edleson & Z. Eisikovits (Eds.), *Future interventions with battered women and their families* (pp. 87-101). Thousand Oaks, CA: Sage.
113. Hall, G. C. N. (1988). Criminal behavior as a function of clinical and actuarial variables in a sexual offender population. *Journal of Consulting and Clinical Psychology,* 56(5), 773-775.
114. Hall, G. C. N., & Crowther, J. (1991). Psychologists' involvement in cases of child maltreatment: Additional limits of assessment methods. *American Psychologist,* 46, 79-80.
115. Hamby, S. (1998). Partner violence: Prevention and intervention. In J. Jasinksi & L. Williams (Eds.), *Partner violence: A comprehensive review of 20 years of research* (pp. 210-258). Thousand Oaks, CA: Sage.
116. Hampton, R., Carrillo, R., & Kim, J. (1998). Violence in communities of color. In R. Carrillo & J. Tello (Eds.), *Family violence and men of color: Healing the wounded male spirit* (pp. 1-30). New York: Springer.
117. Hanks, S. (1992). Translating theory into practice: A conceptual framework for clinical assessment, differential diagnosis, and multi-modal treatment of maritally violent individuals, couples, and families. In E. Viano (Ed.), *Intimate violence: Interdisciplinary perspectives* (pp. 157-176). Washington, DC: Hemisphere.
118. Hanson, R. K., Gizzarelli, R., & Scott, H. (1994). The attitudes of incest offenders: Sexual entitlement and acceptance of sex with children. *Criminal Justice and Behavior,* 21(2), 187-202.
119. Hart, B. (1986). Lesbian battering: An examination. In K. Lobel (Ed.), *Naming the violence: Speaking out about lesbian battering* (pp. 173-189). Seattle, WA: Seal Press.
120. Hart, B. (1990a). *Safety planning for children: Strategizing for unsupervised visits with batterers.* Harrisburg: Pennsylvania Coalition Against Domestic Violence.
121. Hart, B. (1990b). Gentle jeopardy: The further endangerment of battered women and children in custody mediation. *Mediation Quarterly,* 7(4), 317-330.
122. Harway, M., & Hansen, M. (1993). Therapist perceptions of family violence. In M. Hansen & M. Harway (Eds.), *Battering and family therapy: A feminist perspective* (pp. 42-53). Newbury Park, CA: Sage.
123. Healey, K., Smith, C., & O'Sullivan, C. (1998). *Batterer intervention: Program approaches and criminal justice strategies* (Report No. NCJ-168638). Washington, DC: National Institute of Justice.

124. Heckert, A., & Gondolf, E. (2000). Assessing assault self-reports by batterer program participants and their partners. *Journal of Family Violence,* 15(2), 181-197.
125. Heise, L., Ellsberg, M., & Gottemoeller, M. (1999). Ending violence against women. *Population Reports,* 50(11), 1-43.
126. Heller, S., Larrieu, J., D'Imperio, R., & Boris, N. (1999). Research on resilience to child maltreatment: Empirical considerations. *Child Abuse and Neglect,* 23(4), 321-338.
127. Helton, A., McFarlane, J., & Anderson, E. (1987). Battered and pregnant: A prevalence study. *American Journal of Public Health,* 77(10), 1337-1339.
128. Herman, J. (1981). *Father-daughter incest.* Cambridge, MA: Harvard University Press.
129. Herman, J. (1992). *Trauma and recovery.* New York: Basic Books.
130. Hlady, L. J., & Gunter, E. J. (1990). Alleged child abuse in custody access disputes. *Child Abuse and Neglect,* 14(4), 591-593.
131. Holden, G., & Ritchie, K. (1991). Linking extreme marital discord, child rearing, and child behavior problems: Evidence from battered women. *Child Development,* 62, 311-327.
132. Holden, G., Stein, J., Ritchie, K., Harris, S., & Jouriles, E. (1998). Parenting behaviors and beliefs of battered women. In G. Holden, R. Geffner, & E. Jouriles (Eds.), *Children exposed to marital violence: Theory, research, and applied issues* (pp. 289-331). Washington, DC: American Psychological Association.
133. Holtzworth-Munroe, A., & Stuart, G. (1994). Typologies of male batterers: Three subtypes and the differences among them. *Psychological Bulletin,* 116(3), 476-497.
134. Hotaling, G., Straus, M., & Lincoln, A. (1990). Intrafamily violence and crime and violence outside the family. In M. Straus & R. Genes (Eds.), *Physical violence in American families* (pp. 41-47). New Brunswick, NJ: Transition.
135. Hotaling, G., & Sugarman, D. (1986). An analysis of risk markers in husband to wife violence: The current state of knowledge. *Violence and Victims,* 1(2), 101-124.
136. Hughes, H., & Marshall, M. (1995). Advocacy for children of battered women. In E. Peled, P. Jaffe, & J. Edleson (Eds.), *Ending the cycle of violence: Community responses to children of battered women* (pp. 121-144). Thousand Oaks, CA: Sage.
137. Hughes, H. M., Parkinson, D., & Vargo, M. (1989). Witnessing spouse abuse and experiencing physical abuse: A "double whammy"? *Journal of Family Violence,* 4, 197-209.
138. Hurley, D. J., & Jaffe, P. (1990). Children's observations of violence: II. Clinical implications for children's mental health professionals. *Canadian Journal of Psychiatry,* 35(6), 471-476.
139. Jacobson, N., & Gottman, J. (1998). *When men batter women: New insights into ending abusive relationships.* New York: Simon & Schuster.
140. Jaffe, P., & Geffner, R. (1998). Child custody disputes and domestic violence: Critical issues for mental health, social service, and legal professionals. In G. Holden, R. Geffner, & E. Jouriles (Eds.), *Children exposed to marital violence: Theory, research, and*

applied issues (pp. 371-408). Washington, DC: American Psychological Association.

141. Jaffe, P., Hurley, D. J., & Wolfe, D. (1990). Children's observations of violence: I. Critical issues in child development and intervention planning. *Canadian Journal of Psychiatry,* 35(6), 466-469.
142. Jaffe, P., Wolfe, D. A., & Wilson, S. (1990). *Children of battered women.* Newbury Park, CA: Sage.
143. James, B. (1994). *Handbook for treatment of attachment-trauma problems in children.* New York: Free Press.
144. Jasinski, J., & Williams, L. (1998). *Partner violence: A comprehensive review of 20 years of research.* Thousand Oaks, CA: Sage.
145. Johnston, J. (1992). *Proposed guidelines for custody and visitation for cases with domestic violence.* Corte Madera, CA: Center for the Family in Transition.
146. Johnston, J. (1994a, May). *Domestic violence and parent-child relationships in families disputing custody.* Paper presented at the National Family Court Seminar, Sydney, Australia.
147. Johnston, J. (1994b). High-conflict divorce. *The Future of Children,* 4(1), 165-182.
148. Johnston, J., & Campbell, L. (1988). *Impasses of divorce.* New York: Free Press.
149. Johnston, J., & Campbell, L. (1993a). A clinical typology of interparental violence in disputed-custody divorces. *American Journal of Orthopsychiatry,* 63(2), 190-199.
150. Johnston, J., & Campbell, L. (1993b). Parent-child relationships in domestic violence families disputing custody. *Family and Conciliation Courts Review,* 31(3), 282-298.
151. Johnston, J., Kline, M., & Tschann, J. (1989). Ongoing postdivorce conflict: Effects on children of joint custody and frequent access. *American Journal of Orthopsychiatry,* 59(4), 576-592.
152. Johnston, J., & Roseby, V. (1997). In the name of the child. New York: Free Press.
153. Jones, A. (1994). *Next time she'll be dead.* Boston: Beacon Press.
154. Jones, D. P. H., & McGraw, J. M. (1987). Reliable and fictitious accounts of sexual abuse of children. *Journal of Interpersonal Violence,* 2 (1), 27-45.
155. Jones, D. P. H., & Seig, A. (1988). Child sexual abuse allegations in custody or visitation cases: A report of 20 cases. In B. Nicholson (Ed.), *Sexual abuse allegations in custody and visitation cases: A resource book for judges and court personnel* (pp. 22-36). Washington, DC: American Bar Association.
156. Jouriles, E., McDonald, R., Stephens, N., Norwood, W, Spiller, L. C., & Ware, H. S. (1998). Breaking the cycle of violence: Helping families departing from battered women's shelters. In G. Holden, R. Geffner, & E. Jouriles (Eds.), *Children exposed to marital violence: Theory, research, and applied issues* (pp. 337-369). Washington, DC: American Psychological Association.
157. Jouriles, E., & Norwood, W. (1995). Physical aggression toward boys and girls in families characterized by the battering of women. *Journal of Family Psychology,* 9(1), 69-78.
158. Kalmuss, D., & Seltzer, J. (1986). Continuity of marital behavior in remarriage: The

case of spouse abuse. *Journal of Marriage and the Family,* 48, 113-120.

159. Kanuha, V. (1996). Domestic violence, racism, and the battered women's movement in the United States. In J. Edleson & Z. Eisikovits (Eds.), *Future interventions with battered women and their families* (pp. 34-50). Thousand Oaks, CA: Sage.
160. Karon, B., & Vandenbos, G. (1981). *Psychotherapy of schizophrenia: The treatment of choice.* New York: Jason Aronson.
161. Kashani, J., & Allan, W. (1998). *The impact of family violence on children and adolescents.* Thousand Oaks, CA: Sage.
162. Kaufman Kantor, G., & Straus, M. (1990). The "Drunken Bum" theory of wife beating. In M. Straus & R. Gelles (Eds.), *Physical violence in American families* (pp. 203-224). New Brunswick, NJ: Transition.
163. Kelly, J. (1993). Current research on children's postdivorce adjustment. *Family and Conciliation Courts Review,* 31(1), 29-49.
164. Kendall-Tackett, K. A., Williams, L. M., & Finkelhor, D. (1993). Impact of sexual abuse on children: A review and synthesis of recent empirical studies. *Psychological Bulletin,* 113 (1), 164-180.
165. Kirkwood, C. (1993). *Leaving abusive partners.* Newbury Park, CA: Sage.
166. Kolbo, J., Blakely, E., & Engleman, D. (1996). Children who witness domestic violence: A review of empirical literature. *Journal of Interpersonal Violence,* 11(2), 281-293.
167. Koss, M., Goodman, L., Browne, A., Fitzgerald, L., Keita, G. P, & Russo, N. E. (1994). *No safe haven: Male violence against women at home, at work, and in the community.* Washington, DC: American Psychological Association.
168. Langford, L., Isaac, N. E., & Kabat, S. (1998). Homicides related to intimate partner violence in Massachusetts: Examining case ascertainment and validity of the SHR. *Homicide Studies,* 2(4), 353-377.
169. Langford, L., Isaac, N. E., & Kabat, S. (1999). *Homicides related to intimate partner violence in Massachusetts 1991-1995.* Boston: Peace at Home.
170. Langhinrichsen-Rohlins, J., Huss, M., & Ramsey, S. (2000). The clinical utility of batterer typologies. *Journal of Family Violence,* 1 S(1), 37-53.
171. Lawton, E., & McAlister Groves, B. (2000). Responding to domestic violence in custody cases. *Child Law Practice,* 18(12), 181-182, 186-187.
172. Leberg, E. (1997). *Understanding child molesters: Taking charge.* Thousand Oaks, CA: Sage.
173. Lemon, N. (1999). The legal system's response to children exposed to domestic violence. *The Future of Children,* 9(3), 67-83.
174. Lemon, N. (2000). Custody and visitation trends in the United States in domestic violence cases. In R. Geffner, P. Jaffe, & M. Sudermann (Eds.), *Children exposed to domestic violence: Current issues in research, intervention, prevention, and policy development* (pp. 329-343). New York: Haworth Maltreatment and Trauma Press.
175. Lerner, M. (1999). From safety to healing: Representing battered women with

companion animals. *Domestic Violence Report,* 4(2), 1-2, 17-18, 28.

176. Levendosky, A., & Graham-Bermann, S. (2000). Trauma and parenting: An addition to an ecological model of parenting. In R. Geffner, P. Jaffe, & M. Sudermann (Eds.), *Children exposed to domestic violence* (pp. 25-36). New York: Haworth Maltreatment and Trauma Press.
177. Levendosky, A., Lynch, S., & Graham-Bermann, S. (2000). Mothers' perceptions of the impact of woman abuse on their parenting. *Violence Against Women,* 6(3), 247-271.
178. Leventhal, B., & Lundy, S. (Eds.). (1999). *Same-sex domestic violence: Strategies for change.* Thousand Oaks, CA: Sage.
179. Levinson, D. (1989). *Family violence in cross-cultural perspective.* Newbury Park, CA: Sage.
180. Liss, M., & Stahly, G. B. (1993). Domestic violence and child custody. In M. Hansen & M. Harway (Eds.), *Battering and family therapy: A feminist perspective* (pp. 175-187). Newbury Park, CA: Sage.
181. Lloyd, S., & Emery, B. (2000). *The dark side of courtship: Physical and sexual aggression.* Thousand Oaks, CA: Sage.
182. Lowen, A. (1985). *Narcissism: Denial of the true self.* New York: Jason Aronson.
183. MacFarlane, K., & Waterman, J. (1986). *Sexual abuse of young children.* New York: Guilford Press.
184. Magaña, H., & Taylor, N. (1993). Child custody mediation and spouse abuse. *Family and Conciliation Courts Review,* 31(1), 50-64.
185. Magen, R. (1999). In the best interests of battered women: Reconceptualizing allegations of failure to protect. *Child Maltreatment,* 4(2), 127-135.
186. Mahoney, P, & Williams, L. (1998). Sexual assault in marriage: Prevalence, consequences, and treatment of wife rape. In J. Jasinksi & L. Williams (Eds.), *Partner violence: A comprehensive review of 20 years of research* (pp. 113-157). Thousand Oaks, CA: Sage.
187. Malamuth, N., & Check, J. (1985). The effects of aggressive pornography on beliefs in rape myths: Individual differences. *Journal of Research in Personality,* 19, 299-320.
188. Maltz, A., & Holman, B. (1987). *Incest and sexuality: A guide to understanding and healing.* Lexington, MA: Lexington Books.
189. Margolin, G. (1998). Effects of domestic violence on children. In P. Trickett & C. Schellenbach (Eds.), *Violence against children in the family and community* (pp. 57-101). Washington, DC: American Psychological Association.
190. Margolin, G., John, R., & Foo, L. (1998). Interactive and unique risk factors for husbands' emotional and physical abuse of their wives. *Journal of Family Violence,* 13(4), 315-344.
191. Margolin, G., John, R., Ghosh, C., & Gordis, E. (1996). Family interaction process: An essential tool for exploring abusive relationships. In D. Cahn & S. Lloyd (Eds.), *Family violence from a communication perspective* (pp. 37-58). Thousand Oaks, CA: Sage

192. Markowitz, E. (2001). Attitudes and family violence: Linking intergenerational and cultural theories. *Journal of Family Violence,* 16(2), 205-218.
193. Mart, E. (1999). Factitious disorder by proxy in forensic settings. *American Journal of Forensic Psychology,* 17(1), 69-82.
194. Massachusetts Department of Public Health. (n.d.). *What's the difference between anger management and certified batterer intervention programs?* Boston: Author.
195. Massachusetts Domestic Violence Visitation Task Force of the Probate and Family Court. (1994). *Domestic violence visitation risk assessment.* Madison, WI: Association of Family and Conciliation Courts.
196. Masson, J. (1984). *The assault on truth: Freud's suppression of the seduction theory.* New York: Farrar, Straus, & Giroux.
197. Mathews, D. (1995). Parenting groups for men who batter. In E. Peled, P. Jaffe, & J. Edleson (Eds.), *Ending the cycle of violence: Community responses to children of battered women* (pp. 106-120). Thousand Oaks, CA: Sage.
198. Maxwell, J. (1999). Mandatory mediation of custody in the face of domestic violence: Suggestions for courts and mediators. *Family and Conciliation Courts Review,* 37(3), 335-355.
199. McCloskey, L. A., Figueredo, A. J., & Koss, M. (1995). The effect of systemic family violence on children's mental health. *Child Development,* 66, 1239-1261.
200. McGraw, J. M., & Smith, H. A. (1992). Child sexual abuse allegations amidst divorce and custody proceedings: Refining the validation process. *Journal of Child Sexual Abuse,* 1(1), 49-61.
201. McIntosh, J. A., & Prinz, R. J. (1993). The incidence of alleged sexual abuse in 603 family court cases. *Law and Human Behavior,* 17(1), 95-101.
202. McKibben, L., De Vos, E., & Newberger, E. (1989). Victimization of mothers of abused children: A controlled study. *Pediatrics,* 84(3), 531-535.
203. McMahon, M., & Pence, E. (1995). Doing more harm than good? Some cautions on visitation centers. In E. Peled, P. Jaffe, & J. Edleson (Eds.), *Ending the cycle of violence: Community responses to children of battered women* (pp. 186-206). Thousand Oaks, CA: Sage.
204. Menard, A., & Turetsky, V. (1999). Child support enforcement and domestic violence. *Juvenile and Family Court Journal,* 50(2), 27-38.
205. Milner, J. (1998). Individual and family characteristics associated with intrafamilial child physical and sexual abuse. In P. Trickett & C. Schellenbach (Eds.), *Violence against children in the family and community* (pp. 141-170). Washington, DC: American Psychological Association.
206. Milner, J., & Chilamkurti, C. (1991). Physical child abuse perpetrator characteristics: A review of the literature. *Journal of Interpersonal Violence,* 6(3), 345-366.
207. Mitchell, W. (1992). Why Wape men don't beat their wives: Constraints toward domestic tranquility. In D. A. Counts, J. Brown, & J. Campbell (Eds.), *Sanctions and*

sanctuary: Cultural perspectives on the beating of women (pp. 89-98). Boulder, CO: Westview Press.

208. Moore, A. (1997). Intimate violence: Does socioeconomic status matter? In A. Cardarelli (Ed.), *Violence between intimate partners: Patterns, causes, and effects* (pp. 90-100). Boston: Allyn & Bacon.
209. Morrison, R., Van Hasselt, V, & Bellack, A. (1987). Assessment of assertion and problem-solving skills in wife abusers and their spouses. *Journal of Family Violence,* 2(3), 227-238.
210. Myers, J. (1997a). *Evidence in child abuse and neglect cases* (3rd ed., 2 vols.). New York: Wiley.
211. Myers, J. (1997b). *A mother's nightmare-incest: A practical guide for parents and professionals.* Thousand Oaks, CA: Sage.
212. National Council of Juvenile and Family Court Judges. (1994). *Model code on domestic and family violence.* Reno, NV: Author.
213. Newberger, C., Gremy, L, Waternaux, C., & Newberger, E. (1993). Mothers of sexually abused children: Trauma and repair in longitudinal perspective. *American Journal of Orthopsychiatry,* 63 (1), 92-102.
214. O'Keefe, M. (1998). Factors mediating the link between witnessing interparental violence and dating violence. *Journal of Family Violence,* 13 (1), 39-57.
215. O'Leary, D. (1993). Through a psychological lens: Personality traits, personality disorders, and levels of violence. In R. Gelles & D. Loseke (Eds.), *Current controversies on family violence* (pp. 7-30). Newbury Park, CA: Sage.
216. Osofsky, J. (1998). Children as invisible victims of domestic and community violence. In G. Holden, R. Geffner, & E. Jouriles (Eds.), *Children exposed to marital violence: Theory, research, and applied issues* (pp. 95-117). Washington, DC: American Psychological Association.
217. Paradise, J., Rostain, A., & Nathanson, M. (1988). Substantiation of sexual abuse charges when parents dispute custody or visitation. *Pediatrics,* 81(6), 835-839.
218. Parker, B., McFarlane, J., Soeken, K., Torres, S., & Campbell, D. (1993). Physical and emotional abuse in pregnancy: A comparison of adult and teenage women. *Nursing Research,* 42 (3), 173-177.
219. Paveza, G. (1988). Risk factors in father-daughter child sexual abuse. *Journal of Interpersonal Violence,* 3(3), 290-306.
220. Peled, E. (1998). The experience of living with violence for preadolescent children of battered women. *Youth and Society,* 29(4), 395-430.
221. Peled, E. (2000). The parenting of men who abuse women: Issues and dilemmas. *British Journal of Social Work,* 30, 25-36.
222. Peled, E., & Davis, D. (1995). *Groupwork with children of battered women.* Thousand Oaks, CA: Sage.
223. Peled, E., & Edleson, J. (1992). Multiple perspectives on groupwork with children of

battered women. *Violence and Victims,* 7(4), 327-346.

224. Pence, E., & Paymar, M. (1993). *Education groups for men who batter: The Duluth model.* New York: Springer.
225. Penfold, P. S. (1982). Children of battered women. *International Journal of Mental Health,* 11(1-2), 108-114.
226. Pickering, R., Sykes, D., Narozniak, L., Pritchard, J., Meyer, M., Brown, R., Buck, B., Digiondomenico, E., & Tee, J. (1993). *Report of the Children Witnessing wife Assault Working Group.* Hamilton, Ontario: Association of Agencies for Treatment and Development.
227. Pithers, W. (1999). Empathy: Definition, enhancement, and relevance to the treatment of sexual abusers. *Journal of Interpersonal Violence,* 14(3), 257-284.
228. Pollack, W. (1998). *Real boys: Rescuing our sons from the myths of boyhood.* New York: Random House.
229. Pope, K. (1996). Scientific research, recovered memory, and context: Seven surprising findings. *Women and Therapy,* 19(1), 123-140.
230. Pope, K., Butcher, J., & Seelen, J. (2000). *The MMPI, MMPI-2, and MMPI-A in court.* Washington, DC: American Psychological Association.
231. Pope, K., & Feldman-Summers, S. (1992). National survey of psychologists' sexual and physical abuse history and their evaluation of training and competence in these areas. *Professional Psychology: Research and Practice,* 23(5), 353-361.
232. Prentky, R., Knight, R., & Lee, A. (1997). *Child sexual molestation: Research issues* (Report No. NCJ-163390). Washington, DC: U.S. Department of Justice.
233. Ptacek, J. (1997). The tactics and strategies of men who batter: Testimony from women seeking restraining orders. In A. Cardarelli (Ed.), *Violence between intimate partners: Patterns, causes, and effects* (pp. 104-123). Boston: Allyn & Bacon.
234. Raj, A., Silverman, J., Wingood, G., & DiClemente, R. (1999). Prevalence and correlates of relationship abuse among a community-based sample of low-income African American women. *Violence Against Women,* S(3), 272-291.
235. Rapaport, K., & Burkhard, B. (1984). Personality and attitudinal characteristics of sexually coercive college males. *Journal of Abnormal Psychology,* 93(2), 216-221.
236. Reed, L. D. (1996). Findings from research on children's suggestibility and implications for conducting child interviews. *Child Maltreatment,* 1(2), 105-120.
237. Renzetti, C. (1997). Violence and abuse among same-sex couples. In A. Cardarelli (Ed.), *Violence between intimate partners: Patterns, causes, and effects* (pp. 70-89). Boston: Allyn & Bacon.
238. Reppucci, D., & Haugaard, J. (1993). Problems with child sexual abuse prevention programs. In R. Gelles & D. Loseke (Eds.), *Current controversies on family violence* (pp. 306-322). Newbury Park, CA: Sage.
239. Rosen, K. (1996). The ties that bind women to violent premarital relationships: Processes of seduction and entrapment. In D. Cahn & S. Lloyd (Eds.), *Family violence*

from a communication perspective (pp. 151-176). Thousand Oaks, CA: Sage.
240. Rosen, L., & Etlin, M. (1996). *The hostage child: Sex abuse allegations in custody disputes.* Bloomington: Indiana University Press.
241. Rosewater, L. B. (1987). The clinical and courtroom application of battered women's personality assessments. In D. J. Sonkin (Ed.), *Domestic violence on trial: Psychological and legal dimensions of family violence* (pp. 89-94). New York: Springer.
242. Rossman, B. B. R., & Ho, J. (2000). Posttraumatic response and children exposed to domestic violence. In R. Geffner, P. Jaffe, & M. Sudermann (Eds.), *Children exposed to domestic violence* (pp. 85-106). New York: Haworth Maltreatment and Trauma Press.
243. Rotgers, F, & Barrett, D. (1996). Daubert v. Merrell Dow and expert testimony by clinical psychologists: Implications and recommendations for practice. *Professional Psychology: Research and Practice,* 27(5), 467-474.
244. Roy, M. (1988). *Children in the crossfire: Violence in the home-how does it affect our children?* Deerfield Beach, FL: Health Communications.
245. Rubenstein, S., & Lehmann, P. (2000). Mothers and children together: A family group treatment approach. In R. Geffner, P. Jaffe, & M. Sudermann (Eds.), *Children exposed to domestic violence* (pp. 185-206). New York: Haworth Maltreatment and Trauma Press.
246. Russell, M. N., & Frohberg, J. (1995). *Confronting abusive beliefs: Group treatment for abusive men.* Thousand Oaks, CA: Sage.
247. Saakvitne, K., Gamble, S., Pearlman, L. A., & Lev, B. T. (2000). *Risking connection: A training curriculum for working with survivors of childhood abuse.* Baltimore: Sidran Press.
248. Salter, A. (1988). *Treating child sex of fenders and victims: A practical guide.* Newbury Park, CA: Sage.
249. Salter, A. (1995). *Transforming trauma: A guide to understanding and treating adult survivors of child sexual abuse.* Thousand Oaks, CA: Sage.
250. Satir, V. (1972). *Peoplemaking.* Palo Alto, CA: Science and Behavior Books.
251. Schafran, L. H. (1994). Gender bias in family courts. *Family Advocate,* 17(1), 22-28.
252. Schechter, S., & Edleson, J. (1998). *Effective intervention in domestic violence & child maltreatment cases: Guidelines for policy and practice.* Reno, NV National Council of Juvenile and Family Court Judges.
253. Senate Committee on Post Audit and Oversight. (2001). *Guarding our children: A review of Massachusetts' Guardian ad Litem program within the Probate and Family Court.* Boston: Author.
254. Sheeran, M., & Hampton, S. (1999). Supervised visitation in cases of domestic violence. *Juvenile and Family Court Journal,* 50(2), 13-25.
255. Silverman, J., Andrews, G., Bancroft, L., Cuthbert, C., & Slote, K. (2001, June). *The Battered Mothers Testimony Project: Preliminary findings.* Paper presented at the Sixth International Conference on Children Exposed to Domestic Violence, London, Ontario.
256. Silverman, J., & Williamson, G. (1997). Social ecology and entitlements involved in

battering by heterosexual college males: Contributions of family and peers. *Violence and Victims,* 12(2), 147-164.

257. Silvern, L., Karyl, J., & Landis, T. (1995). Individual psychotherapy for the traumatized children of abused women. In E. Peled, P Jaffe, & J. Edleson (Eds.), *Ending the cycle of violence: Community responses to children of battered women* (pp. 43-76). Thousand Oaks, CA: Sage.
258. Sirles, E., & Franke, P. (1989). Factors influencing mothers' reactions to intrafamily sexual abuse. *Child Abuse and Neglect,* 13, 131-139.
259. Sonkin, D. J. (1987). The assessment of court-mandated male batterers. In D. J. Sonkin (Ed.), *Domestic violence on trial: Psychological and legal dimensions of family violence* (pp. 174-196). New York: Springer.
260. Sonkin, D. J., Martin, D., & Walker, L. (1985). *The male batterer: A treatment approach.* New York: Springer.
261. Sousa, C., & Cooper, J. (1997). *Understanding and responding to the adolescent perpetrator of dating violence: A manual for developing and facilitating prevention and intervention groups.* Cambridge, MA: Emerge.
262. Stahl, P. (1994). *Conducting child custody evaluations: A comprehensive guide.* Newbury Park, CA: Sage.
263. Stahl, P. (1999). *Complex issues in child custody evaluations.* Thousand Oaks, CA: Sage.
264. Stark, E., & Flitcraft, A. (1988). Violence among intimates: An epidemiological review. In V Van Hasselt, R. Morrison, A. Bellack, & M. Hersen (Eds.), *Handbook of family violence* (pp. 293-317). New York: Plenum.
265. Stephens, R., Richardson, A., & Lewin, J. (1997). Bilateral subdural hematomas in a newborn infant. *Pediatrics,* 99(4), 619-620.
266. Stern, M., & Meyer, L. (1980). Family and couple interactional patterns in cases of father/daughter incest. In National Center on Child Abuse and Neglect (Ed.), *Sexual abuse of children: Selected readings* (Publication No. OHDS 78-30161, pp. 83-86). Washington, DC: U.S. Department of Health and Human Services.
267. Sternberg, K., Lamb, M., & Dawud-Noursi, S. (1998). Using multiple informants to understand domestic violence and its effects. In G. Holden, R. Geffner, & E. Jouriles (Eds.), *Children exposed to marital violence: Theory, research, and applied issues* (pp. 121-156). Washington, DC: American Psychological Association.
268. Straus, M. (1990). Ordinary violence, child abuse, and wife-beating: What do they have in common? In M. Straus & R. Genes (Eds.), *Physical violence in American families* (pp. 403-424). New Brunswick, NJ: Transition.
269. Straus, M., & Gelles, R. (1990). How violent are American families? Estimates from the National Family Violence Resurvey and other studies. In M. Straus & R. Gelles (Eds.), *Physical violence in American families* (pp. 95-112). New Brunswick, NJ: Transition.
270. Straus, M., Gelles, R., & Steinmetz, S. (1980). *Behind closed doors: Violence in the*

American family. New York: Anchor Books.

271. Straus, R. (1995). Supervised visitation and family violence. *Family Law Quarterly,* 29(2), 229-252.
272. Sudermann, M., Marshall, L., & Loosely, S. (2000). Evaluation of the London (Ontario) Community Group Treatment Programme for children who have witnessed woman abuse. In R. Geffner, P. Jaffe, & M. Sudermann (Eds.), *Children exposed to domestic violence* (pp. 127-139). New York: Haworth Maltreatment and Trauma Press.
273. Suh, E., & Abel, E. M. (1990). The impact of spousal violence on the children of the abused. *Journal of Independent Social Work,* 4(4), 27-34.
274. Summers, G., & Feldman, N. (1984). Blaming the victim versus blaming the perpetrator: An attributional analysis of spouse abuse. *Journal of Social and Clinical Psychology,* 2(4), 339-347.
275. Taylor, G., Barnsley, J., & Goldsmith, P. (1996). *Women and children last: Custody disputes and the family "justice" system.* Vancouver, British Columbia: Vancouver Custody and Access Support and Advocacy Association.
276. Thoennes, N., & Pearson, J. (1988a). Summary of findings from the Sexual Abuse Allegations Project. In B. Nicholson (Ed.), *Sexual abuse allegations in custody and visitation cases: A resource book for judges and court personnel* (pp. 1-19). Washington, DC: American Bar Association.
277. Thoennes, N., & Pearson, J. (1988b). Summary of recommendations from the Sexual Abuse Allegations Project. In B. Nicholson (Ed.), *Sexual abuse allegations in custody and visitation cases: A resource book for judges and court personnel* (pp. 279-286). Washington, DC: American Bar Association.
278. Thoennes, N., & Tjaden, P. (1990). The extent, nature, and validity of sexual abuse allegations in custody/visitation disputes. *Child Abuse and Neglect,* 14, 151-163.
279. Tjaden, P, & Thoennes, N. (2000). *Extent, nature, and consequences of intimate partner violence: Findings from the National Violence Against Women Survey* (Report No. NCJ-181867). Washington, DC: National Institute of Justice/Centers for Disease Control and Prevention.
280. Tolman, R., & Bennett, L. (1990). A review of quantitative research on men who batter. *Journal of Interpersonal Violence,* 5(1), 87-118.
281. Truesdell, D., McNeil, J., & Deschner, J. (1986, March/April). Incidence of wife abuse in incestuous families. *Social Work,* 31, 138-140.
282. Turrell, S. (2000). A descriptive analysis of same-sex relationship violence for a diverse sample. *Journal of Family Violence,* 15(3), 281-293.
283. Ulrich, Y. C. (1998). What helped most in leaving spouse abuse: Implications for interventions. In J. Campbell (Ed.), *Empowering survivors of abuse: Health care for battered women and their children* (pp. 70-78). Thousand Oaks, CA: Sage.
284. Utah Task Force on Gender and Justice. (1990). *Report to the Utah Judicial Council.* Salt Lake City, UT: Administrative Office of the Courts.

285. van der Kolk, B., & McFarlane, A. (1996). The black hole of trauma. In B. van der Kolk, A. McFarlane, & L. Weisaeth (Eds.), *Traumatic stress: The effects of overwhelming experience on mind, body, and society* (pp. 3-23). New York: Guilford.
286. Vestal, A. (1999). Mediation and parental alienation syndrome: Considerations for an intervention model. *Family and Conciliation Courts Review,* 37(4), 487-503.
287. Wagar, J., & Rodway, M. (1995). An evaluation of a group treatment approach for children who have witnessed wife abuse. *Journal of Family Violence,* 10(3), 295-306.
288. Waldner-Haugrud, L., Gratch, L. V, & Magruder, B. (1997). Victimization and perpetration rates of violence in gay and lesbian relationships: Gender issues explored. *Violence and Victims,* 12(2), 173-184.
289. Walker, L. (1979). *The battered woman.* New York: Harper & Row.
290. Walker, L. (1989). *Terrifying love.* New York: Harper & Row.
291. Walker, L., & Edwall, G. (1987). Domestic violence and determination of visitation and custody in divorce. In D. J. Sonkin (Ed.), *Domestic violence on trial: Psychological and legal dimensions of family violence* (pp. 127-152). New York: Springer.
292. Wallerstein, J. (1991). The long-term effects of divorce on children: A review. *Journal of the American Academy of Child and Adolescent Psychiatry,* 30(3), 349-360.
293. Wallerstein, J., & Blakeslee, S. (1989). *Second chances: Men, women, and children a decade after divorce.* New York: Ticknor & Fields.
294. Wallerstein, J., & Tanke, T. (1996). To move or not to move: Psychological and legal considerations in the relocation of children following divorce. *Family Law Quarterly,* 30(2), 305-332.
295. Websdale, N. (1999). *Understanding domestic homicide.* Boston: Northeastern University Press.
296. Websdale, N., Sheeran, M., & Johnson, B. (1998). *Reviewing domestic violence fatalities: Summarizing national developments.* Reno, NV: National Council of Juvenile and Family Court Judges.
297. Websdale, N., Town, M., & Johnson, B. (1999). Domestic violence fatality reviews: From a culture of blame to a culture of safety. *Juvenile and Family Court Journal,* 50(2), 61-74.
298. Weisz, A., Tolman, R., & Saunders, D. (2000). Assessing the risk of severe domestic violence: The importance of survivors' I3redictions. *Journal of Interpersonal Violence,* 15(1), 75-90.
299. Weitzman, L. (1985). *The divorce revolution; The unexpected social and economic consequences for women and children in America.* New York: Free Press.
300. West, C. (1998). Lifting the "political gag order": Breaking the silence around partner violence in ethnic minority families. In J. Jasinksi & L. Williams (Eds.), *Partner violence: A comprehensive review of 20 years of research* (pp. 184-209). Thousand Oaks, CA: Sage.
301. Whitney, P, & Davis, L. (1999). Child abuse and domestic violence in Massachusetts:

Can practice be integrated in a public child welfare setting? *Child Maltreatment,* 4(2), 158-166.

302. Whitten, M. R. (1994). Assessment of attachment in traumatized children. In B. James (Ed.), *Handbook for treatment of attachment-trauma problems in children* (pp. 28-49). New York: Free Press.
303. Williams, L. M. (1994a). Recall of childhood trauma: A prospective study of women's memories of child sexual abuse. *Journal of Consulting and Clinical Psychology,* 62(6), 1167-1176.
304. Williams, L. M. (1994b). What does it mean to forget child sexual abuse? A reply to Loftus, Garry, and Feldman (1994). *Journal of Consulting and Clinical Psychology,* 62(6), 1182-1186.
305. Wilson, S. K., Cameron, S., Jaffe, P., & Wolfe, D. A. (1986). *Group program for children exposed to wife abuse.* London, Ontario: London Family Court Clinic.
306. Wofford, S., Mihalic, D. E., & Menard, S. (1994). Continuities in family violence. *Journal of Family Violence,* 9(3), 195-225.
307. Wolak, J., & Finkelhor, D. (1998). Children exposed to partner violence. In J. Jasinksi & L. Williams (Eds.), *Partner violence: A comprehensive review of 20 years of research* (pp. 73-111). Thousand Oaks, CA: Sage.
308. Wolfe, D. (1985). Child-abusive parents: An empirical review and analysis. *Psychological Bulletin,* 97(3), 462-482.
309. YWCA of Western Massachusetts. (n.d.). *Visitation Center ground rules.* Springfield, MA: Author.
310. Zaragoza, M. (1991). Preschool children's susceptibility to memory impairment. In J. Doris (Ed.), *The suggestibility of children's recollections* (pp. 27-39). Washington, DC: American Psychological Association.
311. Zibbell, R. (1994). Psychological testing in family law cases. In C. Irskin (Chair), *A course in psychology for the family lawyer* (pp. 193-205). Boston: Massachusetts Continuing Legal Education.
312. Zorza, J. (1991). Woman battering: A major cause of homelessness. *Clearinghouse Review,* 25(4), 421-429.
313. Zorza, J. (1995). How abused women can use the law to protect their children. In E. Peled, P. Jaffe, & J. Edleson (Eds.), *Ending the cycle of violence: Community responses to children of battered women* (pp. 147-169). Thousand Oaks, CA: Sage.
314. Zorza, J. (1996). Protecting the children in custody disputes when one parent abuses the other. *Clearinghouse Review,* 29, 1113-1127.
315. Zubretsky, T., & Digirolamo, K. (1996). The false connection between adult domestic violence and alcohol. In A. R. Roberts (Ed.), *Helping battered women: New perspectives and remedies* (pp. 222-228). New York: Oxford University Press.

著者紹介

Lundy Bancroft（ランディ・バンクロフト）

2,000件以上ものDV加害者のカウンセリング経験をもつコンサルタント。DVのある家庭に育った10代の少年を対象にしたグループ治療を行うほか、親権評定や児童虐待の調査などにも精力的に関わる。専門誌への執筆のほか、*Why Does He Do That? : Inside the Minds of Angry and Controlling Men*, *Should I Stay or Should I Go? : A Guide to Knowing if Your Relationship Can — and Should — be Saved*などの著書はベストセラーとなっている。

Jay G. Silverman（ジェイ・G・シルバーマン）

発達心理学者。本書執筆当時はハーバード大学公衆衛生学部助教授、同大学公衆衛生臨床学科暴力防止プログラム・ディレクター。現在はカリフォルニア大学サンディエゴ校医学部国際公衆衛生担当教授。臨床家として加害者カウンセリングに携わるほか、ジェンダー差別に基づく女性への暴力についての大規模な国内および国際調査を行う。研究テーマは若者のデートにおける暴力、DV加害男性による児童虐待、親権訴訟における被害女性の経験など多岐にわたる。

訳者紹介

幾島幸子（いくしま・さちこ）

早稲田大学政治経済学部卒業。翻訳家。

訳書　S.グリフィン『性の神話を超えて』（講談社）、S.ブラウンミラー『レイプ・踏みにじられた意思』（勁草書房）、E.パントリー『親業完全マニュアル』（岩波書店）、N.クライン『ショック・ドクトリン（上・下）』（共訳、岩波書店）、S.ピンカー『暴力の人類史（上・下）』（共訳、青土社）、M.サートン『70歳の日記』『74歳の日記』（みすず書房）、他多数。

DVにさらされる子《こ》どもたち 新訳版《しんやくばん》

親《おや》としての加害者《かがいしゃ》が家族機能《かぞくきのう》に及《およ》ぼす影響《えいきょう》

2004年 7 月 15 日　初版発行
2022年 1 月 15 日　新訳版発行

著者――― ランディ・バンクロフト
ジェイ・G・シルバーマン
訳者――― 幾島幸子

発行者―― 立石正信
発行所―― 株式会社 金剛出版
〒112-0005 東京都文京区水道1-5-16　電話 03-3815-6661　振替 00120-6-34848

装釘◉臼井新太郎　装画◉RISAKO HISAMATSU　本文組版◉石倉康次
印刷・製本◉シナノ印刷

ISBN978-4-7724-1870-6 C3011